汉语国际教育视域下的跨文化传播

HANYU GUOJI JIAOYU SHIYUXIADE KUAWENHUA CHUANBO

北京外国语大学“双一流”建设后期资助项目成果

刘继红 著

中西書局

图书在版编目(CIP)数据

汉语国际教育视域下的跨文化传播／刘继红著. —上海：中西书局，2020（2024.1重印）
ISBN 978-7-5475-1743-7

Ⅰ. ①汉… Ⅱ. ①刘… Ⅲ. ①文化传播—研究—中国
Ⅳ. ①G12

中国版本图书馆 CIP 数据核字（2020）第 155749 号

汉语国际教育视域下的跨文化传播

刘继红 著

责任编辑 刘寅春
助理编辑 姚骄桐
装帧设计 王轶颀

出版发行 上海世纪出版集团
中西書局(www.zxpress.com.cn)
地 址 上海市陕西北路 457 号(邮编 200040)
印 刷 三河市腾飞印务有限公司
开 本 710×1000 毫米 1/16
印 张 23.25
字 数 365 000
版 次 2020 年 12 月第 1 版 2024 年 1 月第 2 次印刷
书 号 ISBN 978-7-5475-1743-7/G·585
定 价 80.00 元

序 言

我的同事刘继红老师的大作《汉语国际教育视域下的跨文化传播》即将出版,嘱我写篇序言。抱着学习的心态,我认真研读了此书,觉得这是目前中国国际汉语教育领域中,阐述跨文化传播较为深入的一部著作,值得向海内外从事国际汉语教育的同仁推荐。

这部著作的理论基础和切入角度十分新颖,借鉴拉斯韦尔(Harold Lasswell)在传播学领域提出的“5W模式”,系统地对汉语国际教育视域下的跨文化传播问题进行探讨。

第一,本书对汉语国际教育的传播者——汉语教师进行了研究,作者对教师的跨文化意识和文化传播能力进行了讨论。值得注意的是:本书首次对教师利用“隐性文化教学资源”能力的问题进行了探讨。作者认为,隐性文化教学资源是指那些非预设性、随机性的事件,如师生之间文化差异引起的文化冲突。教师如果具有跨文化意识和文化传播意识,善于处理这些事件,那么它们都可以成为文化教学资源。作者举出很多生动具体的例子,说明了隐性教学资源利用的必要性和方法,对提高汉语教师文化教学能力提出了新的要求。

第二,本书比较全面地阐述了文化传播的内容。作者既描述了语言交际中的文化传播内容,也讨论了非语言交际行为和非语言交际手段的文化含义和功能,特别是借助影视作品分析非语言交际的文化特征。作者在自己的教学单位开设过汉语影视课，具有丰富的教学经验，她认为影视课集听觉、视觉于一体，在有效提高汉语学习者语言技能的同时，也可以使学习者了解中国国情和相关文化知识。因此，书中通过具体事例，生动地探讨了影视教学的原则、内容、方法及步骤。

第三，从课内、课外两方面对跨文化传播的渠道进行了细致的说明。课内文化教学，包括语言课中的文化教学和专门的文化课教学。引人注目的是：作者对课外的文化教学，即语言实践活动进行了研究。作者采用问卷调查和访谈相结合的方法对在自己的教学单位组织的“酷卖汇”和“承德文化之旅”两次语言实践活动进行个案分析，总结了活动所取得的成绩，并针对活动中存在的问题提出了改进建议，为课外跨文化传播提供了样板。

第四，对文化传播的对象——以汉语作为第二语言的学习者情况进行了研究。作者从学习环境角度选取两大群体作为文化传播对象进行研究：一是目的语环境中的马来西亚汉语学习者，二是非目的语环境中的意大利汉语学习者。采用问卷调查和访谈相结合的方式，了解其汉语学习情况及对文化学习的态度和需求。作者根据留学生群体特点探讨建立文化传播模式的问题，丰富了该领域的研究内容。

第五，从文化传播效果出发，提出了检验文化传播是否成功的标准。国际汉语教育界对文化传播效果的研究尚不多见。作者提出，以汉语作为第二语言学习者数量的增减，学习者对中国文化的了解程度，对中国社会、中国人的评价和看法等因素，都是检验文化传播效果的指标。而汉语学习者对中国文化的认知与态度，既是衡量文化传播效果的重要因素，也是反映当前汉语文化教学质量的标志。作者以马来西亚留学生群体为考察对象，通过调查和访谈全面了解这一群体对中国文化的认知与态度，为改进文化传播效果提出建议。

总之，《汉语国际教育视域下的跨文化传播》这本书可以说是从理论到实践全面阐释了国际汉语教育视域下的跨文化传播。尽管在这一研究领域，要把握文化传播的整体情况还需要更广阔的全球化视野，做更深入的开发和研究。

刘继红老师在她的教学单位——北京外国语大学中文学院，是一位从事国际汉语教育的优秀教师，具有在国内外进行国际汉语教育的丰富经验。在教学和科研方面她都取得了瞩目的成绩，获得过多种奖项。《汉语国际教育视域下的跨文化传播》是她多年教学和研究的心血的结晶，我先睹为快，把读后的几点收获，写出来作为序言，向国际汉语教育界的同仁们推荐。

原北京外国语大学中文学院教授　鲁宝元

2019 年 12 月 4 日

目 录

第一章　绪论

第一节　研究背景与研究内容

语言是人类沟通与交流的工具,在经济全球化、文化多元化的趋势下,人与人之间的沟通、不同文化之间的交流则显得尤为重要。只有打破不同语言文化间的壁垒,才能达到相互了解、共同发展的境界。在中国与其他国家交往日益频繁的今天,许多学者强调汉语国际教育不仅仅是一个语言的问题,更是一个文化的问题。

一、研究背景和研究意义

(一) 文化对外传播在当今时代的意义

“文化”是国家“软实力”与“核心竞争力”的重要组成部分。随着全球化形势的发展,构建多元文化的世界文化格局已成为人类共同关注的重要课题。在当今世界,各个国家和民族多姿多彩的文化通过交流、碰撞、冲突与融合,构成了国际文化互动的人文景观。文化多元化虽然会给民族文化带来一定的冲击,但总的来说,有利于促进世界文化的繁荣发展。

在文化多元化进程不断加快的大背景下,文化对外传播不仅有利于本民族的发展,对世界文明的建设和发展也有重要意义。文化传播既可以使本民族的优秀文化传播出去并产生积极影响，也可以使本民族从其他民族文化中汲取精华并促进自身发展；文化传播可以增进不同国家民族间的相互了解，消除彼此之间由文化差异带来的误解和偏见，促进不同民族之间的理解与合作，从而实现费孝通先生提出的“各美其美，美人之美，美美与共”的和谐境界。

（二）中国文化对外传播面临的困境

中国文化是世界文化的组成部分。在构建多元文化世界格局的形势下，中国文化在新国际文化格局的重构中应发挥积极作用，这不仅是增强自身“软实力”的需要，也是一个有着悠久历史的文化在人类文化新发展中应该担当的责任[①]。对此，有学者从国家文化战略的高度加以认识，“对外开放，并不只是让国外文化走进来，同样重要的是中国文化要走出去”[②]。但由于种种原因，中国文化对外传播面临诸多困难和阻力，概括起来主要有以下两个方面：

第一，国外民众对中国的片面认识及刻板印象，是中国文化对外传播面临的外在阻力。

著名学者贾磊磊曾指出，在国际文化交流的平台上，很多发展中国家的民族形象都曾面临着一种被“格式化”的历史经历。在许多西方国家的历史认知模式中，当代中国都处于一种缺失状态。他们大多只知道中国古代的艺术作品、中国古代的代表人物，而对于现代特别是当代中国的现实并不了解。其实，比认知缺失更为严重的是他们在文化认知模式中还有许多理解的误差[③]。正是由于缺乏了解，许多人对中国产生了片面认识和刻板印象，他们想象中的作为“文化他者”的中国往往与真实情况大相径庭。

据《中国青年报》报道，一位在美国私立学校工作的汉

① 黎敏：《海外汉语教学文化输入内容与方法的探索与实践》，《人文丛刊》，2013 年第 7 辑。另注：笔者曾有幸聆听黎敏教授的“中华文化及传播”课程，受益匪浅，这里借鉴了她的课程内容并结合自己的思考，特此感谢。

② 纪宝成：《关于国际文化战略问题的几点认识》，《学术界》，2009 年第 3 期。

③ 贾磊磊：《中国文化软实力提升的策略与路径》，《东岳论丛》，2012 年第 1 期。

语教师曾讲述了自己的一段亲身经历：几年前她给小学一年级学生上课时，为增加趣味性讲了“熊猫”一词并播放了录像。她告诉学生“熊”是 bear，“猫”是 cat，两个词放一起就成了 panda。孩子们听得很入迷，一下子记住了三种动物的名字。这时，一个小女孩儿突然举起手说：“我妈妈说了，中国人吃熊猫，所以熊猫才越来越少。”这位老师说，很多年以后她依然记得自己当时内心的震撼。她说在美国工作这些年，最大的感受就是很多美国人（包括大人和孩子）对中国的了解太少了。“不了解，就会产生误解、偏见，甚至歧视，而且很多是根深蒂固、代代相传的。”[①]

吴瑛在《文化对外传播：理论与战略》一书中指出，在中国经济快速发展的今天，虽然我们的“硬实力”指标已迈上一个新台阶，但文化“软实力”仍处于被西方文化主导的格局中。西方世界垄断着国际社会的话语权，西方的声音几乎变成了世界的声音。西方媒体一方面采取“拒绝倾听”的姿态，一方面采取歪曲中国形象的策略，以实现“强势语言对弱势语言的吞并”，结果导致国外受众对中国文化、中国社会和中国人仍存在一定的偏见和刻板印象，向世界传播中国文化仍然是一条漫长而艰难的路。

第二，当代部分国人对中国传统文化的排斥和疏远，是文化传承和对外传播的内在阻力。

历史延续到今天，我们正在向现代化社会迈进。面对灿烂而丰富的文化遗产，每一个中国人都面临着一个不可回避的问题：在现代化进程中，应该如何看待传统文化？如何对待我们的文化遗产？文化遗产是社会发展的负担吗？

长期以来，我们对传统文化缺少客观态度和深入思考，一度存在“文化自大”和“文化自卑”两种截然相反的态度。特别是 20 世纪初，我们对传统文化进行了过多的批判和否

① 来源：http://zqb.cyol.com/html/2014-10/29/nbs.D110000zgqnb_02.htm，《中国青年报》，2014 年 10 月 29 日 02 版。

定,使“传统文化中有价值的思想与当代社会长期失去了联系”[①]。由于西方发达国家的科学技术处于领先地位,有些国人便不自觉地把“现代化”等同于“西方化”,以西方的标准和模式衡量中国的国情。现实生活中也有一部分人提起传统文化便是一种不屑的态度,认为中国人思想保守、科技水平不如发达国家的根源是长期受传统文化思想的束缚。可悲的是,持这种偏见的年轻人不在少数,中国传统文化的传承问题令人担忧。

① 该论述来源于著名学者刘梦溪先生2012年10月25日在北京外国语大学中国语言文学学院的讲座。

那么,如何理解传统文化的内涵及其在当今社会的意义呢?

阴法鲁、许树安、刘玉才等著名学者在《中国古代文化史》一书的前言中是这样阐述的:

> 中华文化的一个突出特点是它的连续性,自古至今从未中断。在中华大地即将实现的现代化社会也必将体现出中华民族的文化传统。如果说,身体的DNA保证了我们中华民族人种的传宗接代的话,那么文化遗产,尤其是非物质文化遗产是我们民族精神的DNA,它们保证了中华文化即民族精神的延续和传承。试想,一个没有自己文化特色的民族,一个没有自己民族精神的民族,还能在世界民族之林占有一席之地吗?

这段话形象地说明了传统文化与我们不可割裂的关系及其在当今社会发展中的重要意义。传统文化是在长期的历史发展过程中形成和发展起来的,保留在特定民族之间、具有稳定形态的文化。它是中华民族得以凝聚、民族精神得以传承的动力,也是中华文明延续至今的源泉。学者们对文化传承危机的担忧也提醒我们,作为跨文化传播者的汉语教师,更要以理性客观的态度对待传统文化,在工作中力求将本民族优秀的文化成果融入到课堂教学和教材编写中,积极主动地采用有效的方法,适时向第二语言学习者讲述作为世界文明一部分的中国文化的特质及其在当今社会中的意义。

(三) 汉语国际教育与文化传播的关系

语言是文化的组成部分,也是文化传播的重要工具。汉语国际教育的最终目标是培养第二语言学习者语言综合运用能力,特别是跨文化交际能力,即跨文化交际主体根据不同场合、具体交际对象及时调整交际策略灵活应对,恰当有效地进行交际的能力,这一观点在国际汉语教学界已达成共识。

语言与文化的密切关系决定了语言教学与文化教学的不可分割性。要学好语言,就要了解文化,语言教学必然涉及文化教学。汉语国际教育不单单是一种语言教学,同时也是汉语学习者了解中国文化的窗口,是中国文化对外传播的重要平台。在这个过程中,汉语教师不仅要承担语言教学任务,还要肩负起跨文化传播者的重任:在帮助学习者获得语言知识和语言技能的同时,培养他们得体地运用所学语言进行跨文化交际的能力。汉语教师应首先了解学习者的特点和需求,进而在实践中积极探索文化传播的途径和方法。

在当前汉语国际教育领域中,文化传播存在的突出问题是传播手段单一,传播内容限于表层文化,缺少对深层文化的关注。不少教师在教学过程中只重视形体、声音、图案等外部性质的模仿与介绍,如中国功夫、民族歌舞、剪纸艺术等,讲解方式单一,缺乏对内部深层文化的分析与讲解,导致汉语学习者认为中国文化就是太极拳、中国结、剪纸、中国菜等具体文化事物[1]。

类似的问题在当前海外孔子学院举办的文化活动中同样存在：不少孔子学院都将做中国结、剪纸、画脸谱、包饺子作为文化活动的重要内容，而且不断重复，缺少创新意识。这些表层文化符号虽然短时间内能引起学习者或当地民众的兴趣，但传播内容若仅限于此，难免让人"审美疲劳"，产生"中国文化不过如此"的错觉。相反，以美国为代表的西方国家则尝试通过各种渠道对外传播自己的价值观、世界观、思维方式和行为准则，如自由、平等、竞争、个人奋斗等，这些深层文化精神为其他民族所欣赏和追求。而中国传统文化中的"己欲立而立人，己欲达而达人""己所不欲，勿施于人""仁者爱人""和而不同""天人合一"的人生观和世界观同样弥足珍贵，我们理应努力将优秀的传统文化传承下去。

早在20世纪70年代，英国著名的历史哲学家汤因比就提出了令人深思的论点："挽救21世纪的社会问题，唯有中国的孔孟学说和大乘佛法。"这是因为，在当前国际局势复杂、暗潮涌动的情况下，以个人主义为中心的思想难以解决这些矛盾，而中国传统文化所倡导的"仁""礼""德""和"等理念为寻求世界不同文明之间的和谐相处提供了一种途径[2]。我们如何用对方"听得懂"的语言和乐于接受的方式传播中国文化，是需要深入思考的问题。

许多学者认为，在中国与其他国家交往日益频繁的今天，汉语国际教育不仅仅是一个语言的问题，更是一个文化的问题。汉语教师在汉语国际教育中承担什么角色，如何处理语言教学与文化教学的关系，文化教学的核心内容是什么，汉语学习者对中国文化的兴趣和学习需求是什么，等等，这些问题是当前学界日益关注的课题。探讨汉语国际

① 唐智芳：《文化视域下的对外汉语教学研究》，湖南师范大学博士学位论文，2012年。

② 吴瑛：《文化对外传播：理论与战略》，上海交通大学出版社，2009年，第189页。

教育中的跨文化传播问题不仅具有重要的学术价值，对培养和提高第二语言学习者的跨文化交际能力和跨文化适应能力同样具有较大的现实意义。

二、研究内容和研究方法

(一) 研究内容

从根本性质上说，汉语国际教育中的文化传播属于跨文化传播。研究跨文化传播可以借鉴传播学已有的研究成果。最有代表性的研究是美国政治学家、传播学者哈罗德·拉斯韦尔(Harold Lasswell)在1948年发表的《传播在社会中的结构与功能》一文中提出的传播过程及其五个基本构成要素，即著名的“5W模式”：

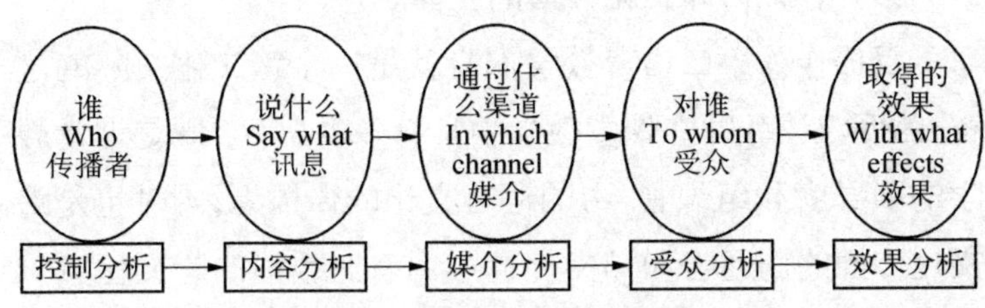

图1-1-1　拉斯韦尔的“5W模式”

拉斯韦尔以建立模式的方法对人类社会的传播活动进行了分析，五个要素构成了传播学研究的五个基本内容，即控制分析、内容分析、媒介分析、受众分析和效果分析。

具体来说，“谁”(Who)就是传播者，在传播过程中承担着信息的收集、加工和传递的任务，传播者既可以是单个的人，也可以是集体或专门的机构；“说什么”(Say what)是传播的讯息内容，它是由一组有意义的符号组成的信息组合，符号包括语言符号和非语言符号；“渠道”(In which channel)是信息传递所必须经过的中介或借助的物质载体，它可以是诸如信件、电话等人际的媒介，也可以是报纸、广播、电视等大众传播媒介;“对谁”(To whom)就是受传者或受众，如读者、听众、观众等，它是传播的最终对象和目的地;“效果”(With what effects)是信息到达受众后在其认知、情感、行为各层面所引起的反应，它是检验传播活动是否成功的重要尺度。拉斯韦尔的“5W模式”界定了传播学的研究范围和基本内容，影响深远。

1958年，美国学者布雷多克(Bradlock)基于“5W模式”增加了“为了什么目的”(With which aim)和“在什么情况下”(In which circumstances)两个要素，弥补了传统“5W模式”的不足。本研究受到这两种模式的启发，将围绕以下五个方面探讨汉语国际教育领域中的跨文化传播问题：

第一，“谁”，即文化传播的主体。

汉语作为第二语言教学本身就是一个跨文化交际的过程，因而汉语教师在课堂教学中具有多重角色：既是课堂教学的引导者和组织者、中国语言文化的传播者，同时也是跨文化传播的沟通者和异文化的学习者。教师的跨文化意识是影响文化传播效果的重要因素。跨文化意识包括跨文化知识、跨文化敏感性和处理文化差异的能力，对于汉语教师来说，三者环环相扣、缺一不可：只有尽可能全面、准确地了解本国文化和学习者国家的文化，掌握必备的跨文化知识，才能对不同文化之间的差异，特别是对跨文化交际过程中容易引起双方误会的问题有敏锐的洞察力，才能及时采取有效的方法处理文化差异带来的矛盾，消除彼此的误会。本书第二章将首先明确汉语教师在第二语言教学和跨文化传播中承担的角色和任务，进而探讨教师的跨文化意识、文化传播能力的培养，分析选择和利用文化教学资源应注意的问题。

第二,"说什么",即文化传播的内容。

本书从交际中的文化、第二语言教材中的文化两个维度讨论文化传播的内容。

人类的交际可以分为语言交际和非语言交际两种。语言交际方面,由于语言是文化的载体,每种语言都蕴含着丰富的文化内涵,而不同文化也必然会在语言上折射出一定的差异,如果不了解语言中的文化内涵,在与不同文化背景的人进行交际时便容易出现误解。因此,语言学习离不开语言文化内涵的学习。本书第三章从汉语语音与文化、汉语词汇与文化两个方面论述了文化传播的主要内容。非语言交际方面,非语言交际是人类交际的重要组成部分,也是跨文化交际的主要方式。非语言交际具有鲜明的文化特征,要顺利地与目的语文化的人进行交际,了解其非语言交际行为的含义是必要的。我们将从第二语言的教学角度论述非语言行为和非语言手段的含义和功能。

第二语言教材是课堂教学的主要内容,也是第二语言学习者了解中国文化的媒介。第三章梳理了近二十年汉语文化教材的编写情况,并对两种汉语教材的文化内容进行分析,针对教材编写中存在的问题提出改进建议。

第三,"怎么说",即文化传播的渠道。

汉语国际教育领域中的文化传播渠道主要有两种:其一是课堂教学,其二是课外语言实践活动。本书第四章和第五章分别加以论述。

第四章主要讨论课堂教学与文化传播。一般认为,课堂教学中的文化传播包括两种形式:第一种是语言课中的文化教学,即融文化因素教学于语言教学中;第二种是专门的文化课教学,如中国文化概况、中国文学、中国历史、中国民俗等。两种形式的区别在于,前者是以语言知识的学习和语言技能的训练为主要内容,目的是提高学习者运用目的语进行思维、表达和交际的能力;后者是以系统介绍中国文化为主要内容,目的是为学习者提供必要的文化知识储备,以加强他们对目的语国家的思维方式、审美倾向、民族心理、风俗习惯等意识形态的理解。专门的文化类课程设置也反映了传播主体对传播内容的思考。第四章首先考察了国内外部分大学的文化类课程情况,对课程设置中存在的问题进行分析;然后,结合为留学生开设的中国文学课和中国影视课教学实践,讨论专门的文化课的教学方法;最后,着重讨论了深层文化的传播问题。深层文化是文化的核心部分,也是学习者理解目的语国家文化的关键,是跨文化传播的重点。

第五章主要讨论课外语言实践活动与文化传播。语言实践活动是课堂教学的延伸,是以提高学习者的跨文化交际能力、深入了解目的语国家文化为目标的课外学习。本章首先介绍了语言实践活动的含义、类别和意义,然后采用问卷调查和访谈相结合的方法对两次语言实践活动进行个案分析,依据受访者对活动的评价及活动中存在的问题提出改进建议。

第四,"对谁",即文化传播的对象。

文化传播过程是否顺利,文化传播效果是否良好,不仅取决于传播者的态度和方法,还取决于传播对象的特点和需求。换言之,文化传播成功的前提是对受众特点和需求的了解。

在汉语国际教育领域,文化传播对象即为将汉语作为第二语言的学习者。我们探索文化传播的内容和方法,应建立在对不同学习者的特点和需求分析的基础上。这是一项重要的工作,也是一个艰巨的任务。这是因为,汉语学习者数量庞大,类型多样。从学习环境角度划分,可以分为目的语环境中的学习者和非目的语学习环境中的学习者两大类；加之受国别、年龄、专业背景、学习动机和学习时间等个体因素的影响，针对学习者特点和需求的研究十分复杂。相对于宏观研究而言，国别化研究更有利于深入了解某一群体的特点和需求。本书第六章从学习环境的角度选取两大群体作为文化传播对象进行研究：一是目的语环境中的马来西亚汉语学习者，二是非目的语环境中的意大利汉语学习者。我们采用问卷调查和访谈相结合的方式了解他们的汉语学习情况及对文化学习的态度和需求，并对面向马来西亚学生的文化传播模式进行了讨论。

第五，"效果"，即检验文化传播成功与否的标准。

在汉语国际教育领域，相对于文化传播内容和传播方法的研究而言，针对文化传播效果的研究并不多见。汉语作为第二语言学习者数量的增减，学习者对中国文化的了解程度，对中国社会、中国人的评价和看法等因素，都是检验文化传播效果的指标。而汉语学习者对中国文化的认知与态度，既是衡量文化传播效果的重要因素，也是反映对外汉语文化教学质量的指标。本书第七章在梳理前期研究成果的基础上，以马来西亚留学生为考察对象，通过调查和访谈全面了解这一群体对中国文化的认知与态度，为改进文化传播效果提出建议。

(二) 研究方法

1. 文献资料分析法

文献资料分析法是对资料进行收集、整理与分析的方法。本书主要探讨汉语国际教育中的跨文化传播问题，我们首先对这一领域的相关资料进行收集整理和分析，并在总结前人研究成果及其不足的基础上，为本书找到立足点和创新点。

2. 案例分析研究法

案例分析研究法是收集文化传播中的问题和真实事件,将其作为案例进行思考和分析,从而更好地解决问题的研究方法。本书通过案例分析研究法讨论了汉语教师的文化传播能力、文化教学资源的利用等问题。

3. 问卷调查研究法

问卷调查法是用书面形式间接搜集研究材料并获取信息的一种调查手段。通过调查者填写的内容,了解他们对有关问题的意见和建议。本书通过问卷调查,了解汉语学习者对文化学习的需求,对语言实践活动的评价及对中国文化的认知和态度。

4. 访谈调查研究法

访谈调查研究法是通过与研究对象交谈收集所需资料的调查方法。访谈是一种有目的、有计划、有准备的研究性谈话,谈话的过程围绕研究主题展开,以此了解调查对象的行为或态度。本书中的访谈调查与问卷调查相结合,针对问卷调查中的某些问题展开。

5. 定量定性结合法

定量定性结合法是在使用 Excel 软件对收集到的大量问卷数据进行录入、通过 SPSS 软件对数据进行频率分析、描述分析后,在定量研究的基础上进行定性分析,初步得出研究结论的方法。

综上所述,本书运用多种研究方法,通过相关概念的界定、研究综述、分项研究和讨论等几个步骤对汉语国际教育视域下的跨文化传播问题进行整合性研究。具体思路为:

(1) 理论梳理:研究背景、研究方法、相关概念和研究综述等。

(2) 分项研究：围绕文化传播的要素展开，内容包括文化传播主体、传播内容、传播渠道、传播对象及传播效果五个方面。

研究路径如下：

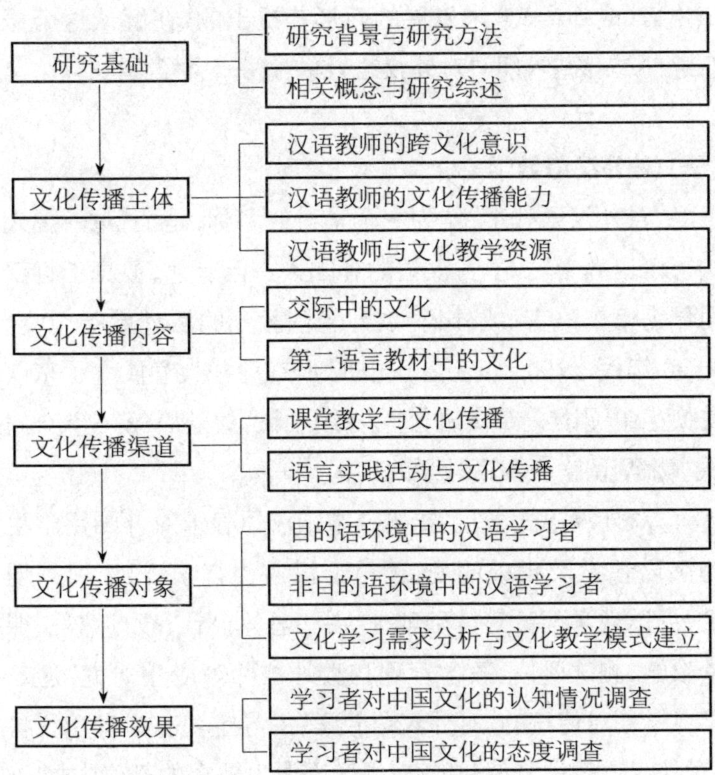

第二节　相关概念与研究综述

要探讨汉语国际教育视域下的跨文化传播，首先应明确“汉语国际教育”和“文化传播”这两个概念的内涵。因此，本节将围绕这两个概念及第二语言教学中的文化和文化教学研究进行讨论。

一、汉语国际教育

“汉语国际教育”这一概念是为适应国内外汉语作为第二语言(或外语)教学发展的新形势提出的,在解读这个概念之前,应简要说明“对外汉语教学”这一名称的含义。

(一) 对外汉语教学

“对外汉语教学”作为一个学科的名称,是指“对外国人进行汉语教学”。学习汉语的外国人古已有之,但真正将汉语作为第二语言(或外语)展开专门教学的活动始于 20 世纪 50 年代。1950 年 7 月,中国政府在清华大学成立了东欧交换生中国语文专修班,这是新中国成立以后第一个专门从事来华留学生汉语教学的机构①。

“对外汉语教学”主要研究中国汉语教师对外国留学生的汉语教学及相关问题,侧重于汉语语言学、汉语习得理论、汉语教学理论等基础理论,关注总体设计、教材编写、课堂教学、测试评估、教学管理和教师培养等应用研究,这是学界早期对传统的“对外汉语教学”的界定。有学者建议将“对外汉语教学”学科更名为“汉语作为外语的教学”或“汉语作为第二语言的教学”②。“汉语作为外语的教学”强调的是汉语在非汉语环境中作为外语的教学,也就是汉语在除中国以外的其他国家语言环境下的汉语教学;对“汉语作为第二语言的教学”的内涵存在两种意见:第一种意见认为,它主要指在汉语环境下对外国人或母语不是汉语的其他人的汉语教学,其中也包括对母语为非汉语的少数民族的汉语教学;第二种意见认为,第二语言是根据习得先后顺序来定义的。因此,对那些汉语为非母语者,无论是在美国还是

① 崔希亮:《对外汉语教学与汉语国际教育的发展与展望》,《语言文字应用》,2010 年第 2 期。

② 吴应辉:《国际汉语教学学科建设及汉语国际传播研究探讨》,《语言文字应用》,2010 年第 3 期。

在中国学习汉语,按照时间顺序,汉语都是他的第二语言,只是学习的环境不同。在中国,汉语是在“第二语言环境”(second language context)习得的,在美国,汉语是在“外语环境”(foreign language context)习得的。换句话说,第二语言与习得环境无关,是根据习得顺序确定的。在我们梳理的研究文献中,这三种学科名称悉数存在,大部分研究者在论述中并未作严格区分,无论使用哪种名称,教学对象主要都是母语为非汉语的学习者,而针对来华留学生的汉语教学使用范围最广的是“对外汉语教学”。在国外,针对母语为非汉语的学习者进行的汉语教学,学科名称不尽相同,有“中文教学”(美国)、“中国语学科”(日本)、“华文教学”(东南亚部分国家)等。

崔希亮在《对外汉语教学与汉语国际教育的发展与展望》一文中总结了对外汉语教学 60 年来的发展变化及发展趋势,可以概括为以下九个方面:

第一,留学生成分由 1978 年以前的政府奖学金生为主转变为自费生为主;

第二,留学生的生源结构由以非洲、东欧少数几个国家为主扩散到世界 180 多个国家和地区;

第三,对外汉语教学的教育层次和教育体系由语言预科教育为主发展出完整的学历教育体系和非学历教育体系;

第四,学历生中,研究生的数量在增长,但是研究生在来华留学生中所占的比例有不断下降的趋势;

第五,对外汉语教学的理念和方法发生了很大的变化;

第六,教师队伍越来越专业化;

第七,教学机构分布越来越广,除了高等学校外,一些大中城市的中小学也开展对外汉语教学,还出现了许多民办语言教育机构;

第八,国内部分高校专门为来华留学生设立了汉语言专业;

第九,海内外合作办学、联合培养项目开始出现。

这九个变化涵盖了留学生群体、办学层次、学科建设和教师教法等方面①。其中,变化最大的是留学生群体的数量、生源及由此带来的教育体系的变化。

① 崔文区分了"对外汉语教学"和"汉语国际教育"这两个概念。他用"对外汉语教学"指称"在国内对来华留学生进行的汉语教学",用"汉语国际教育"指称"在海外把汉语作为外语的教学"。本文对"汉语国际教育"的界定与崔文不同,我们将在下文加以说明。

(二) 汉语国际教育

随着中国社会经济的发展和对外文化交流的日益频繁,越来越多的国家开始关注中国,海外民众对汉语学习的需求也逐渐增长。许琳认为,以来华留学生为主要教学对象的传统汉语教学模式不适应国外对汉语的需求状况,因此,她提出了转变观念和工作重点的六条建议②:

② 许琳:《汉语国际推广的形式和任务》,《世界汉语教学》,2007年第2期。

一是发展战略从对外汉语教学向全方位的汉语国际推广转变;二是工作重心从将外国人"请进来"学汉语向汉语加快"走出去"转变;三是推广理念从专业汉语教学向大众化、普及型、应用型转变;四是推广机制从教育系统内推进向系统内外、政府民间、国内国外共同推进转变;五是推广模式从政府行政主导为主向政府推动的市场运作转变;六是教学方法从纸质教材面授为主向充分利用现代信息技术、多媒体网络教学为主转变。

概括起来,这"六个转变"包含了三个层面:体制和机制,对象和教学类型,教材和教法。换言之,从过去的"请进来"、对有一定学历的成年人进行面对面的教学,发展到"走出去"、对社会各层次的人进行多种方式的教学,教材和教法需要适应新形势进行全方位的改进。我们认为,"六个转变"的提出并不是忽视传统的对外汉语教学,而是提醒我们顺应时代发展,关注海外汉语学习者群体的特点和需求,拓宽研究视野,培养创新精神。

在这一新形势下,学界对汉语作为第二语言(或外语)教学的研究范围和指称进行了新的讨论。吴应辉在《国际汉语教学学科建设及汉语国际传播研究探讨》一文中提出“国际汉语教学”这一名称。他认为“国际汉语教学”包括传统的对外汉语教学和汉语国际传播两大部分,国际汉语教学和传统对外汉语教学的关系是:对外汉语教学是国际汉语教学的前身和重要组成部分,国际汉语教学是对外汉语教学的继承和发展,它拓宽了对外汉语教学的研究视野,使对外汉语教学的交叉性特征更加明显,研究方法更加多样化。许嘉璐则用“汉语国际教育”这一概念指称吴文中的“国际汉语教学”,并指出“汉语国际教育”已进入第二个发展阶段,即“从单纯的汉语教学转变为全面的文化交流,通过文化交流沟通彼此的心灵,因为这是国际形势的需要,中国的需要,当今不同文化之间交流的需要”①。许文特别强调汉语国际教育中文化交流的重要性。汉语作为第二语言(外语)教学是学习者了解中国文化的窗口,也是中国文化对外传播的重要平台。这意味着在汉语走向世界的新形势下,作为跨文化传播者的汉语教师不应局限于语言教学任务,还要关注跨文化传播的问题,在教学实践中思考文化传播的内容和重点,积极探索文化传播的有效途径。

2014年,吴应辉在《汉语国际教育学科建设亟待解决的主要问题》一文中指出,鉴于教育部新颁布的高等学校本科专业目录和专业硕士目录中使用了“汉语国际教育”这一学科名称,“汉语国际教育”作为一个正式的学科名称使用已无可争议②。由此,学界关于“对外汉语教学”“汉语作为第二语言(或外语)教学”“国际汉语教学”“汉语国际教育”等学科名称的讨论告一段落。

① 许嘉璐:《继往开来,迎接汉语国际教育的新阶段》,《北京师范大学学报(社会科学版)》,2012年第5期。

② “汉语国际教育”硕士专业学位于2007年正式得到批准设立,而“汉语国际教育”本科于2012年正式列入大学本科专业目录,参见吴应辉:《汉语国际教育学科建设亟待解决的主要问题》,《国际汉语教学研究》,2014年第1期。

本书使用“汉语国际教育”这一概念，一是基于对学科发展新认识的肯定，二是基于研究内容不限于传统意义上的对外汉语教学领域中的文化传播，也涉及非目的语环境中的文化传播问题。不过，由于笔者主要在国内大学从事教学和研究，因此研究内容还是以目的语环境中的跨文化传播问题为主。在讨论具体的课堂教学问题时，为方便讨论，我们也会沿用“汉语作为第二语言教学”“国际汉语教学”等概念。

二、第二语言教学中的文化

（一）文化与文化结构

据考证，“文化”是中国语言系统中古已有之的词汇。“文”的本义，指各色交错的纹理。《说文解字》称：“文，错画也，象交文。”即为此义。在此基础上，“文”引申为包括语言文字在内的各种象征符号，进而具体化为文物典籍、礼乐制度等。“化”的本义为改易、生成、造化，如《庄子・逍遥游》“化而为鸟，其名为鹏”；《礼记・中庸》“可以赞天地之化育”等，指事物形态或性质的改变，并由此引申为教行迁善之义。在汉语中，“文”与“化”并联使用较早见于《易・贲卦》：“观乎天文，以察时变；观乎人文，以化成天下。”西汉以后，“文”与“化”合成一词，如刘向《说苑・指武》“圣人之治天下也，先文德而后武力。凡武之兴，为不服也。文化不改，然后加诛”，此处“文化”一词含教化之意。英语中与“文化”相对应的词是 culture，该词源于拉丁文 *cultura*，原义是指植物栽培，后引申为人的修养与训练。这与中国古代“文化”一词“文治教化”的内涵比较接近[①]。

“文化”有广义和狭义之分，广义的文化指人类在社会实践过程中所获得的物质、精神的生产能力和创造的物质

① 张岱年、方克立：《中国文化概论》，北京师范大学出版社，2004 年，第 1—2 页。

和精神财富的总和；狭义的文化排除人类社会历史生活中关于物质创造活动及其结果的部分，专注于精神创造活动及其成果。1871 年，英国文化学家爱德华·泰勒(Edward Tylor)在《原始文化》一书中提出了狭义文化的早期经典学说："文化，或文明，就其广泛的民族学意义上来说，是包括全部的知识、信仰、艺术、道德、法律、风俗以及作为社会成员的人所掌握和接受的任何其他的才能和习惯的复合体。"美国文化人类学家克罗伯(A. L. Kroeber)和克鲁克洪(K. Kluckhohn)在《文化：概念和定义的批判性回顾》一书中对文化的定义进行了统计，1871 年到 1952 年文化的定义共有 164 种。而他们给文化下的定义是：文化存在于各种内隐和外显的模式中，借助于符号的运用得以学习与传播，并构成人类群体的特殊成就，这些成就包括他们制造物品的各种具体式样。文化的基本要素是传统(通过历史衍生和由选择得到的)思想观念和价值，其中尤以价值观最为重要。这一定义几乎涵盖了人类生活的方方面面，他们强调文化的核心是价值观。

由于文化的内涵十分丰富，因此产生了不同的文化分类方式，较为常见的是：物质文化与精神文化"两分说"；物质、制度、精神"三层次说"；物态、制度、行为和心态"四层次说"。张岱年、方克立和程裕祯[①] 等学者的论著中均采用了"四层次说"。具体来说，"物态文化层"是人的物质生产活动及其产品的总和；"制度文化层"是指人们在社会实践中建立的规范自身行为和调节相互关系的准则；"行为文化层"是指人们在长期社会交往中约定俗成的习惯和风俗；"心态文化层"是人们的社会心理和社会意识形态，包括价值观念、审美情趣、思维方式及由此产生的文学艺术作品，它是文化的核心。对文化的分类的认识有利于帮助我们区

① 参见程裕祯：《中国文化要略》，外语教学与研究出版社，2011 年，第 3 页。

分不同阶段文化教学的内容和侧重点,对汉语作为第二语言教学具有重要意义。

(二)第二语言教学中的文化

1. 国内教学界的研究

在汉语作为第二语言教学领域,文化研究始于 20 世纪 80 年代。许多学者论述文化背景或文化因素在对外汉语教学中的作用和地位、文化教学的原则与方法等问题,文化教学相关研究成为学界日益关注的课题。

在汉语作为第二语言教学领域,早期关于文化的定义和分类最有影响的是张占一先生的研究。他从功能角度把语言教学中的文化背景划分成"知识文化"(cultural knowledge information)和"交际文化"(cultural communication information)两种。所谓知识文化,指的是两种不同文化背景培养出来的人进行交际时,对某词、某句的理解和使用不会产生直接影响的文化背景知识。双方或一方不会因为缺乏这种文化知识而产生误解。所谓交际文化,指的是两种不同文化背景熏陶下的人,在交际时,由于缺乏有关某词、某句的文化背景知识而发生误解。这种直接影响交际效果的文化知识,就属于交际文化[①]。张占一认为,在语言教学中,尤其是初级阶段,交际文化更为重要。但是,我们对交际文化的重要性认识还不够,反映在教材上就是"有些初级汉语教材,虽然是为外国读者编写的,但涉及交际文化极少,甚至没有,而对知识文化却用大量篇幅进行介绍"。这种情况显然不利于培养学习者的跨文化交际能力。

1990 年,张占一在《试议交际文化和知识文化》一文中对两种文化的定义进行了补充:"所谓知识文化,指的是两个文化背景不同的人进行交际时,不直接影响准确传递信

① 张占一:《汉语个别教学及其教材》,《语言教学与研究》,1984 年第 3 期。

息的语言和非语言的文化因素。所谓交际文化，指的是两个文化背景不同的人进行交际时，直接影响信息准确传递(即引起偏差或误解)的语言和非语言的文化因素。”与早期定义相比，新定义中增加了“非语言要素”的内容。

张占一提出的“交际文化”和“知识文化”的概念得到许多学者的响应，对“交际文化”的界定也在不断发展。张德鑫认为，这一概念的提出改变了语言教学中文化范畴的笼统观念，从功能的角度将文化置于语言教学中，促进了对外汉语教学界关于文化教学内容的理论研究。赵贤州也认为从外语教学角度看，把文化分为知识文化与交际文化是可取的，并提出对交际文化的界定：“所谓交际文化，主要指两种文化的人进行交际时直接发生影响的言语中所蕴含的文化信息，即词、句、段中有语言轨迹的文化知识，它主要以非物质为表现形式。”[①]吕必松同样肯定了这种划分，并对“交际文化”做了新的界定：所谓交际文化，可以理解为隐含在语言系统中的反映一个民族的价值观念、是非标准、社会习俗、心理状态、思维方式、审美情趣等文化因素。这种文化因素是隐含着的，所以本族人往往习焉不察，只有通过语言和文化的对比研究才能发现其特征并揭示出“文化差异”规律[②]。孟子敏认为对交际文化的认识可以分为两个层面：对本文化群体内部而言，交际文化是制约本文化群体成员的交际行为一系列的规范或准则；对另一个文化群体的成员来说，交际文化是干扰另一个文化群体的成员之间的交际行为的一系列规范或准则[③]。

通过讨论，“交际文化”的内涵越来越明确。毕继万在《跨文化交际理论研究与应用》一书中指出，对外汉语教学界多数教师认为“交际文化”是指与汉语和汉语教学有关或隐含在汉语和汉语教学之中的汉文化因素，它将语言、文化

① 赵贤州：《文化差异与文化导入论略》，《语言教学与研究》，1989 年第 1 期。

② 转引自毕继万：《跨文化交际理论研究与应用》，北京语言大学出版社，2014 年，第 4 页。

③ 孟子敏：《交际文化与对外汉语教学》，《语言教学与研究》，1992 年第 1 期。

和交际三者联系起来。对交际文化教学，多数人的看法是帮助学习汉语的外国人通过对汉文化背景知识、交际规则、思维方式与价值观念的认识，去准确理解汉语和得体运用汉语，“汉外对比”的作用是以外国文化为参照物帮助学生更好地理解汉语的文化含义。简言之，研究交际文化要关注语言、文化、交际三者之间的关系，注重文化差异和对比分析。

不过，也有学者对“交际文化”和“知识文化”的划分提出质疑，如许嘉璐不同意将对外汉语教学中的文化教学分为“知识文化”和“交际文化”，他认为原因有两个：“一是在实际教学中两者无法科学地分开，只能由教学者主观地决定；二是‘知识文化’和‘交际文化’其实都是围绕着语言交际而展开的，只不过二者所说的文化对语言交际的作用有直接和间接的不同，而所谓直接和间接也是难以区分和预料的，何况还有非语言交际存在。”他赞同“文化是人类所创造的一切物质、制度与精神”的观点，并把文化分为三类和三个层次。

尽管对外汉语教学界对“交际文化”的界说、分类和内容的意见不尽相同，但从跨文化交际的视角探究文化差异并揭示语言中隐含的交际文化因素，对帮助学习者减少跨文化交际的误解和冲突具有较高的实践意义。亓华认为，对外汉语教学界形成自家特色的文化研究是以张占一先生提出的“交际文化”为开端和导向的①，她充分肯定了对“交际文化”讨论的学术意义。迄今为止，“交际文化”和“知识文化”的划分仍影响着学界对第二语言文化教学内容的探讨。

在汉语作为第二语言教学领域，对“文化”的认识和分类除了“交际文化”和“知识文化”以外，还有陈光磊等学者提出的“语用文化”“语义文化”“语构文化”。“语用文化”指使用语言的文化规约，即语言运用同社会情境和人际关系

① 亓华：《中国对外汉语教学界文化研究 20 年述评》，《北京师范大学学报(社会科学版)》，2003 年第 6 期。

相连接起来所必须遵循的规则;"语义文化"指一种语言的语义系统所包含的文化内容和所体现的文化精神;"语构文化"是与语言结构相关的文化,是指语言中词、词组(短语)、句子以及语段(句群)乃至篇章的构造所体现的文化特点。陈光磊认为,做语构文化、语义文化和语用文化的划分,更有利于把潜在的、融合于语言之中而为本族人所习焉不察的文化内容呈露于语言层面之上,便于在第二语言教学中加以说明,使学习者易于理解和掌握。他提出"以语用文化为重心,以语义文化、语构文化为两翼,在教学上构成一个以语言为本位的文化导入的体制"[①]。

① 陈光磊:《语言教学中的文化导入》,《语言教学与研究》,1992 年第 3 期。

第二语言教学界关于文化的定义和分类的讨论对我们思考不同阶段文化教学的内容和方法具有重要启示。

2. 国外教学界的研究

国外第二语言教学界关于文化的定义最有影响的是美国"5C 标准"中的文化概念。1993 年,美国外语教学委员会(American Council on the teaching of Foreign Languages,简称 ACTFL)成立了"全国外语教育目标课题组"。1996 年,该课题组编制了《面向 21 世纪外语学习标准》(*Standards for Foreign Language Learning: Preparing for the 21st Century*)。三年后,课题组对这一标准进行了修改,1999 年颁布了《21 世纪外语学习标准》(*Standards for Foreign Language: Learning in the 21st Century*,以下简称《标准》)。

《标准》明确提出美国应该培养能在国内外多元化社会中,在语言和文化两方面均能成功交际的学生。外语教育应当实现五个目标:运用外语交际(Communication)、获取知识并体验多元文化(Cultures)、贯穿其他学科获取信息(Connections)、比较并洞察语言与文化特征(Comparison)和参加国内外多元社区(Communities),即"5C 标准"。具体内容如下：

(1) 交际(Communication)：即用英语之外的其他语言进行交流，要求学生达到使用外语参与对话、提供和获得信息、表达感觉和情感、交流思想的交际能力；能听懂和翻译各种话题的口头和书面语言；能就广泛的话题与听众和读者很好地交流信息、观念和思想。

(2) 文化(Cultures)：认识和理解其他文化知识，如了解其他文化与所反映的观念之间的关系；理解其他文化的表现形式与所表达的观念之间的关系等；能获得并且了解目的语文化的知识。

(3) 连贯(Connections)：学习外语应与学习其他学科连贯起来，以便获得相关的信息和知识；学生应该通过外国语言及其文化获得信息，并且通过现有信息得出明确的观点。

(4) 比较(Comparison)：通过多元文化的比较，培养对所学语言的文化本质的洞察力；通过比较所学语言与本国语言真正理解语言的本质；通过比较目的语文化和本国文化理解文化的概念。

(5) 社区(Communities)：应用所掌握的外语参与国内外的多种语言文化社区活动。学生在学校内外都能顺畅地使用外语，把学习外语当作寻求乐趣和充实自我的手段，使学生乐于成为终身外语学习者。

这五个目标相互影响、相互促进，共同构成了美国外语学习的总目标。

《标准》重新定义了文化与语言学习各个方面的关系，将课程中的文化提升到新的高度并赋予其重要性。文化不仅具有单独的标准，而且在其他四个目标中，都起到了贯通的作用。《标准》再次提醒我们已经了解的事实：文化是语言学习最重要的语境，正如朗格(Lange)所说，“新标准把文化作为外语学习的核心和关键内容”。《标准》明确指出：“在现实中，外语学习的真正内容并不是这种语言的语法或词汇，而是通过这种语言所表现的文化。”①

①［美］海伦娜·柯顿（Helena Curtain）：《语言与儿童》，外语教学与研究出版社，2011年，第258页。

从第二语言教学的角度，《标准》将“文化”分为文化观念（Cultural Perspectives）、文化产品（Cultural Products）与文化习俗（Cultural Practices）三个方面：

（1）文化产品：包括书籍、工具、食品、法律、音乐、游戏等。

（2）文化习俗：包括节日风俗、服饰习俗、饮食习惯等。

（3）文化观念：包括态度、信仰、价值观等。

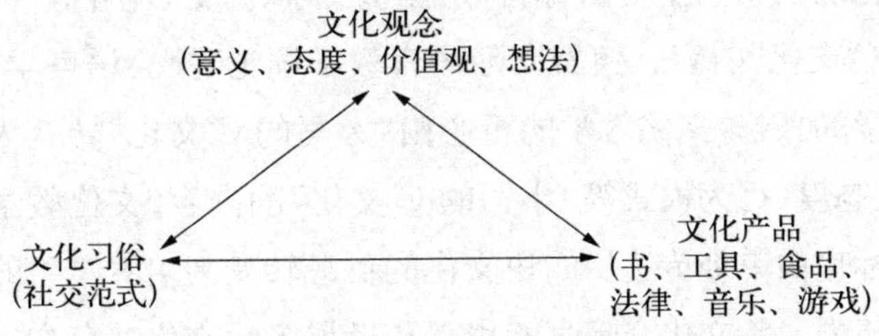

图1－2－1　美国《21世纪外语教学标准》中的“文化”

在这三个概念中，文化观念是文化的核心部分，处于深层，体现在文化产品和文化习俗中；反过来说，文化产品和文化习俗的背后也隐含着一定的文化观念。《标准》要求外语学习者了解文化产品、文化习俗与文化观念之间的联系，并提出第二语言文化教学的目标是让学习者了解文化产品、文化习俗是如何反映出文化观念的，特别强调文化观念在第二语言教学中的重要性。

“5C标准”带给我们的启示是：在第二语言文化教学中，不能忽视深层的文化观念，因为它是文化的核心，是理解语言和恰当使用汉语进行交际的前提和条件。教师要有意识地引导学习者对目的语文化和母语文化进行比较，培养他们学会发现不同文化的相同点和不同点，学会解释、分析文化差异的能力，从而加深对目的语的理解。

（三）文化教学的目标、内容和形式

1. 文化教学的目标

在汉语作为第二语言教学领域，针对汉语学习者的文化传播称为“文化教学”或“文化因素教学”。

祖晓梅在《跨文化能力与文化教学的新目标》一文中指出，自20世纪80年代以来，第二语言文化教学的目标经历了几次重要的变化。传统的文化教学以了解和记忆目的语文化的信息为主要目标，特别侧重文学、历史、地理等“大写的C文化”内容。随着交际语言教学理论、社会语言学、语用学的兴起，文化教学的重心由“大写的C文化”转变为观念、态度、行为模式等“小写的C文化”的内容，文化教学的目标也由单纯传达目的语文化的信息转变为培养学生的交际能力。跨文化交际学的引入和世界多元文化共存和互动的新形势，对第二语言教学中的文化教学提出了新的挑战和更高的要求，越来越多的学者和教师意识到，仅仅了解目的语文化的知识和培养目的语文化环境中得体的交际行为是不够的，培养跨文化能力应该是新世纪语言文化教学的更高目标[①]。张英在《对外汉语文化教学的基点与视角》一文中指出，第二语言文化教学有两个主要目标：第一是提高学习者的跨文化交际能力；第二是让世界了解中国及中国文化。由于文化包罗万象，她强调要以跨文化的视角进行文化教学，而不能将文化教学的内容“泛化”。

作为指导汉语作为第二语言教学的重要纲领性文件，《国际汉语教学通用课程大纲》（以下简称《大纲》）将国际汉语教学的总目标定为：使学习者在学习汉语语言知识与技

① 祖晓梅：《跨文化能力与文化教学的新目标》，《世界汉语教学》，2003年第4期。

能的同时,进一步强化学习目的,培养自主学习与合作学习的能力,形成有效的学习策略,最终具备语言综合运用能力。语言综合运用能力由“语言知识”“语言技能”“策略”和“文化能力”四方面内容构成。其中,语言技能和语言知识是语言综合运用能力的基础;策略是提高效率、促进学习者自主学习和发展自我能力的重要条件;文化能力则是培养学习者具备国际视野和多元文化能力,更得体地运用语言的必备因素。这四方面内容相互渗透,环环相扣。如下图所示:

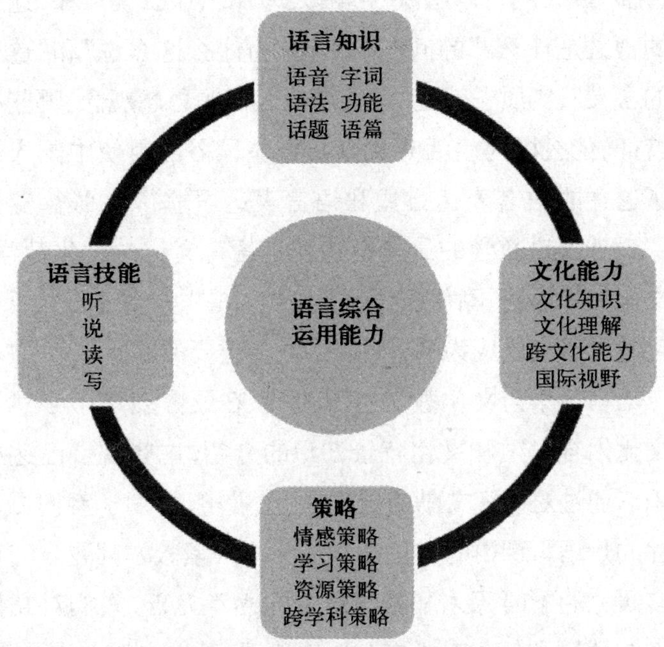

图 1-2-2 国际汉语教学课程目标结构关系图

《大纲》对以往只重视语言技能的教学理念做出了突破性的改变,从文化知识、文化理解、跨文化能力与国际视野四个维度对“文化能力”作了详细的阐释,再次强调培养第二语言学习者文化素质、沟通能力和国际视野的重要性[①]。

① 参见孔子学院总部、国家汉办编:《国际汉语教学通用课程大纲(修订版)》的说明部分,北京语言大学出版社,2015 年。

综合上述研究成果,我们将第二语言文化教学的目标概括为:通过学习和课外实践,汉语学习者能较为全面地了解中国社会与文化,能以平等、客观的态度对待不同文化,不断提高自身的跨文化交际意识,通过对母语文化与目的语文化的比较和分析,加深对两种文化的理解与认识,最终实现成功的跨文化交际。

2. 文化教学的内容和形式

关于文化教学内容和形式的热烈讨论始于 20 世纪 90 年代。1997 年,林国立首次提出在对外汉语教学中要建立“文化因素大纲”,以解决“中国人为什么这么说?”和“这么说的含义是什么?”的问题。所谓“为什么这么说”和“这么说的含义”,实质上就是“究竟是什么样的思想观念、哪些心理特征、什么样的生活方式以及哪些风俗习惯使中国人形成了这样的语言表达方式和语言表达习惯”[①]。张德鑫提出:“对外汉语教学的最佳模式就是语言文化一体化教学,将文化教学渗透、融化在语言教学之中。”[②]至此,第二语言文化教学研究已成为学界日益关注的重要课题。

语言教学与文化教学密不可分,在语言教学中必然涉及文化内容学习和文化背景知识的介绍,这些观点已达成共识。通过对研究文献的梳理,可以看出,早期学者们更多关注的是语言课中的文化教学或文化因素教学问题。随着语言研究的不断深入和教学理论的逐步完善,人们对文化教学的性质和任务有了更全面的认识,对文化教学的原则、内容和方法、文化教材的编写和文化教学实践等问题进行了更为深入的探讨。在这一阶段,学者们对文化教学的研究既包括语言课中的文化教学,也包括专门的文化课教学和文化实践活动;既关注了语言交际文化研究,也关注了非语言交际文化研究。

① 林国立:《构建对外汉语教学的文化因素体系——研制文化大纲之我见》,《语言教学与研究》,1997 年第 1 期。

② 张德鑫:《对对外汉语教学本质之认识》,《中国对外汉语教学学会第三次学术讨论会论文选》,1989 年。

在海外汉语教学领域中，也有不少学者对文化教学问题进行了有益的探索和实践，其中比较有代表性的是创立了“体演文化”教学法（The Pedagogy of Performing Another Culture）的美国学者吴伟克（Galal Walker）。吴伟克主张在体验文化中学习语言，以平等宽容的心态了解所学语言及其文化，并尽可能融入对象国文化。他的理想是“培养能够理解中国的学生，特别是和中国人意见观点不同的时候。即使我们不同意他们的想法，也应该设法理解为什么中国人会这么想，尽量了解他们的文化根源、文化视角和世界观”[①]。他的教学理念和教学方法对我们思考文化教学的原则和方法具有一定的启示作用。

关于文化教学的内容，张英认为主要有两大类：

第一类是语言中的文化因素，包括隐含在语音、词汇、语法和汉字中的文化因素，及语言各要素在语义、语用方面的文化因素。

第二类是与跨文化交际相关的文化（知识），包括表层文化，即物化文化；深层文化，即价值观念、思维方式等；介于表层和深层之间的文化，即制度文化[②]。

张文对文化教学内容的分类比较清晰，既关注到文化结构问题，也考虑到第二语言学习的特点，将语言中的文化因素单独列出来。张文强调“深层文化应是对外汉语文化教学在内容方面的根本基点”。这个观点对我们思考第二语言文化教学内容和教学重点具有重要意义。

关于文化教学内容的研究，另一位代表性学者是祖晓梅，她在《跨文化交际》一书中将第二语言文化教学的内容分为以下三类：

第一类是语言中的文化因素，主要包括：一般词汇的文化内涵和跨文化差异（如“隐私”）、“文化词汇”的内涵（如

① 吴伟克教授（Prof. Galal Walker），第二届“中国语言文化友谊奖”获奖者，多年来致力于中文教学法研究。参见吴伟克：《体验文化教学法若干原则》，《国外汉语教学动态》，2004 年第 2、3 期。

② 张英：《对外汉语文化教学的基点与视角，第十届国际汉语教学研讨会论文选》，万卷出版公司，2012 年。

"缘分")、言语行为的实现方式(如问候、感谢)、影响语用的环境因素(如交际场合)、语言使用规则背后的文化意义或原因;

第二类是客观文化,主要包括地理、历史、文学、艺术、政治制度、经济制度、风俗习惯等,其特点是明晰且具有系统性;

第三类是主观文化,主要包括价值观、信仰、思维方式、人际关系、社会交往、非语言行为、态度、交际风格等。

关于文化教学的形式,一般认为,汉语作为第二语言文化教学的形式主要有两种:第一种是语言课中的文化教学;第二种是专门的文化课教学,这两种均属于课堂教学范畴。除此之外,各种类型的文化体验活动、文化专题讲座及语言文化赛事等课外语言实践活动,也逐渐成为文化教学/文化传播的重要形式。

依据祖晓梅对文化教学内容的分类,第一类文化内容与语言学习和跨文化交际能力培养的关系较紧密,目前一般采用文化教学的第一种形式,即在语言课中进行,教师应注意语言教学与文化教学相结合的原则;第二类文化内容采用两种教学形式均可,区别在于第二种形式即专门的文化课教学,更侧重于文化内容的系统性和完整性。无论采取哪种形式,教师都应注重挖掘文化事实背后隐含的文化意义或观念;第三类文化内容与学习者理解不同文化的特点进而提高跨文化交际能力最为密切,因而是文化教学的重中之重,应贯穿于第二语言教学过程的始终。

综上所述,第二语言文化教学不能停留于物质文化成就的介绍上,汉语教师要以跨文化的视角,由表层文化介绍过渡到深层文化教学,使学习者通过了解表层的文化成就进而理解中国、中国人的思想观念、思维方式、交际规约以及行为模式等[①]。当前,第二语言文化教学应重视深层文化(文化观念)教学的观点已达成共识。因此,我们在讨论课堂教学与文化传播时将专门探讨深层文化的传播问题。

① 张英:《对外汉语文化教学的基点与视角》。

三、关于文化传播

(一) 文化传播的定义和类型

"文化传播"(cultural communication)又称"文化传通",是人们在社会交往过程中产生于社区、群体及所有人与人关系之间的一种文化互动现象。文化传播伴随人类社会的产生而产生,与人类生活密切相关,并不断推动社会的发展。吴信训在《文化传播新论》一书中指出,文化传播是以文化信息为媒介内容的传播,是人类交流、开化的特殊形式,是传播的特殊范畴之一,文化传播具有促进文化交流、互动的作用。

对文化传播的研究,涉及传播学、人类学、语言学、国际关系等诸多领域,对"文化传播"这一概念的界定,也因各领域研究内容的不同而有所区别。

庄晓东谈到文化传播研究的意义时指出,文化传播作为人类存在和发展的表征和特权,是人类认识世界和改造世界的武器和工具;文化传播是人类生活的主要样式,是人类社会最普遍、最重要、最深层和最复杂的现象之一;文化传播总是和人类生活的各个方面交织在一起,成为人与人之间、民族与民族之间、国家与国家之间必不可少的交往活动。可以说,人类发展的历史就是文化传播的历史[②]。这些论述强调了人类社会发展与文化传播之间密不可分的关系。

② 庄晓东:《文化传播研究在当代中国的意义》,《天津社会科学》,2004年第2期。

因研究视角不同,学者们对人类传播活动类型的划分也不尽相同。李正良在《传播学原理》中依据传播信息流动的范围和规模,将传播分为人内传播、人际传播、组织传播、大众传播和网络传播[①]。依据文化传播的形态角度,将文化传播分为一般性文化传播、专门性文化传播和系统间文化传播三种类型:一般性文化传播是指社会生活中普遍发生的文化传播,饮食方式、衣着等都包含着文化因素,传递着文化信息;专门性文化传播指的是职业化的文化传播活动,既包括文化教育,又包括文化基本活动;系统间文化传播是指不同系统之间进行的文化传播活动,又称"跨文化传播"。

传播学领域的另一位学者吴瑛在《文化对外传播:理论与战略》一书中指出:

> 文化传播伴随着人类社会的产生而产生,推动着文化的变迁和融合。当一种文化在某个社会、族群之中生发,日益传播,并渗透到社会中的个人和集体的思维、行动模式,这种文化就成为这个社会、族群的共有文化;当一个社会、族群的共有文化开始通过各种载体传播到周边社会、族群,并且与周边文化相互交织、互动时就产生了文化的融合;而当自有文化所附着的社会、族群日益受到他者文化的传播,受其吸引,其思维和行动的模式渐趋向他者文化靠近时,则面临着自身文化的销蚀和被吸纳。

这段话涉及了文化传播的特点和作用,概括起来,包括以下三个方面:

第一,强调了文化传播在社会发展、人类关系维持中发挥的重要作用。正如社会学家查尔斯·科利(Charles Coughlin)所言:文化传播是"人类关系赖以存在和发展的

① 人内传播是指具有传播能力的个体在自身内部进行的信息交流与对话;人际传播是指两个人或更多个体之间进行的面对面的信息沟通和情感交流活动;组织传播是指处在一定环境中、具有某种特定目的的组织,为实现既定目标而从事的信息传递与共享活动;大众传播是指专业化的媒介组织运用先进的传播技术和手段,以社会大众为对象进行的信息加工与传递过程;网络传播是指人们借助网络媒体所进行的信息传播行为与过程。参见李正良:《传播学原理》,中国传媒大学出版社,2017年,第416页。

机制,是一切智能的象征和通过空间传达它们和通过时间保存它们的手段”。人类学家爱德华·萨皮尔(Edward Spair)也认为“每一种文化形式和每一种社会行为的表现,都或明晰或含糊地涉及传播”。

第二,明确了文化与传播之间互进互动的关系。我们知道,文化是世代相传的,具有传承性或延续性,而“传播”使文化成为连续的过程。一切文化都是在传播的过程中生成、发展和变迁的,“传播”是形成、保存和发展人类文化的必由之路。

第三,强调了传播对文化的作用,即传播对共有文化的形成和不同文化的融合所起到的作用。论述中隐含着对两种类型文化传播的区分:第一种类型是文化内部的传播,即发生在某一社会、族群之内的传播;第二种类型是文化的对外传播,即发生在不同社会、族群之间的传播。这两种类型的传播是不同性质的文化传播:前者发生在具有相似文化基因的特定社会、族群内部,因此传播行为较易被接受;后者发生在异质文化间,由于传播者和受众拥有不同的文化基因、价值观、不同的思维和行为模式,因此在传播过程中容易遇到文化冲突。文化的对外传播通常被称为“跨文化传播”(Intercultural Communication)。

(二) 跨文化传播的定义

“跨文化传播”这一术语在汉语中还有“跨文化交流”和“跨文化交际”等表达方式。这是因为跨文化传播学的研究在我国起步较晚,学术界还没有形成统一的学科研究体系。传播学领域的学者一般选择“跨文化传播”的译法;从事语言学和外语教学与研究的学者在侧重研究人际交往时大都使用“跨文化交际”;而在国际关系、外交及其他层次的对外文化交往等领域,则更多使用“跨文化交流”。孙英春在《跨文化传播学》一书中指出,目前知识界对“跨文化传播”的定义多种多样,侧重的角度各有不同,大致可概括为以下三种:

第一,来自不同文化背景的人们之间的交往与互动行为。在跨越文化的人际传播中,传播双方的文化背景可能大致相似,也可能相去甚远,存在观念、思维方式、生活方式乃至国民性格等方面的不同程度的差异,这造成了程度不同的传播难度。在这一理解的基础上,一些研究还认为,跨文化传播是来自不同文化背景的人们之间通过合作和协商建构意义的象征性过程,参与者能够通过合作来生产彼此都可接受的意义。

第二,信息的编码、解码由来自不同语境(context)的个体或群体进行的传播。依据这一定义,双方信息编码比较一致的传播可称为“同文化传播”,双方信息编码基本不同的传播可称为“跨文化传播”。人际传播是否是跨文化传播,要视双方信息编码的重叠情况来确定。有学者提出,双方信息重叠量达到70%可算同文化传播,低于70%则是跨文化传播。

英国社会学教授斯图亚特·霍尔(Stuart Hall)认为,从信息的组成到信息被阅读和理解,每一个环节都是多元因素决定的。编码的信息一经传送,编码者便对其失去了控制。受众的解码阶段非常重要,受众必须能够解码才能获得信息,而受众在解码过程中必然受个体价值观、世界观和国家意识形态等因素的影响,也就是说,信息的被传递不等于被接受,必须由编码和解码共享才能传达信息。

第三,由于参与传播的双方的符号系统存在差异,传播因而成为一种符号的交换过程。

根据这一定义,不同的文化形态在交流过程中会因符号系统的差异,使得文化交流效果受到影响。有效的传播要能在来自不同文化的传播者之间创造一种共享意义(shared meanings),因此,对于传播者而言,如何寻求异质文化的共同语言,力求在传播过程中做到异中求同格外重要。

通常情况下,汉语教师(教学主体/传播者)和学习者(教学对象/受众)来自不同的文化背景(海外环境中的本土教师与学习者除外),由于双方的生活环境、宗教信仰、价值观念、思维方式等方面存在一定差异,看待问题的角度、评判是非的标准也会有所不同。因此,从根本上说,第二语言教学本身就是一个跨文化交际的过程。由此可知,汉语国际教育中的文化传播属于文化的对外传播,是跨文化传播。接下来本书将围绕文化传播过程的要素依次展开,探讨文化传播主体、文化传播内容、文化传播渠道、文化传播对象及文化传播效果等方面的问题。

第二章 文化传播主体研究

语言既是文化的组成部分，也是文化传播的重要工具。语言与文化的密切关系决定了语言教学必然涉及文化教学。汉语国际教育不单单是一种语言教学，同时也是学习者了解中国文化的窗口，是中国文化对外传播的平台。汉语国际教育的最终目标是培养学习者语言综合运用能力，特别是跨文化交际能力，这一观点在第二语言教学界已达成共识。本章我们从汉语教师在跨文化传播中的角色入手，讨论汉语教师的跨文化意识、文化传播意识及文化传播能力培养等问题。

第一节 汉语教师的跨文化意识

一、汉语教师的角色定位

在教师、教材与教学法的“三教”问题中，教师问题是核心，教材和教学法都为教师所用。因此，提高教师基本素质和专业素质是打造语言文化传播平台的关键，也是促进汉语国际教育不断发展的关键。

为了提高汉语教师的专业素质和教学水平，培养、培训合格的汉语教师，满足汉语学习者的需求，国家汉语国际推广领导小组办公室(简称“国家汉办”)组织对外汉语教学领

域的专家、学者及一线教师共同研制了《国际汉语教师标准》(2007),其内容包含以下五个模块[①]:

(1) 语言知识与技能,包括“汉语知识与技能”和“外语知识与技能”两个标准,对教师应具备的汉语及外语知识与技能进行了描述。

(2) 文化与交际,包括“中国文化和中外文化比较”与“跨文化交际”两部分。要求教师具备多元文化意识,了解中国和世界文化知识及其异同,掌握跨文化交际的基本规则。

(3) 第二语言习得理论与学习策略,要求教师了解汉语作为第二语言的学习规律和学习者特点,能够帮助学习者成功学习汉语。

(4) 教学方法,包括“汉语教学法”“测试与评估”“课程、大纲、教材与教辅材料”和“现代教育技术与运用”四个标准。要求教师掌握汉语作为第二语言的教学理论和教学法知识,具备教学组织和实施能力。

(5) 综合素质,主要对教师的职业素质、职业发展能力和职业道德进行描述。

《国际汉语教师标准》实施五年后,为进一步适应国际汉语教学的实际需要,提高国际汉语教师的能力和水平,2012年12月12日,国家汉办/孔子学院总部正式发布修订后的《国际汉语教师标准》(以下简称“新《标准》”)。

新《标准》是在《国际汉语教师标准》(2007)的基础上修订完善而成,内容包括五个部分:(1) 汉语教学基础;(2) 汉语教学方法;(3) 教学组织与课堂管理;(4) 中华文化与跨文化交际;(5) 职业道德与专业发展。

新《标准》突出了汉语教学、中华文化传播和跨文化交流三项基本技能,更加注重学科基础、专业意识和职业修

① 内容来源:汉办官网,http://www.hanban.org。

养，构建了国际汉语教师的知识、能力和素质的基本框架。

新《标准》促使我们进一步思考汉语教师的角色和责任。在汉语作为第二语言教学中，教师具有多重角色：既是汉语言知识的传授者、语言技能的培训者及中国文化的传播者，也是课堂教学的引导者和组织者、跨文化传播的沟通者和异文化的学习者。从培养汉语学习者的跨文化交际能力角度说，教师的文化素养、文化意识及教学行为直接影响学习者文化能力的培养和提高。

唐智芳认为“教师”是课程评价中的关键因素[①]，这是因为：教师自身是否具备较高的文化修养，能否在教学中起到文化示范作用；教师是否有一定的文化自信，能否在教学过程中积极、主动、自觉地进行本国文化的传播；在教学过程中，教师是否具备一定的文化敏感性，能否敏锐地发现不同文化背景造成的差异，并能根据这种差异采取相应的教学策略；教师是否善于利用文化教学资源，鼓励学生学习目的语文化的重要价值观和世界观，而不是单纯停留在文化的外在形式上；教师面对文化冲突是否具有平和、冷静的心态，以平等、尊重、包容为原则去化解矛盾和冲突；教师是否具有清醒的文化立场，能否在保留自己文化身份的同时，以包容、理解、尊重的态度对待其他文化，等等，这些因素都直接影响了国际汉语教学目标的实现。

① 唐智芳：《文化视域下的对外汉语教学研究》，湖南师范大学博士学位论文，2012年。

作为文化传播的主体，汉语教师要有意识地引导学习者从日常生活中体验和感悟目的语文化的特点和价值；在编写教材及日常备课时应充分考虑学习者的需求和实际水平，选取的教学内容应贴近他们的生活，使其能受到潜移默化的影响和熏陶；在教学过程，应培养学习者的多元文化意识，通过学习和交流能平等对待不同国家的文化并予以欣赏。

通常情况下，汉语教师（教学主体）和外国学习者（教学对象)来自不同的文化背景(海外环境中的本土教师与学习者除外),由于双方的生活环境、宗教信仰、价值观念、思维方式等方面存在一定差异,因而看待问题的角度、评判是非的标准也会有所不同。从根本上说,第二语言教学本身就是一个跨文化交际的过程。在这一过程中,汉语教师始终是跨文化交际的一方,在与学习者的互动中体验着不同文化之间的交流与碰撞;同样,来自不同国家和地区的汉语学习者作为跨文化交际的另一方,在与教师及来自其他国家的学习者交流过程中也感受到不同文化的共性和差异。交际双方(汉语教师和汉语学习者)在体验不同文化特性、探索不同文化之间如何相互理解的过程中,逐渐加深对本国文化和他者文化的认识和理解。

长期以来,对外汉语学界对跨文化交际问题的研究主要集中于如何培养和提高学习者的跨文化交际能力方面,而对教师本身的角色及其在跨文化交际过程中的作用、可能出现的问题等方面研究则有些不足。而教师是否具有跨文化意识,将直接影响课堂教学能否顺利进行、教学目标能否实现。鉴于此,本节我们将首先讨论国际汉语教师的跨文化意识问题。

二、汉语教师的跨文化意识

(一) 关于跨文化意识的内涵

“跨文化意识”由西方学者汉威(Hanvey, 1979)提出,指的是理解和承认文化差异的能力(the capacity of understanding and accepting cultural differences)。中国学者大多将“跨文化意识”理解为对文化特点和文化差异的认识。而西方学者则持有两种观点:一种是“认知能力论”,即将

“跨文化意识”看作认知能力；另一种是“感情情绪论”，即将跨文化意识看作是感情和情绪，将其命名为“跨文化敏锐力”（intercultural sensitivity）[①]。陈国明和斯塔罗斯塔(Starosta)对“跨文化意识”的解释是：

> 跨文化意识是跨文化交际中认知方面的问题，指的是对影响人们思维与行动的文化习惯的理解。跨文化意识要求人们意识到自己具有文化属性，也要基于同样的认识去探寻其他文化的突出特征。只有这样，才能在跨文化交际中有效地理解他种文化人们的行为。由于每一种文化都有其独特的思维方式，不同文化之间的误解就往往会在跨文化交际中造成严重问题。

这段论述表明两位学者更倾向于将“跨文化意识”看作认知能力，他们认为不同文化之间的差异是产生跨文化交际问题的主要原因，强调了跨文化意识在跨文化交际中的重要性。

毕继万在《跨文化交际理论研究与应用》一书中对“跨文化意识”的内涵作了较为全面的讨论。他认为“跨文化意识”应包含三个方面：(1) 跨文化知识；(2) 跨文化敏感性；(3) 承认、接受与处理文化差异的能力。本节我们依据这一认识探讨汉语教师的跨文化意识与跨文化传播的关系，思考汉语教师在课堂教学中的角色和作用。

(二) 汉语教师的跨文化意识与文化传播

1. 汉语教师的跨文化知识

张英认为，汉语作为第二语言学习者掌握汉语不仅凭借汉语自身的形式，还凭借语言负载的内容和由内容体现

① 毕继万：《跨文化交际理论研究与应用》，第89—90页。

出的文化及其品质，学习者对汉语和中国文化的了解和理解也不会仅停留在知识层面，其最终的目标是了解中国，理解中国的文化，懂得如何与中国人交往[①]。而要满足学习者的这些需求，实现第二语言教学的根本目标，汉语教师应储备丰富的跨文化知识。

“文化”的内涵十分丰富，第二语言学习者要真正掌握汉语，首先要了解语言中的文化。周健在《字、词、节律中的隐性文化初探》一文中举了这样一个例子：像父母、叔侄、夫妻、男女、兄弟、姐妹、师生、天地、日月、国家、君臣等等，这些双字词是绝不可能倒过来说的，因为字序本身隐含着“长幼尊卑”的文化观念[②]。常敬宇在《汉语词汇与文化》一书中指出，双音节并列合成词的词素序列往往是表示尊义的词素在前，卑义的在后；表示长者的词素在前，幼者在后；表示男性在前，女性在后；表示褒义在前，贬义在后；表示重要的语素在前，次要的在后；表示大者在前，小者在后；表示正面的语素在前，反面的在后等等。这是伦理等级观念在汉语词序结构上的反映。这种表示尊卑等级观念的并列合成词的语素序列，形成了一条约定俗成的构词规律。当然，有少数双音节对立词的语素序列相反，例如：阴阳、黑白、雌雄、输赢等[③]。

汉语教师只有具备一定的跨文化知识，才能帮助学习者解决学习中的疑惑。张英曾以“年纪”一词的用法为例就教师的文化意识问题进行讨论：

> “年纪”在词典中的解释为：年龄；岁数。当外国学生造句说“你弟弟（8岁）多大**年纪**？”时，老师纠正说：“这样说不合适，弟弟只有8岁，不能用‘年纪’。”学生追问：“为什么‘他小小**年纪**就开始打工了’，这个句子就可以说呢？”

① 张英：《对外汉语文化教学的基点与视角》。

② 周健：《字、词、节律中的隐性文化初探》，《第十届国际汉语教学研讨会会议论文》，2010年。

③ 常敬宇：《汉语词汇与文化》，北京大学出版社，1995年，第18—19页。

如果教师仅仅用“这是汉语的表达习惯”来回答，显然是不合适的，也无法解决学生的困惑。其实，“年纪”是由两个词素组成的双音节词，四季为一年，12 年为一纪。当用作双音节词时，语素受到原来词义的影响，因而不适合用于询问小孩子的年龄；而当谈论事理时，就不受这个限制了。这样的解释更有理据，也更有说服力[①]。

① 张英：《二语教学目标与中文教师的文化意识》，《云南师范大学学报(对外汉语教学与研究版)》，2016 年第 2 期。

相反，如果教师对本国文化知识缺乏基本的了解却又信口开河，必然会“误人子弟”，后果不堪设想。在一次留学生课外语言实践活动中，笔者曾亲耳听到一个学生问他的汉语老师：“老师，日历上说今天适合纳采，这是什么意思？”没想到，那位老师不假思索地回答：“意思就是今天适合购物，买东西！”试想一下，如果学生相信了老师的说法并在交际中使用，岂不会闹出笑话！

再如，很多老师在讲解春节习俗时都喜欢用“年”的传说故事，用“怪兽”一说来解释“年”的含义，虽然有趣，但并不科学。从汉字本身的含义解释更好：“年”字的甲骨文上面是“禾”，下面是“人”，刻作人负禾之形，含谷熟收成之意。由于收割是农业社会中的盛事，而且古时禾谷一年一熟，于是“年”被引申为周年之年。

汉语语音、汉字、词汇、语法中蕴含着丰富的文化内涵，这些文化知识是跨文化传播的重要内容。有道是“学无止境”，教师应通过不断学习和积累提高自己的知识水平和文化素养。

为考察汉语教师是否符合教师标准，具备相应的教学能力，孔子学院总部/国家汉办组织并开展了《国际汉语教师证书》考试。考试分为笔试和面试两个环节。笔试涵盖《国际汉语教师标准(2012)》(即“新《标准》”)中的五大版块，即汉语教学基础、汉语教学方法、教学组织与课堂管理、中华文化与跨文化交际、职业道德与专业发展等。下表为《国际汉语教师标准》之标准4的内容[①]：

① 内容来源：孔子学院总部、国家汉办：《国际汉语教师证书考试大纲解析》，人民教育出版社，2015年，第144—185页。

表2-1-1　标准4　中华文化与跨文化交际

标　准	内　容　描　述
4.1　了解中华文化基本知识，具备文化阐释和传播的基本能力	4.1.1　了解中华文化基本知识、主要特点、核心价值及当代意义 4.1.2　能通过文化产品、文化习俗说明其中蕴含的价值观念、思维方式、交际规约、行为方式 4.1.3　能将文化阐释和传播与语言教学有机结合 4.1.4　掌握相关中华才艺，并能运用于教学实践
4.2　了解中国基本国情，能客观、准确地介绍中国	4.2.1　了解中国的基本国情 4.2.2　了解当代中国的热点问题 4.2.3　能以适当方式客观、准确地介绍中国
4.3　具有跨文化意识	4.3.1　了解世界主要文化的特点 4.3.2　尊重不同文化，具有多元文化意识 4.3.3　能自觉比较中外文化的主要异同，并应用于教学实践
4.4　具有跨文化交际能力	4.4.1　了解跨文化交际的基本原则和策略 4.4.2　掌握跨文化交际技巧，能有效解决跨文化交际中遇到的问题 4.4.3　能使用任教国语言或英语进行交际和教学

由表2-1-1可知，标准4包括文化知识和文化教学两大部分，汉语教师的跨文化知识应包括两个方面：一是汉语言文化知识，二是学习者母语文化的基本知识。标准4.1和标准4.2介绍了汉语言文化知识的具体内容。

标准4.1中的“中华文化基本知识”包括以下五个方面：

(1) 中国历史文化基本知识(历史分期、历朝历代主要事件)

(2) 中国主要哲学思想(儒家、道家、墨家、法家)

(3) 中国文学的基本知识(古代文学、现代文学)

(4) 各类艺术的基本知识(书法、绘画、雕塑、建筑、戏曲)

(5) 中国民俗文化的基本知识(节日、饮食、民间工艺与运动、婚俗与丧葬、旅行文化)

标准4.2中的“中国的基本国情”包括中国地理、中国民族、中国的行政区划、中国的政治制度、中国的经济发展、中国现代教育、中国的社会环境和中国家庭(以尊老爱幼、父慈子孝为伦理)八个方面。

教师要掌握这些文化知识,只有通过不断的学习和积累。由此可见,对一名汉语教师而言,树立“终生学习”的观念是非常必要的。

2. 汉语教师的跨文化敏感性

汉语教师的跨文化敏感性是指在跨文化交际过程中能敏锐地觉察出不同文化之间的差异,设法理解差异带来的影响或问题并能及时总结不同文化的特点。比如,当听到一个外国学生说“我的老师跑得像狗一样快”时[①],具有跨文化意识的教师不会武断地认为“这个学生居然骂老师,实在太没有礼貌,太不懂得尊重人了”,而会尝试从学生母语文化的角度分析产生偏误的原因。显然,在学生的母语文化中,“狗”并不含有贬义色彩,可以是家庭的一员或亲近的朋友,如英文中lucky dog是“幸运儿”,top dog的意思是“胜利者”等。因此,在学生看来,把人比作“狗”并不是骂人。

胡炯梅在其论文中描述过这样一个案例:一位汉语教师志愿者在吉尔吉斯斯坦工作时,恰逢他们国家的教师节。当地学生表演了赞美教师的歌曲和诗歌之后,热情地为老

① 为便于读者阅读,本书中的例句与直接引用的案例均以仿宋字体表示。——编者注

师献花。当那位中国教师收到由三朵白色菊花组成的花束时,不免有些吃惊,第一反应是轻微的抗拒。因为在中国,菊花代表追思,是献给已故的人的,而且在我们的习俗中讲究"单数送死人,双数送活人"[①]。将"单数的白色菊花"作为礼物送人,对中国人来说简直不可思议,是非常忌讳的。显然,菊花在当地的使用场合和文化意义是与中国是不同的。一般来说,不同文化往往赋予某些词语不同的含义,最突出的是动物类词语(如龙、喜鹊)、植物类词语(如松、竹、梅)、颜色类词语(如红色、黄色)、数字词(如4、6、8)等。如果教师对这些知识有所了解,便能理解这是不同文化间的差异造成的。

① 胡炯梅:《跨文化交际中折射出的文化差异研究——基于中亚留学生的跨文化交际案例分析》,《云南师范大学学报(对外汉语教学与研究版)》,2016年第3期。

汉语教师的跨文化敏感性要求教师一方面要重视了解学习者国家的文化,另一方面要注意引导学习者关注不同文化的特点,思考某种文化行为背后的原因。下面,笔者将结合具体的案例加以说明。

案例2-1-1　德国留学生的困惑

一个德国留学生和笔者讲了一次不愉快的就餐经历:他父母利用休假机会来到北京,一是看望他,二是想参观北京的名胜古迹。一天中午,他们在一家饭店吃饭。饭店的客人很多,服务员上菜的速度比较慢。因为下午还有其他安排,德国学生就礼貌地请服务员快一点儿上菜。服务员听了后笑了,一边笑一边说"对不起"。德国学生觉得服务员挺奇怪的,跟别人道歉怎么还一个劲儿笑?接下来的一件事更让他疑惑不解:旁边大桌的客人比他们来得晚,菜却先上了。德国学生为此很不高兴,他的父母也觉得中国人不可思议。

我们分析一下引起德国学生不满的两件事:第一件事

是服务员莫名其妙的微笑。“微笑”是人类常见的一种面部表情，属于非语言交际中的体态语(body language)。在跨文化交际中，人们不仅使用语言，而且使用非语言行为进行交际。相对于语言行为来说，非语言行为的含义更为模糊，而且受到交际环境的影响，人们对非语言行为的含义或意图有时难以确定。来自不同文化的人有时很难理解对方的非语言行为，如微笑、沉默等的真正含义。“微笑”是容易引起跨文化交际误解的一种表情：微笑通常可以表示高兴和友好，在中国文化中，微笑还可以表示欣赏、害羞、尴尬、抱歉、拒绝、否定等多种含义。外国人由于不理解这些含义，甚至将中国人的微笑称为“不可捉摸的微笑”(inscrutable smile)。德国学生认为服务员道歉时微笑没有诚意，因为他不明白服务员的微笑其实是含有“抱歉”的意思。

引起德国学生疑惑且不满的第二件事是服务员给后来的大桌客人先上菜。原来，这家饭店距离写字楼很近。通常情况下，如果一家公司没有为员工提供就餐的条件，职员们常常选择在附近饭店吃午餐。为了节省时间，他们会提前把菜订好并让服务员按时上菜，不用等人到齐。德国学生不了解这个情况，看到大桌的客人三三两两地进来，人没来齐，菜却一个一个地上来了，便以为他们“插队”，进而认为服务员对待客人不公平，因此感到不满。这其实是他不了解当代中国人的生活方式而引起的误解。由此可见，无论在课堂教学中还是日常交际中，教师要有意识地引导学习者关注不同文化的特点，培养他们的文化对比意识。

教师具有一定的跨文化意识，能借助有效的教学资源引导学习者思考不同文化行为背后的原因，并鼓励学习者用目的语介绍自己国家的文化。笔者曾指导研究生利用影视作品进行文化教学，选取的内容是电影《喜宴》[1]中的一个片段：

案例 2-1-2　客气的老陈

【场景】伟同一家和老陈在餐厅不期而遇

伟同母亲：该恭喜你了，这么漂亮的馆子，老陈啊，你是熬出头了。

老陈：师长、太太，没有你们两位，我老陈哪有今天？……就这么点菜，那怎么行啊，我已经交待厨房给你们添两个。今天不成敬意，改天我一定好好请请师长、太太跟大少爷！

伟同母亲：该叫你陈老板。

伟同父亲：坐，坐……

老陈：师长、太太，您别折腾死我老陈了，有您二位在，我怎么敢坐啊！你们还是叫我老陈，我站在这儿啊比较舒坦点儿……

这个片段是伟同一家人在饭馆与老陈偶遇的情景。老陈曾是伟同父亲的司机，给他开了二十年车，现在和儿子定居在美国，儿子开了一家餐馆。讲解这段对话时，我们应引导学生首先关注以下两个文化点：

第一，老陈是怎么称呼伟同一家人的？（称谓语）

第二，他为什么自始至终不肯坐下？老陈的行为说明了什么？（体态语）

我们先看一下老陈使用的“师长”“太太”“少爷”这三个称谓语：

（1）下级对上级一般都要称对方的头衔或职务，而不能直呼其名，所以老陈一直称伟同父亲“师长”。这一头衔性称谓不仅告诉我们伟同父亲过去的职业，也向我们展示了老陈和伟同父亲的地位差别；

① 李安导演的作品《喜宴》延续了创作者对于多元文化背景下的伦理道德冲突以及由此所引发的复杂的人际情感纠葛的关注，影片以中国人特有的伦理观点来处理同性恋问题。电影描述的是远在美国的男主人公伟同跟男朋友赛门同居，但不断被在台湾居住的父母催婚，伟同只好假装自己有女朋友了。想不到的是父母竟然突然到美国“逼婚”，伟同只好跟租住他房子的大陆女画家葳葳协定假结婚，故事由此展开。另注：被称为“李安三部曲”的《推手》《喜宴》《饮食男女》均蕴含着丰富的文化信息，展示出多元文化背景下人与人之间的关系及中美文化差异所带来的影响，因此深受海内外汉语学习者的喜爱。

(2)“太太”这一称呼多用于“称某人的妻子或丈夫对人称自己的妻子”,旧时也用作仆人对女主人的尊称。影片中老陈称伟同母亲为“太太”,是因为老陈以前是伟同父亲的司机。

(3)“少爷”这一称呼,旧时用来尊称有钱或有地位的人家的儿子,老陈之所以称伟同为“大少爷”也是受等级观念的影响。在当代社会这一称呼已很少使用。伟同由于生活环境的改变,等级观念淡化,对这一称呼也很不习惯,因此对老陈说“别再叫我大少爷了好不好?就叫我伟同吧”。显然,伟同并不愿意接受“少爷”这个称呼。

这段情节体现了中国传统等级观念。我们知道,当代中国人虽然接受了西方文化中的平等观念,但在日常生活或社会交往中,仍然可以看到传统等级观念的影子。

电影片段中的“体态语”是中国等级观念的另一种表现:老陈向伟同父亲打招呼时,先是恭敬地站好,然后一边鞠躬,一边叫“师长”。在中国,“鞠躬”是人们表示特别恭敬的礼节性动作,一般情况下,人们见面是不会鞠躬的。另外,受等级观念的影响,谈话时一般地位高的人坐着,地位低的人站着。由于地位的差异,在整个谈话过程中,老陈始终不肯坐下。当伟同父亲让他坐下时,他却说:“您别折腾死我老陈了。有您两位在,我怎么敢坐啊!”即使老陈现在成了“陈老板”,仍然把伟同父亲当作自己的“师长”,不肯坐下是为了表示自己对他的尊敬[①]。

① 刘毅:《影视作品在对外汉语文化教学中的应用——以〈喜宴〉为例》,北京外国语大学硕士学位论文,2013年。

此外,这个片段也涉及了中国人的请客习俗,我们可以为学习者介绍以下内容:

(1)中国人一般什么时候请客?通常在哪儿请?一般会邀请谁?(时间、地点、人物)

(2)请客时中国人为什么喜欢点双数的菜?为什么主人往往要多点一些菜?(习俗)

(3) 上菜顺序有什么讲究? 正式场合人们如何安排座位?(观念)

(4) 正式场合用餐,人们应该注意什么?(餐桌礼仪)

借助这个片段,教师可以首先为学习者介绍中国人的请客习俗,这涉及到中国人的行为方式和思维方式,也包含了背后的文化观念。然后,请学习者思考自己国家的请客习俗,鼓励他们用目的语介绍母语文化,引导他们对不同文化进行比较,找出共性和差异,从而加深其对不同文化的理解。

综上,汉语教师的跨文化敏感性体现在对不同文化之间的差异有敏锐的洞察力,对差异形成的原因有较强的分析力,重视引导学习者对不同文化的特征进行思考。

3. 汉语教师处理文化差异的能力

我们在教学中时常会遇到因文化差异引起的文化误解甚至文化冲突问题。由于汉语教师的生活环境、宗教信仰、价值观念等方面与学习者存在一定差异,双方看待问题的角度、评判是非的标准会有所不同。有时面对同样的问题,师生的态度和观点可能截然相反。赵明曾从非语言层面和语言层面两个维度对汉语国际传播视域下的文化冲突进行归类: 前者指存在于语言之外的文化,如价值观、行为方式、思维方式、非语言行为等方面引起的冲突;后者指语音、词汇、语法、汉字、修辞等方面引起的冲突[①]。他的研究从另一个角度说明汉语教师具备处理文化差异能力的重要性。下面,我们以实际教学中的例子进行说明。

① 赵明:《汉语国际传播语境下的文化冲突问题》,《对外汉语教学与研究》,2012 年第 1 期。

案例 2-1-3 受质疑的"父亲"

北京大学出版社出版的《中级汉语阅读与写作教程 Ⅰ》中有两篇课文的内容都出自陈凯歌导演的电影《和你在一

起》[1]。这部电影主要反映了当代中国人的亲情和教育问题。主人公刘小春是一个小提琴天才,他的父亲刘成(其实是养父)含辛茹苦地抚养了他。为了让小春获得成功,刘成带小春来北京少年宫参加全国小提琴比赛。刘成在北京拼命打工赚钱,不顾尊严地请江老师和余教授收小春为徒。小春最终成为名师余教授的弟子并有机会参加国际小提琴比赛。出人意料的是,在电影最后一部分,小春放弃了许多人梦寐以求的比赛机会,在“成功”与“亲情”上做出了自己的选择——义无反顾地和父亲在一起。

据新浪网报道,现场观众大都被影片中展现出的父子深情感动了,而汉语学习者的反映如何呢?在课堂讨论和学生所写的观后感中,我们听到和看到的却是不少对父亲刘成的质疑:小春是一个弃婴,为什么刘成把他带回家?他是不是应该把小春送到警察局或者福利院?刘成的行为难道不是违法的吗?刘成为什么只考虑小春能否成功而不考虑他内心的感受?刘成凭什么擅自决定把小春的老师换掉呢[2]?他是不是太自私了?一个德国女生甚至认为刘成是一个狂热的利己主义者。

同样的影视作品,我们看到的是刘成默默的奉献,是他伟大而无私的父爱,是人性的真、善、美;而在一些外国学生眼中的刘成却是不可理喻的,他收养小春的行为也是违法的,是应当受到惩罚的[3]。

这个案例告诉我们,跨文化传播是双向的,即便在以教师为主导的汉语课堂上,教师与学生之间、学生与学生之间、学生与文本(如教材、影视作品)之间的多层面跨文化交际中,出现文化的碰撞和冲突都是在所难免的。因此,教师不仅要了解中外文化差异,承认和接受文化差异,还要得体地处理文化差异:认真倾听学生的想法,冷静分析学生“质

① 张园:《中级汉语阅读与写作教程Ⅰ》,北京大学出版社,2006年版。

② 电影中,小春非常喜欢和北京少年宫的江老师一起学习,但因为江老师没有名气,不能担保小春获得成功,刘成不得不决定为小春换老师。后来,在小春不知情的情况下,刘成辞掉了江老师,请音乐学院功成名就的余教授做小春的老师。父子二人因此产生了激烈的冲突。

③ 关于这部电影的内容及其体现的文化观念,来自不同国家的汉语学习者的认识也存在一定差异,有趣的是质疑父亲刘成行为的学生大多来自西方国家,而来自日本、韩国、泰国等东亚、东南亚国家的学生则表示完全能理解刘成和小春之间的感情,有的学生被电影中的父子之情感动落泪。这些学生在观后感中写道:这部电影令他们感受到父母对子女的爱和付出,让他们想起了自己的父母和家人,有的同学认为《和你在一起》是一部让他最感动的中国电影。

疑”背后的原因，然后客观阐述自己的观点，但不能一味强求学生与自己达成共识。

下面这个案例提醒教师在处理文化差异时要避免文化中心主义。

案例 2-1-4　被评委“冤枉”的学生[①]

在北京大学举办的一次演讲比赛中，一位留学生做了题为《熊猫的伪装》的演讲。他在演讲中指出，熊猫是一种柔弱、缓慢、繁殖能力很低的动物，不能代表中国，中国应该以蚂蚁作为国家的象征，因为蚂蚁勤劳、团结、领导力强。

学生演讲的内容引起评委老师的争论，个别评委老师非常不满，认为学生“太不像话，太反动，丝毫不懂得尊重中国文化”。我们认为，这样的评价有失公允。这个学生本来并无恶意，他只是通过自己的观察和思考客观表达了“与众不同”的观点而已。而学生“被冤枉”的根本原因是“爱国心切”的评委老师对中外文化差异带来的问题缺乏冷静的思考：中国人从小受到的教育是熊猫很可爱，是中国的国宝和象征，久而久之便形成了一种文化定势，很难从另一个角度思考问题。当听到外国人在大庭广众之下“诋毁”国宝时，不由心生反感，忍不住一吐为快。王添淼认为，汉语教师在跨文化交际过程中如果秉持文化定势，必然会成为民族中心主义者，习惯于将本民族及其文化视为中心，认为本民族及其文化优越于其他民族及其文化；从本民族的立场和观念出发，评价其他民族的文化，认为其他社会的价值和习惯劣于本民族的文化，长久发展下去会影响一个人的自省能力和批判思维能力。在文化传播过程中会很容易和外国学生产生矛盾或冲突。

那么，汉语教师应如何对待本国文化与他者文化之间

① 案例来源于王添淼：《文化定势与文化传播——国际汉语教师的认知困境》，《中国文化研究》，2011 年秋之卷。

的差异，如何处理跨文化交际中的文化误解和冲突呢？

张英在讨论如何使汉语文化教学的动机与实际效果更趋一致时，提出以下三点建议[①]：

> 首先，要避免说教式的内容；其次，教学上不追求感情共鸣；第三，以客观的角度、生动的描绘、合理的分析，为学习者提供一个中华文化的全景，至于评判或结论，留给学习者自己。

笔者认为，这些观点很有见地，可以视为文化传播者应有的态度。汉语教师要了解中外文化的差异，以平等、客观、包容的态度对待二语学习者，充分考虑他们对文化内容的接受程度，不能强求他们与我们达成共识。简言之，在文化传播中，教师既要有文化自信，又能够真诚地欣赏他者文化，能心平气和地聆听不同的声音。由此可知，教师处理文化差异的态度和能力十分重要。

（三）小结

汉语作为第二语言教学活动本身就是一个跨文化交际的过程，汉语教师在课堂教学中具有多重角色：既是汉文化的传播者、课堂教学的引导者和组织者，也是跨文化传播的沟通者和异文化的学习者。汉语教师的跨文化意识包含跨文化知识、跨文化敏感性和处理文化差异的能力。对于汉语教师来说，三者缺一不可：只有尽可能全面、准确地了解本国文化和学习者国家的文化，掌握必备的跨文化知识，才能对不同文化之间的差异，特别是对交际中容易引起双方误会的问题有敏锐的洞察力，才能采取有效的方法处理文化差异带来的问题，消除彼此之间的误会。可以说，教师的

① 张英：《论对外汉语文化教学》，《汉语学习》，1994年第5期。

跨文化意识是决定文化传播效果的重要因素,也是实现教学目标的关键。

第二节 汉语教师的文化传播能力

为培养更多高素质的汉语国际教育人才,2007 年 1 月国务院学位办批准设立了"汉语国际教育专业"硕士学位。《全日制汉语国际汉语教育硕士专业学位研究生指导性培养方案》明确提出该专业的培养目标是"培养具有熟练的汉语作为第二语言教学技能和良好的文化传播技能、跨文化交际能力,适应汉语国际推广工作,胜任多种教学任务的高层次、应用型、复合型、国际化专门人才"。也就是说,合格的汉语教师应具备"第二语言教学技能""文化传播技能"和"跨文化交际能力"。

通常来说,汉语国际教育专业(以下简称"汉教")的研究生第一学年主要是学习专业课程;第二学年开始,依据专业发展需要,要在国内外大中小学或教学机构进行教育实习。很多研究生通过国家汉办选拔考试后,作为国际汉语教师志愿者到海外孔子学院、孔子课堂等教育机构从事汉语教学工作。

为帮助汉教研究生胜任国内外教学工作,培养院校在专业课程设置方面都做了系统的规划。"中华文化及传播课"作为专业核心课程之一,其主旨是培养学生"具有较高的中华文化素养和传播能力"。我们认为,在当前文化多元化进程不断加快的背景下,为了实现"让中国文化走出去,让世界了解中国"这一目标,探讨培养未来的汉语教师跨文化传播能力的问题尤为重要。而培养和提高教师的跨文化传播能力，首先要培养教师的跨文化意识和文化传播意识，这是前提，也是根本；教师具备一定的文化传播意识之后，还要积极思考文化教学的内容，学会选择和利用文化教学资源，探索文化教学的方法。

本节我们结合“中华文化及传播课”教学实践，探讨与教师文化传播能力密切相关的两个问题：一是教师的文化传播意识；二是文化教学资源的选择和利用。

一、汉语教师的文化传播意识

第二语言教学是师生之间、生生之间的跨文化交际活动。教师是否具有“跨文化意识”将直接影响教学能否顺利进行，教师是否具有“文化传播意识”（或称为“文化教学意识”）也会影响学习者跨文化交际能力的培养。

张英在探讨第二语言教师的文化意识、文化教学意识与第二语言教学目标之间的关系时提出[①]：

> “文化意识”是教师对中外文化的认知能力以及认知的清晰程度……。从本质上说，是语言教学中教师对汉外语言文化差异的觉察能力的一种体现。
>
> “文化意识”还包含自觉地把语言与文化融合起来，在提高学习者跨文化交际能力这一总目标下，使语言教学和文化教学成为一个有机的整体。

在对“文化意识”这个概念的阐述中，张文强调了两个方面：第一，汉语教师应关注“中外文化的差异”，即对那些可能影响学习者跨文化交际的文化问题应有所了解，特别是对容易引起误会或产生问题的文化差异要有一定敏感

① 张英：《二语教学目标与中文教师的文化意识》。

度，进而在教学中适时采取有效的方法为学习者讲解，也就是说，合格的汉语教师应具有一定的“跨文化意识”；第二，是“语言教学与文化教学相结合”的教学理念，这种提法主要针对文化教学的第一种形式，即语言课中的文化教学。我们应将文化教学渗透在语言教学之中，实现语言文化一体化教学，这要求汉语教师应有“文化传播意识”。

教师的跨文化意识和文化传播意识是进行文化教学的前提。那么，汉教专业研究生是否具有这两种意识呢？

笔者在为每一届汉教研究生上第一节“中华文化及传播课”时，都会提出这样一个问题：你认为对汉语学习者进行文化教学应该从哪个阶段(即学习者的汉语水平要达到什么程度)开始？得到最多的回答是：“他们的汉语水平达到中级或中级以上时，才能进行文化教学。”原因很简单，学习者汉语水平低，理解不了文化知识，所以首先要学好汉语，然后才能学文化。

笔者认为，这是缺乏文化传播意识的一种表现，而产生这个问题的根源在于学生们对“文化”这一概念的理解比较片面，认为“文化”就是哲学、历史、宗教、文学、艺术等所谓的“大文化”，忽视了诸如价值观念、文化心理、生活方式、交际行为等内容。张英指出，文化从存在的角度上说，具有两种形态：一种是隐含于语言系统之中并与语音、词汇、语法、汉字融合在一起且无独立存在形态的文化；另一种是存在于中国文化系统之中且可以分项列目加以阐述或讲授的文化。换言之，“文化”不仅包括语言系统中的文化因素，也包括人们日常生活中的行为方式、交际规约和影响人们行为的心理观念；文化教学的内容不仅包括可观可感的显性文化，也包括隐性的精神文化。精神文化是核心内容，挖掘中国传统文化的精神内涵和现代意义更是文化教学的重中之重。

在第二语言教学中，教师能否适时、有效地开展文化教学，主要取决于教师是否具有一定的跨文化意识和文化传播意识。在具备这些条件后，他们就要解决以下三个问题：文化在哪里？怎样为初级汉语水平的学习者讲文化？可以讲什么文化？

笔者认为，“文化”体现在人们生活的方方面面。以汉语初学者最先涉及的主题“自我介绍”为例，人们做自我介绍时自然要介绍自己的姓名，中国人“姓在前、名在后”的顺序意味着“姓”的重要性，反映了中国人重视宗族观念和血缘关系的传统。这与西方文化中更重视个体意识和自我价值的观念有所不同，这种由观念差异引起的“语言表达上的差异”就需要介绍给学生。再如，中国人遇到熟人时，有时仅仅微笑着喊一声对方的名字（如“怡然”）或用简单的称谓语（如“刘老师”）作为打招呼的方式，而外国学生在不了解这种打招呼的方式时，常常会走过来认真地询问：“Yes？/您找我有什么事吗？”当他们发现老师只是在和他/她打招呼时，难免有些困惑了，更别说中国人常用的诸如“你吃饭了吗”“你去哪儿啊”之类的令他们反感、觉得中国人不尊重他人“隐私”的招呼语了！当外国学习者遇到这些困惑时，教师应及时向他们介绍中国人“怎么打招呼”和“为什么这样打招呼”。当然，这些“中国式”招呼语让外国学生理解即可，不必刻意要求他们学会使用，毕竟现在中国人之间用“你好”打招呼也越来越普遍了。

在初级阶段的汉语教学中，教师的跨文化传播意识尤为重要，它是实现“语言文化一体化”教学的关键。祖晓梅在《提问——汉语课堂文化教学的基本方法》一文中举过这样一个例子：在学习方位词和处所表达方式时，如果教学内容仅局限于“左边是厨房，右边是餐厅”或“卧室旁边有一个卫生间”之类的句子，然后让学生做大量的替换练习，时间久了，学生难免会感觉有些枯燥。而如果教师能够以问题引导学生思考中国人的居住方式及背后的原因，则可以提高学生的学习兴趣，比如：

(1) 你家的哪个房间的门是经常开着的？哪个是关着的？

(2) 你和父母进入对方的房间之前要敲门吗？

(3) 你多大时和父母分开住？

(4) 你家的客厅里有什么家具？有什么装饰品？

(5) 家人在客厅中都做什么？

(6) 客人来了可以进哪个房间？不能进哪个房间？

(7) 你认为中国人的住房布局与你们国家有什么不同？

(8) 你从中国人的住房环境中了解了哪些中国文化？

这些问题涉及家庭关系的模式、人际交往的特点、审美趣味、隐私观念等文化方面，可以使学生意识到日常生活中的文化观念和行为，激发他们学习文化的兴趣。通过这些问题，课堂教学内容将语言结构的学习与文化因素的教学自然结合，增加了课堂教学的趣味性[①]。

下面，我们再以《初级汉语课本》中的对话为例，从提高二语学习者跨文化交际能力的角度，说明语言与文化相结合的教学思路。

案例 2-2-1　约会迟到了[②]

玲玲：你看看，已经几点了？

正生：哟，都十点了，真对不起！其实，我九点钟就出来了。没想到，等了十分钟才上了汽车。一下车，我就跑来了。你等了我半天了吧？

玲玲：看你，衣服都湿了。给你扇子。这儿有个冷饮店，咱们先去吃冰淇淋吧。

① 祖晓梅：《提问——汉语课堂文化教学的基本方法》，《国际汉语教学研究》，2014 年第 3 期。

② 选自鲁健骥主编：《初级汉语课本》，北京语言大学出版社，2003 年版。

正生：公园里也有冷饮店，我先去买票吧。

玲玲：我一来就买了。

正生：票好买吗？

玲玲：不好买。我排了十分钟的队，才买到票。我买了票，等了你半个钟头，你才来。

我刚才都有点儿生气了。我想你一定不来了。

正生：我怎么可能不来？以后，我提前一个半小时就出来！……咱们进去吧！

从跨文化交际的角度考察，这段对话包含了日常交际中的“询问”“道歉”“解释”等功能。教学时，我们应提醒学生思考以下几个问题：

（1）为什么玲玲对正生说“你看看，已经几点了？”，这句话是在询问时间吗？

（这句话的真实含义是表达说话者的不满。）

（2）玲玲本来因为正生迟到生气了，为什么看见正生衣服湿了还主动给他扇子？根据对话，我们能判断出他们是什么关系吗？

（根据二人说话的内容和语气，我们可以判断出玲玲和正生是恋人。玲玲的行为和语言其实体现了很多中国女性“刀子嘴，豆腐心”的性格特征。）

（3）为什么正生说“我先去买票吧”？

（这句话隐含着“买票”应该是正生的责任，即使玲玲先到了，正生也没有“期待”她买票。这反映了中国传统恋爱关系中男性往往更主动承担约会时的花销，有些男性甚至认为让女性请客是一件丢面子的事。当然，这种情况在当今社会已有所改变。）

（4）正生说“我怎么可能不来”的意思是什么？

（用反问语气表明自己一定会来的态度。）

这段初级汉语教材中的对话并没有直接介绍中国社会文化,教师在处理这段对话时,如果有一定的文化传播意识,能从跨文化交际的角度出发,就不会简单处理其中的生词和语言点,而会从对话的内容引导学生思考对话中隐含的中国人的交际方式和交际规约,这对学生理解语言背后的真正含义更有意义。张英在《二语教学目标与中文教师的文化意识》一文中指出,每一种文化都有各自的系统,在跨文化交际时,真正影响交际甚至造成交际障碍的不是那些表层文化或文化符号,而是价值观念、思维方式、交际规约、文化心理等处于文化系统深层的东西。其中包括:能否根据交际双方的身份、交际场合、交际话题等选择合适的语言风格和交际方式完成交际;能否根据语境来正确解读交际语句中字面意思下隐藏的真实交际含义并做出符合对方预期的回答,能否使用不同表达方式实现同一交际目的,能否实现对语言行为模式的认知以及合理地、创造性地在新语境中使用它,能否认识和解决因文化差异而引起的矛盾乃至冲突?所有这一切,都属于跨文化交际能力,而具备这样的能力,就需要靠语言教学意识和文化教学意识来实现[①]。简言之,教师的文化传播意识是提高学习者跨文化交际能力的关键。

① 张英:《二语教学目标与中文教师的文化意识》。

二、文化教学资源的选择与利用

(一)“有效的文化教学资源”的含义

教师的跨文化意识和文化传播意识是开展文化教学的前提,而选择与利用“有效的文化教学资源”则是提高教学效率、使课堂教学充满活力和趣味的有力保障。

什么是“有效的文化教学资源”?要回答这个问题,首先应明确何谓“有效”。我们提出“有效”的概念源于对“有效教学”(effective teaching)的认识。余文森认为,有效果、有效用、有效率是有效教学的三个维度。曹贤文对此进行补充,在汉语教学领域中,“有效果”强调具有积极的教学产出成果,“有效率”指具有较高的教学产出与教学投入之比,“有效用”指教学产出符合社会和学习者个人的需求,是在提高学习者汉语综合运用能力的同时,让他们学会自主学习的方法,增强学习汉语的兴趣,产生对中国语言文化的亲近感,具有继续学习汉语的动机和愿望[①]。

① 曹贤文:《国际汉语有效教学研究》,世界图书出版公司,2014年,第3—5页。

其次,我们要明确“教学资源”这一概念。在传统教学中,教材曾被当作主要的教学资源。随着教育改革所倡导的由“教教材”到“用教材教”的转变,传统的“教材观”开始被“教学资源观”取代,学界对“教学资源”的认识也不断拓宽和深入。在第二语言教学领域,很多一线教师越来越认识到教材只是教学资源的一部分,课堂本身还存在着很多资源有待开发和利用。邹为诚指出:“高效的语言输入不仅要依靠教学材料和课程设置,更重要的还必须依靠教师捕捉语言输入的机会。教师在合适的机会出现时,要及时、大量地提供能被学生理解的输入。”[②]教师要善于把握住语言输入的机会,使其成为教学资源的一部分。

② 邹为诚:《语言输入的机会和条件》,《外语界》,2000年第1期。

郭睿对汉语教学资源的概念进行了总结,他认为“一切有利于学习者具备汉语综合运用能力的教科书、图片、字典、报纸、杂志、图书馆、互联网、教师、同学、社区等素材或条件都可以称之为汉语教学资源”[③]。李泉、金香兰对教学资源做了进一步探讨,提出“一切可用于汉语教学的文字材料、网络多媒体材料,一切有助于增长学习者汉语知识和能力、有利于强化学习者动机和情感的方法与策略,都可以视为汉语教学资源”。他们将汉语教学资源分为“文字材料资

③ 郭睿:《汉语教学资源刍议》,海外华文教育,2012年第4期。

源”“网络多媒体资源”“知识与能力资源”和“方法与策略资源”四类。其中,“文字材料资源”和“网络多媒体资源”是显性的语言教学资源,是语言教学资源的基本形态;“知识与能力资源”“方法与策略资源”是语言教学的隐性资源,同样也是语言教学必有的资源[①]。依照学者们对教学资源的分类方式,本节我们讨论的主要是“显性资源”的选择和利用问题。

① 李泉、金香兰:《论国际汉语教学隐性资源及其开发》,《语言教学与研究》,2014年第2期。

我们认为,“有效的文化教学资源”是有利于汉语学习者在相对短的时间内理解教师所讲内容的资源,利用有效资源不仅可以为我们节省宝贵的课堂时间,而且使课堂教学更为生动有趣,使学习者更乐于学习和了解不同文化。反之,如果选取的教学资源不但没有提高教学效率,反而增加了学习者的负担,不但没有令学习者对文化产生喜爱或亲近之情,反而令他们心生厌恶,这些造成负面影响的资源则属于无效资源。

下面,我们将结合具体的教学案例加以说明。

案例 2-2-2　照片中的文化

在给汉教研究生上课时,我们曾用网络上一张运动员姚明的照片引导学生思考:你认为这张照片包含了哪些文化内容?利用这张图片可以为汉语学习者介绍哪些文化[②]?

经过提示和引导,学生们先后分析出以下内容:

(1) 用姚明的照片可以介绍中国人的姓氏文化,他们

② 通常来讲,外国学生在学习“自我介绍”主题之后,教师常常给他们布置用汉语表达的任务,比如介绍一个熟悉的人或自己喜欢的明星等。我们曾以介绍姚明为例,帮助外国学生了解介绍人物的方法。姚明是最有国际影响力和人格魅力的中国运动员,他不仅拥有出类拔萃的运动才能,也具有较强的跨文化交际能力和团队合作精神。因此我们选择以姚明为例介绍一个人物。在实际教学中,我们会适当借助媒介语为外国学生介绍。在给汉教研究生上课时,我们尝试以这张照片为例,引导他们思考文化教学的内容。

了解了中国人“姓在前、名在后”的习俗之后，就不会称姚明为“明先生”了。

(2) 姚明的“明”的含义是什么？“明”是会意字，甲骨文以日、月发光表示明亮。小篆从月从囧：从月，取月之光；从囧，取窗牖之明亮。教学中我们用PPT展示“明”这个汉字的演变过程，简单介绍它的意义，借此使学生明白中国人的名字往往寄予了长辈对晚辈的祝福或希望。

(3) 姚明身穿一身红色的运动衣，“红”在中国有什么特定含义呢？为什么中国人喜欢红色？古代正红色称“朱”，上古时代人们有过对“朱”的崇拜。在漫长的封建时代，“朱”始终是尊贵之色。“红”是“朱”的同义后起字，本为丝织品的颜色，后成为一切红色的总称[①]。由于“朱”的高贵，“红”在民俗中有“富贵”“吉祥”和“喜庆”的象征。学生明白“红”含有“吉祥富贵”的意思之后，便可以理解中国人的诞辰礼、传统婚礼、寿礼、春节等喜庆的日子中为什么有那么多红色了。

① 王国安、王小曼：《汉语词语的文化透视》，汉语大词典出版社，2003年，第157—159页。

(4) 姚明在国家队是13号队员，他的球衣上写着一个大大的“13”。借此可以介绍中国的数字文化，中国人对数字“13”是没有忌讳的，但人们更喜欢的数字是“6”“8”和“9”，因为这些数字对应着“顺利”“发财”和“长久”等意义，这是谐音文化的内容。

通过分析可以发现，以发散性思维利用这张图片，可以联系到不同的文化内容，这些内容都是“活生生”的文化，对二语学习者而言都有一定的实用性，教师适当借助学习者母语或媒介语加以讲解，初级水平的汉语学习者也是可以理解的。教师利用这张照片将文化教学自然融入到语言教学之中，能够激发学习者的兴趣。相应地，这张能够帮助学习者理解相关文化内容的照片，也因此被称为“有效的文化教学资源”。

祖晓梅在《跨文化交际》一书中指出，语言课中的文化教学除了隐含在语音、词汇、语法、汉字中的文化因素外，还包括言语行为的实现方式，如感谢、道歉、请求、拒绝等，这些内容既是语言功能教学的范畴，也是语用文化教学的内容。那么，如何让外国学生了解中国人的交际行为方式和特点呢？

通过实践，我们发现，选取合适的影视作品作为教学资源，能更有效帮助外国学生体会中国人含蓄委婉的交际风格。笔者曾指导研究生以电影片段讲解中国人的交际特点，我们选取的影片是冯小刚导演的《非诚勿扰》[①]，下面以教学案例加以说明。

案例 2-2-3　“中国式”拒绝

【场景】秦奋与第一位赴约者见面[②]：

秦奋：你这不是给我捣乱吗，我登的是一征婚广告啊！

同事：人家想见见你啊，再说了，你广告上也没说，男人免谈啊！

秦奋：那不是废话吗，我还能找一男的，我又不是同性恋，你是……？

同事：嗯。

……

秦奋：你呢，先走了一步，我呢，还没到那种境界呢……

同事：你是不是特瞧不起我啊？

秦奋：没有，绝对没有！我一直在检讨，为什么那么庸俗，心里那么大地儿，为什么就装不下一男的？腾出一女的去吧，你猜怎么着，填进来又是一女的！

面对暗恋自己的同事，主人公机智地通过“自我批评”

① 冯小刚导演的电影《非诚勿扰》包含了中国人的婚恋观、“孝”文化、家族观念等丰富的文化内容。影片讲述了主人公秦奋借助他的天才发明“一夜暴富”，于是开始踏上他的“征婚”旅程，上演一出“人间喜剧”。影片前一部分向观众展现了秦奋的八次征婚经历，应征者形形色色、无奇不有，人物之间的对话幽默风趣，令人回味无穷。由于各种原因，这些应征者无一例外被男主人公拒绝了。影片中的这些片段为我们讲解“中国式”拒绝提供了很好的素材。

② 影片中第一位通过征婚广告赴约的是一位同性恋，他是男主人公昔日的同事。因为在一次溺水中被主人公救起，从此暗恋上他。男同事的出现令秦奋既惊讶又尴尬，只好采取委婉的方式拒绝他。

来表达拒绝，他把“境界”送给对方，将“庸俗”留给自己，以自我调侃的方式既表明了自己的立场，又顾及了对方的面子，让被拒者发出会心的笑。教学时，我们引导外国学生关注人物对话背后隐含的意义，体会男主人公是如何采取“自我批评”“抬高对方”的谦恭方式委婉拒绝应征者的。这体现了中国人交往中“自谦尊人”的原则，即宁肯贬低自己，也不伤他人自尊[①]。这一特征在熟人交往之间更为明显，体现了高语境文化的特征。

霍尔(Hall,1976)将世界上的文化分为高语境文化和低语境文化。他认为二者的主要差别体现在语言交际方面，崇尚低语境文化的人交流时倾向于使用直接的语言交际风格，崇尚高语境文化的人则更注重人际关系的和谐，在交流中避免直接对人说“不”。高语境文化与低语境文化和个体主义与集体主义这两种价值观模式有一定关联。廷-图米(Ting-Toomey,1999) 指出，个体主义文化的人认为直接坦率的方式是诚实的表现，因此比较倾向于使用低语境的交际方式；而集体主义文化的人有很强的面子观念，注重考虑别人的感受，因此往往使用高语境的交际方式。

中国是典型的高语境文化的国家，汉语中有“只可意会，不可言传”“言外之意”“弦外之音”的说法，人们喜欢使用含蓄委婉的方式表达反对意见或不愉快的感情，对于他人传递的信息听话者会依据非语言信息和语境来推测说话者的真实意图或含义。这种交际方式对于中国人来说并不陌生，彼此之间可以心领神会。但很多来自低语境文化国家的人常常不理解中国人含蓄间接的表达方式，有时甚至会误解说话者语言信息中的真正含义。通过截取电影片段，可以为外国学生集中讲解中国人交往中的“拒绝”行为，帮助他们了解中国人委婉的交际风格和背后的文化观念。

① 胡蓉洁：《以影视作品为媒介的对外汉语文化教学实践探索》，北京外国语大学硕士学位论文，2011 年。

通过这些案例的讲解与分析，希望汉教研究生勤于思考，学会发现和总结不同文化的差异，对第二语言教学中的"文化"和"文化传播"有更准确、深入的了解，通过学习和实践逐步提高自身的文化传播能力。

(二) 文化教学资源的利用原则

文化教学资源的种类十分丰富，如何结合教学对象和教学内容的特点进行选择与利用是需要思考的问题。学会选择和利用有效教学资源是汉语教师应具备的能力。

汉语国际教育专业研究生培养侧重实践性和应用性，结合专业特点，我们在"中华文化及传播"这门课上安排了模拟文化教学实践的环节。开学初，我们将模拟教学计划告诉学生，学生分小组讨论并确定试讲主题，准备好之后在课上进行模拟教学。具体操作步骤如下：

第一阶段：课前准备(依据文化主题讨论 → 确定教学内容和教学重点 → 分头准备材料 → 编写教案、制作 PPT → 小组内试讲，对试讲内容进行调整和修改)

第二阶段：课堂实践(在课堂上展示教学内容，教学实践包含说课和试讲两个环节 → 师生讲评与讨论)

第三阶段：课后反思(依据教师和同学的意见和建议进一步修改教学内容 → 撰写教学总结和反思报告 → 将修改好的内容发到公邮，资料共享)

在实践过程中，学生们通过思考、讨论、试讲和反思等环节得到锻炼，文化传播能力相应提升。在这一过程中，我们也发现了一些问题，较为突出的问题是对教学资源的使用。下面，我们将针对这些问题讨论文化教学资源的利用原则。

1. 适时与适量

目前，网络资源非常丰富，从网上搜索获得教学素材十分方便。需要注意的是,在实际教学中并不是使用的图片或视频材料越多越好。什么时候使用资源,怎么使用,使用多少,应结合教学内容和教学对象的特点来斟酌,要遵循适时和适量的原则。下面,我们以具体的教学案例加以说明。

案例 2-2-4　不成功的"中国饮食文化"课

在汉教研究生的模拟教学实践中,有一个小组的试讲主题是"中国饮食文化",讲解内容是《新实用汉语课本》第五册中的《五味》①,介绍中国八大菜系及代表性菜品。模拟教学实践过程中,我们看到该小组试讲同学展示的 PPT 上,每张都配上了精美的图片,讲解中还穿插了菜品制作过程的视频文件,资源种类繁多,令人眼花缭乱。可是,最后的教学效果并不理想②。这让笔者联想到另一件事:笔者做留学生班主任时,曾有一个对中国文化特别感兴趣的德国学生向笔者"诉苦",他说现在的中国文化选修课真没有意思,下学期他决定不选了。问其原因,学生毫不客气地说:"老师上星期讲'中国饮食文化'专题时,就是用 PPT 展示各种菜的样子,介绍它们的味道,可是,我更想知道中国饮食文化的特点到底是什么。这些图片我自己上网就可以看,在饭店的菜单上也可以看,这不是我想要的文化课!"学生的批评很直接,且很有道理。

那么,导致这位教师教学效果不理想的原因是什么?我们认为,直接原因是教师对饮食文化的理解仅仅停留在表层的菜品样式和味道上,教学中盲目使用教学资源,以为资源越丰富说明老师备课越用心,结果将"中国饮食文化专题"变成"中国菜品展示或制作",忽视了饮食文化的内涵分析,也违背了资源使用的适量原则。

我们知道,中国的饮食文化建立在特定的自然环境和

① 刘珣:《新实用汉语课本》第 5 册,北京语言大学出版社,2009 年。

② 北京外国语大学中文学院汉语国际教育专业硕士研究生分为中国学生和留学生两大类。通常情况下,中外学生一起上专业课,这为中外学生相互交流提供了方便。每个小组模拟教学实践后,我们都有讨论和评课的环节。讨论的主要问题有"汉语学习者对教师选取的文化点是否感兴趣""教师对文化点的讲解是否清楚"等等,对这类问题,作为二语学习者的留学生的回答往往更有说服力。

物质条件基础上，有十分丰富的内涵。经过几千年的演变与发展，“饮食”已经从简单维持个体生命的属性发展到具有维系社会关系和谐、促进人际往来的社会功用，“饮食”也体现了中国人对“和”的追求。《黄帝内经》中提出“五谷为养，五果为助，五畜为益，五菜为充”的食物搭配原则，目的是均衡营养、利于健康，这体现了中国人在食料选取方面的“和”；在烹调时，由于食物原料的不同特性，要通过烹饪的“调和”，把最佳味道呈现出来，因此，中国饮食有“五味调和”之说；除了食物的“味”之外，“色”“香”“形”“器”等方面都讲究和谐一体，这都体现了饮食文化中的“和”[①]。文化传播不仅要让学生了解中国饮食的特点，还要通过有形的食物，使他们了解饮食背后无形的观念——“和”。

① 王赛时：《中国饮食文化的精髓——和》，《扬州大学烹饪学报》，2010 年第 1 期。

在实际教学中，教师可适当借助学习者的母语或媒介语进行讲解，帮助他们理解饮食文化的内涵。对汉语学习者而言，对饮食文化的深层次分析远比知道菜的名称和样式更有意义。如果条件允许，教师还可以增加互动体验的环节，比如教学生做一道简单的中国菜，让他们亲身体验中国菜的制作过程，品尝一下自己亲手做的菜。

另外，需要我们注意的是，选择和利用资源还要考虑学习者的汉语水平。对于初级汉语水平的学生来说，播放用目的语(中文)解说的视频资料显然不合适，学生难以理解，会感到压力过大，这样不利于学习。使用超过学生接受能力的资源，会增加师生负担，浪费课堂时间，这类资源属于无效教学资源。换言之，利用教学资源时，要遵循“适时”原则，要考虑到学生的实际水平是否合适，是否有利于教学。

2. 准确与契合

如今，我们常常借助网络搜集多媒体素材，但网络资源质量参差不齐，如果“引用”不当，反而会使学习者“误读”中国文化。因此,教师备课时要以严谨的态度对待网络资源,用于教学前要查阅相关专业书进行核对,内容的准确性是根本。

案例 2-2-5　准确讲解“年”的含义

汉教研究生在讲“春节”这一主题时,往往引用网络上关于“年”的传说故事来讲解春节的习俗。从网络上获取这个故事或视频材料的确十分方便,但并不科学。如果我们为大学生做有关春节习俗的文化讲座,仅用“怪兽”解释“年”的含义显然不合适。

“年”到底是什么?它有什么意义?赵长征、刘立新在《中华文化与传播》一书中指出,“年”最初的写法是一个人背负着成熟的谷物,“年”指的就是谷物成熟。古代中国人在漫长的生产活动中总结出自然生命的周期,并按照月亮的圆缺规律创造了历法。在当时的条件下,在这个自然周期中,谷物只能成熟一次,所以用“年”给这个周期命名[①]。也就是说,“年”体现了四季循环、新旧交替的时间概念。下图即为“年”字的演变过程[②]:

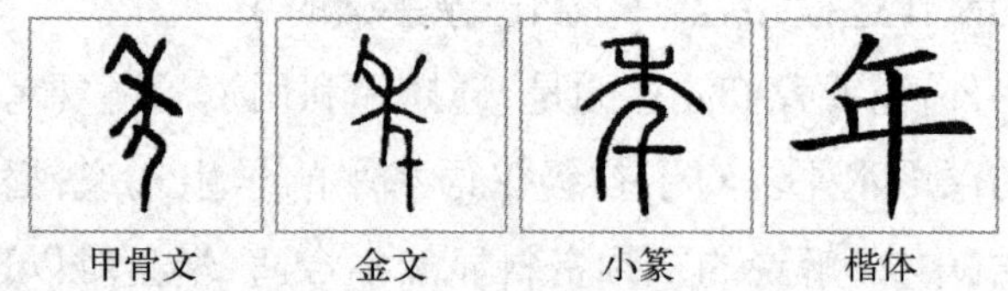

中国是一个农业国,农业生产对百姓来说十分重要。因此,在新旧交替之际,人们既有对旧的一年的感恩,也有对新的一年的期盼,于是逐渐形成了各种“辞旧迎新”的节俗活动。实际教学中,我们可以用上面的图片展示“年”这个汉字的演变过程,对“年”的正确解读可以帮助学生理解其真正含义。

当然,随着社会的发展,传统习俗也在不断变化和发

① 赵长征、刘立新:《中华文化与传播》,外语教学与研究出版社 2015 年,第 307 页。

② 图片来源:https://baike.baidu.com/item/%E5%B9%B4/30052#viewPageContent

展。在课堂教学中,我们应注意将传统文化与当代生活结合起来。比如,讲解“春节”主题时,可以利用关于“春运”的图片和新闻让学生体会中国人在这个重要的日子来临之际归心似箭的心情,帮助他们了解中国人“重视与家人团圆”的文化心理和“阖家团聚”的传统习俗。近些年,为了保护生态环境,减少污染,在人口密集的城市政府对燃放烟花爆竹进行了限制,春节“放鞭炮”的习俗在大城市已有所改变。再如,随着智能手机的普及,传统的走亲访友式“拜年”、长辈给晚辈发“红包”的习俗在一些地方也被“微信拜年”和“微信红包”取代了。这些习俗的变化,我们在教学中也应介绍给学生。

文化资源使用的“契合”原则在语言课的文化教学中更为重要。这是因为:语言课应以语言教学为主、文化教学为辅,文化教学要为语言教学服务;文化教学的内容要紧紧围绕语言教学的目标和内容,避免本末倒置、让文化教学“喧宾夺主”。在模拟教学实践中,一个小组的试讲内容是《快乐汉语》第一册中的一课,题目是《我有一只小猫》[①]。他们设定的教学对象为美国小学一年级的学生。依据教学内容,我们可以推测出教学对象是汉语初学者。可是,在试讲中,他们引入了美国电影《功夫熊猫》片段和中国儿童歌曲《两只老虎》等资源,然后将“熊猫”和“老虎”作为文化点进行讲解,大讲特讲“中国人如何保护熊猫”及汉语中与“老虎”有关的词语。显然,这些内容完全脱离了课文材料本身,而且超过了学生可接受的范围。这些资源的引入是不合适的,偏离了语言教学的目标,因此属于无效资源。

3. 针对性与可接受性

所谓针对性原则,是指选择和利用教学资源要充分考虑汉语学习者的特点,如国别、民族、信仰、年龄、汉语水平等因素。不同国家、不同民族的学习者对文化学习的兴趣

① 李晓琪、罗青松、刘晓雨、王淑红、宣雅:《快乐汉语(英文版)》,人民教育出版社,2009 年。

和难点有一定差异，教师在选择和利用教学资源时应结合学习者特点进行调整和取舍。比如，从较为宽泛的角度来说，中国传统文化精神中的“忠”“孝”“礼”等观念，对于来自非汉字文化圈的学习者而言，在理解和认同上都是比较困难的；而以日、韩为代表的汉字文化圈国家由于自古以来受到中国传统文化的影响，学习者对这些观念则比较容易理解和接受。再如，针对来自信仰伊斯兰教国家和地区的学习者，教师讲授“中国饮食文化”主题时，需慎重选择教学资源，考虑到学习者的信仰和忌讳，不宜选择以猪肉为食材的菜品的图片，也不宜选择与“饮酒”“敬酒”相关的内容。总之，如何针对不同国家汉语学习者的特点来选择和利用文化教学资源，是一个值得我们深入探讨的问题。

此外，选择和利用教学资源还要考虑学习者在心理和情感上能否接受的问题，避免使用会带来负面效应的资源。比如，《博雅汉语》教材中的《吃在中国》[①]课文中有这样一段话：

> 广州人请朋友吃饭的时候，常常问北方朋友某样东西敢不敢吃。是啊，蛇、猫不是人人都敢吃的。所以有人说，广州人长翅膀的东西除了飞机不吃，四条腿的东西除了桌子不吃，别的都敢吃。

依据这段话，一位年轻老师打算为学习者介绍广东饮食文化的特点，备课时她从网上下载了一些比较少见的广东菜“龙虎斗”的图片，打算上课时给学生展示，最终在我们的建议下没有使用。试想，如果这位教师在课堂上展示出这些图片，再给学生介绍食材或制作方法，现场的学生会有什么反应？这些图片也许能满足一部分学生的猎奇心理，但绝大多数学生（包括中国人在内）在心理上恐怕难以接

① 黄立、钱旭箐：《博雅汉语·准中级加速篇Ⅰ》，北京大学出版社，2007年。

受,会令他们对广东人产生误解[1]。

下面这个案例也反映了类似的问题。

案例 2-2-6　电影课"风波"[2]

一位在海外任教的汉语教师在高级汉语课上播放了一部介绍中国传统饮食文化的电影《满汉全席》。这部电影本来是一部喜剧作品,内容也贴近现实生活,介绍了中国饮食文化史上具有民族特色的"满汉全席"。学生在整个电影的欣赏过程感觉比较轻松愉快。然而,到了影片结尾,意想不到的一幕出现了:两位技艺高超的厨师要通过比赛一决胜负,他们要制作满汉全席中三种名贵的菜式——熊掌、鱼翅和猴脑。当播放到制作猴脑的一段剧情时,场面瞬间失控了,很多学生发出惊讶的叫声,有的学生甚至不忍心继续看下去。直到学生们意识到厨师并没有使用真正的猴脑制作菜品时,情绪才逐渐稳定下来。

这里,我们暂且不讨论在课堂上放映整部影片是否合适的问题,这个案例的价值在于再次为我们敲响了警钟:在选择教学资源时,应充分考虑学生的心理和情感态度,不能"一厢情愿"地展示,要尽可能避免那些容易造成误解或文化冲突的内容。因为这样的资源不仅不利于学习者全面、客观地了解中国,还会令他们对中国文化产生反感或恐惧,这违背了我们使用资源的初衷。

(三) 小结

第二语言教学的主要目标是培养学习者的跨文化交际能力,语言与文化的密切关系决定了第二语言教学中文化教学的必要性和重要性。本节我们结合汉教专业硕士核心课程"中华文化及传播"教学实践,探讨与此相关的两个问

① 笔者曾就饮食习俗问题专门请教过来自广东的学生,得到的答复是:目前吃这类菜的人实为罕见,普通老百姓一般不会去尝试,而接受了环保主义观念的年轻人则更不会接受这种"奇怪"的饮食。他们有些气愤地说,因为有些报道不够全面、客观,将个别现象当作普遍事实,导致外地人和外国人对广东人很有偏见。

② 该案例来源于朱勇:《国际汉语教学案例与分析》,高等教育出版社,2013 年,第 214 页。

题：一是教师的跨文化意识和文化传播意识；二是文化教学资源的选择和利用。我们认为，教师的文化传播意识是开展文化教学的前提，而合理利用有效的文化教学资源是提高教学效率的保障。

本节我们列举的照片、图片、影视作品、网络视频材料等教学资源如果运用得当，有利于第二语言学习者了解中国文化，即为有效的文化教学资源。有效的文化教学资源不仅可以节省宝贵的课堂时间，也能使课堂教学更为生动有趣。通常来说，这些资源往往是教师提前准备的，是有形的或可观可感的，具有“预设”特征。除了这类资源之外，还存在另一种形态的教学资源，它们往往不是教师提前准备的，具有“非预设性”特征，比如课堂教学中由师生或生生之间的文化差异引起的“文化冲突”。这些文化冲突如果处理得当，不仅不会影响教学，反而有利于加深学生对不同文化的理解，因为不同文化之间的交流往往始于“文化冲突”，从这个意义上说，“非预设性”的文化冲突可以成为另一种类型的教学资源。如何利用这类隐性的教学资源促进文化传播，我们将在下一节进行讨论。

第三节 汉语教师与隐性文化教学资源

一、CSL 课堂教学的非预设事件与教学资源

在汉语作为第二语言教学领域，关于非预设事件的讨论始于吴勇毅、石旭登两位学者。他们对“非预设事件”的概念、特点和类型进行了讨论：所谓非预设事件，就是课堂教学进程中出现的一系列不在教师预先准备范畴内或预设内的课堂

事件。它们具有一定的偶发性和随机性，会影响教师预设的教学进程，促使教师对教学内容、教学思路及教学方法进行相应调整①。依据来源，非预设事件可以分为以下四类②：

表2-3-1 CSL课堂教学的非预设事件的分类

类 型	产生原因	表 现 形 式
随机产生的非预设事件	环境；学生	课堂的背景事件（如天气变化、电器故障）；学生的非学习行为（如迟到、早退）
由预设产生的非预设事件	学生；教师	由预设引发的学生提问、质疑（如教师讲解“根据”时，学生要求讲解与“按照”的区别）；由于预设失误或不足而产生的意外事件（如提问不切合实际）
由学生偶发兴趣产生的非预设事件	学生	由教学预设间接激发出来（如教师介绍坐出租汽车常用语时，学生问“turn around”和“back up”用汉语怎么说？）
由教师偶发兴趣或灵感产生的非预设事件	教师	教师被某个情景或细节触发，突然对某一个问题或话题产生兴趣；用临时想出的设计和内容，调整、修改原有预设

在这四类非预设事件中，第一类（随机产生的非预设事件）的偶发性最强，且与教学内容没有直接联系；其他三类大多与教学内容相关，是由课堂的主体因素（学生或教师）引起的。

吴勇毅、石旭登认为“以教学资源为中心的课堂教学一定比仅以教材为中心的道路走得更宽，更有前景”，在他们看来，“教学资源是可以用于教学的一切事物和条件，包括在课堂里能够产生教学价值的各种事件”，并首次论述了CSL课堂教学的非预设事件的教学资源价值，提出具有前瞻性的建议：

一个语言点的教学可以依赖几个不同的非预设事件，

① 吴勇毅、石旭登：《CSL课堂教学中的非预设事件及其教学资源价值探讨》，《世界汉语教学》，2011年第2期。

② 表2据吴勇毅、石旭登《CSL课堂教学中的非预设事件及其教学资源价值探讨》研究整理。

> 这就给了我们一个启示：如果将这些随机产生的非预设事件进行细致的梳理、总结、归类，并将其与特定的汉语结构、功能教学相联系，建立起一些关联范式的话，这些非预设事件的教学资源价值就会更大程度地显现出来。

吴、石两位学者关于“教学资源”的研究视角和认识有重要的启示作用，但略为遗憾的是，其关注点集中于与语言教学相关的非预设事件，主要论述了各类非预设事件对汉语教学的作用和资源价值，对非预设事件的文化教学资源价值则尚未关注，因此我们将从跨文化传播的角度就这个问题进行补充。

二、文化教学资源的存在形式

（一）显性文化教学资源

显性文化教学资源是教师依据教学内容和学习者的特点（年龄、汉语水平、国籍等）提前准备的材料，诸如照片、图片、影视作品、网络音频或视频材料等，它们是有形的或可观可感的，且具有明显的预设特征。比如：《中国画跟油画不一样》[①]这篇课文中提到了“徐悲鸿的马”、“齐白石的虾”、中西方绘画的工具、中国画的“留白”特征等，教师在备课时会准备好相关内容的图片或视频材料以帮助学生理解。课堂上，会通过对中西方绘画作品的展示和比较，让学生理解“留白”这个较为抽象的概念。上一节我们已针对这类显性文化教学资源的选择和利用问题进行了讨论，并论述了适时与适量、准确与契合、针对性与可接受性的使用原则。

① 选自刘珣主编：《新实用汉语课本》第二册，北京语言大学出版社，2009年。

（二）隐性文化教学资源

与显性教学资源不同的是，隐性文化教学资源并不是教师提前预备的,而是由课堂教学中的非预设事件转化而来的,它是间接产生的,具有一定的随机性和偶然性;从形态上看,它们是无形的、非物质化的,是另一种形态的资源。当然,非预设事件不可能都具有资源价值,衡量其能否成为隐性文化教学资源的标准在于,这些事件能否与课堂教学直接联系起来并服务于教学,是否有利于第二语言学习者了解和理解中国社会和文化。不可否认的是,非预设事件能否转化为资源还取决于教师对这类事件的理解和处理能力。

依据隐性文化教学资源的形成原因及表现形式,我们将其分为两类:第一类,是由课堂外部因素(客观环境)引起的,如天气变化、噪音等;第二类,是由课堂内部因素(教师和学生)引起的,如:学生针对教学内容提出的疑问、学生的语言输出材料中出现的错误或问题、由师生或生生之间的文化差异引起的"文化冲突"等。

结合上一节的内容,我们将文化教学资源分类如下:

表 2-3-2　文化教学资源的类别

<table>
<tr><th>类 型</th><th>主要特点</th><th colspan="2">形成原因或表现形式</th></tr>
<tr><td>显性文化教学资源</td><td>预设性、可观可感</td><td colspan="2">教师依据教学内容和学生特点提前准备的各种文化教学材料(如照片、图片、视频材料等)</td></tr>
<tr><td rowspan="4">隐性文化教学资源</td><td rowspan="4">非预设性、随机性、无形</td><td>课堂外部因素</td><td>由客观环境引起(如天气变化、噪音)</td></tr>
<tr><td rowspan="3">课堂内部因素</td><td>学生的疑问;学生语言输出材料中的错误或问题</td></tr>
<tr><td>由师生、生生之间的文化差异引起的文化冲突</td></tr>
<tr><td>其他</td></tr>
</table>

三、非预设事件的文化教学资源价值

(一) 课堂外部因素引起的非预设事件

案例 2-3-1 "下雨天"带来的灵感

在一次中级汉语阅读与写作课上,笔者正带领学生复习标点符号的使用方法,外面突然下起大雨来。学生的关注点瞬间从教学内容转移到天气的变化上:有的异常兴奋(北京很少下那么大雨),有的略显担忧(因为没带雨伞),教室里瞬间"热闹"起来,场面有些"失控"。

"下大雨"的场景令笔者想起我国明代书画家徐文长"雨天访客"的故事,笔者灵机一动,这不正是说明标点符号重要性的好素材吗? 笔者马上对学生说:"现在,老师给你们讲一个古代画家雨天访客的故事,看看你们能不能根据故事的内容给一个句子加上标点?"随后,笔者在黑板上写下"下雨天留客天天留我不留"这个句子。学生的注意力很快被转移过来了,略有"挑战性"的任务让他们跃跃欲试。听完故事以后,他们根据故事的内容很快以两种方法填写出句子的标点:

1. 下雨天,留客天,天留,我不留!

(这是女主人的想法,她不希望徐文长继续留在她家)

2. 下雨天,留客天,天留我不? 留!

(这是徐文长的"恶作剧",他故意误解女主人的意思)

教师讲述的这个故事是由"下雨天"引起的,故事让学生们了解到徐文长的智慧与幽默,更让他们深切体悟标点符号的重要性,可谓一举两得。课后,还有一些学生意犹未尽,向笔者询问徐文长的代表作和创作风格。可以看出,这起非预设事件不但没有影响教学,反而成为促进教学的有效资源了。

案例 2-3-2 “鞭炮声”带来的契机

一位老师正在上中级汉语听说课,外面忽然传来鞭炮声。那天是 2015 年 3 月 16 日,农历正月二十六,鞭炮声是 11 点 18 分响起的。当天的课刚好学到生词“讲究”,课本上的英文翻译是 pay attention to,没有标注词性。这位老师觉得这样的翻译很难让学生理解这个词的用法。而窗外的鞭炮声为她讲解这个词带来了“契机”,于是,她先后说出了以下几个句子[①]:

1. 中国人结婚讲究时间,讲究举行婚礼的日期,讲究婚礼开始的时间,人们要选择好的日子,比如 6 号、16 号、26 号,11 点 18 分,11 点 28 分……

2. 因为中国人觉得 6、8、9 都是“Lucky number”,6 表示做事情顺利,8 表示很有钱,9 表示长久。人们选择“好日子”举办婚礼,希望一切顺利,生活富裕,婚姻长久,两个人白头偕老。所以 11 点 18 分,鞭炮响起来了,婚礼开始了。

3. 中国婚礼有很多讲究,在这里,“讲究”是名词。你们国家的婚礼一定也有很多讲究。有哪些讲究?

① 该案例来源于北京外国语大学朱勇老师的国际汉语教学案例中心,微信公众号“guojihanyu-jiaoxue”,感谢山东师范大学郭文娟老师的分享。

在这个案例中,教师利用婚礼的鞭炮声巧妙地给学生讲解了“讲究”一词的意思和用法,又为学生介绍了中国人的婚礼习俗,将文化因素自然融于语言教学中,收放自如,适时且适度,值得借鉴。

上面两个案例中都出现了由课堂外部因素引起的非预设事件。这些事件对教师原本的教学计划或教学进程都产生了或大或小的影响,但由于教师巧妙地将它们与教学内容建立起联系,使其服务于教学,从而取得了良好的效果。

这些“非预设性事件”有利于学习语言，而且可以帮助学生了解中国文化，因此成为有效的文化教学资源。当然，非预设事件本身具有较大的偶然性，将其转化为文化教学资源的机会也是“可遇而不可求”的。

（二）课堂内部因素引起的非预设事件

课堂内部因素是指学生和教师，学生的疑问、语言输出中的问题及师生之间的文化差异引起的文化冲突都可能成为有效的文化教学资源。

1. 将问题转化为文化教学资源

第二语言教学是师生互动的过程，而学习者语言输出材料（包括口头和书面）难免会出现一些错误和问题，教师如能及时分析原因、总结规律并做出合理的解释，这些“问题”也会成为服务于课堂教学的宝贵资源。

案例 2-3-3　令人哭笑不得的“祝福语”

有一年圣诞节前夕，班上一位匈牙利学生要提前回国。临走前，她到办公室和笔者告别，送给笔者一个印有匈牙利风景的水杯垫作纪念，同时附上一张圣诞卡，上面写满了她在北京留学的收获及对老师的感谢。令人忍俊不禁的是她最后的祝福语：

老师，我用我的小意思祝你圣诞快乐！

由学生写的祝福语可以知道，在学生看来，“小意思”就是“小礼物”，按照商务印书馆出版的《应用汉语词典》上的解释，“意思”作名词时指“代表心意的礼品”。“意思”这个词看似简单，但在不同语境中，它的词性和意义有所不同，而且这个词的使用对象和使用场合也有一定讲究，因此，即便是高级汉语水平的二语学习者使用时也会出问题。这不禁令人想起网上流传的一则笑话[①]：

一个外国人苦学汉语十年，到中国参加汉语考试，试题如下：

请解释下文中每个“意思”的意思。

阿呆给领导送红包时，两人的对话颇有意思。

领导：“你这是什么意思？”

阿呆：“没什么意思，意思意思。”

领导：“你这就不够意思了。”

阿呆：“小意思，小意思。”

领导：“你这人真有意思。”

阿呆：“其实也没有别的意思。”

领导：“那我就不好意思了。”

阿呆：“是我不好意思。”

这段对话其实是中国人（下级对上级）送礼文化的生动写照，“意思”一词一共出现了十一次，送礼人谦卑、委婉的态度，收礼人含蓄的批评和客套都体现得淋漓尽致。不少教师都以此为例介绍“意思”一词的多重含义：领导口中的“什么意思”含有责备之意，“有意思”说的是“有趣”；“意思意思”是送礼的人表示礼物不重，略表心意，“小意思”也是送礼人的客套话，“不够意思”常表示做人不大方，“不好意思”多用于表达歉意。一个“意思”有这么多意思，外国学生可能因不了解文化背景造成的“语境义”或“动态义”而误解或误用[②]。学生的“错误”提醒我们，讲解这类词语时不仅要解释清楚词语的含义（“小意思”表示礼物不贵重，是送礼时一种委婉谦虚的表达

① 来源：https://www.zhihu.com/question/48814968/answer/736865856

② 赵明：《汉语国际传播语境下的文化冲突问题》，《对外汉语教学与研究》。注：赵明认为语言教学中的“文化冲突”是在学习第二语言时由于文化方面相互对立、相互排斥导致语言学习过程出现的不适应。他从文化知识与文化因素的角度对文化冲突问题进行归类分析，将存在于语音、语法、汉字、词汇、修辞等方面可能引起的文化冲突定义为“语言层面的文化冲突”，而词汇层面的文化冲突是语言层面文化冲突中最为明显的。

方法),还要说明它的使用场合(非正式语体,多用于口语),而这正是语用文化的教学内容。

案例2-3-4 课堂表演带来的“惊喜”和“惊吓”

《中级汉语阅读与写作》教材的第八课《遗嘱》中有一个课后练习,让学生合作将课文改编成剧本并表演[①]。以往的写作任务大多是中规中矩的片段写作、记叙文或议论文等,这个新颖的写作任务令学生们热情高涨,各个小组积极准备,在编写剧本和表演中展现出丰富的想象力和创造力。这里仅以第一幕为例:有的小组采用倒叙法,以阿方回忆的方式从老金去世后展开情节;有的小组以老金的妻子在天堂的独白引入故事;有的以老金接受记者采访的方式介绍主人公的背景和情况;有的以老金与朋友在茶馆喝茶聊天或老金与主治医生谈话等方式自然介绍出主人公的生活情况。学生们通过想象还为故事增添了不少精彩的情节,如老金和阿方去国外度蜜月的情形;老金并没有去世,他只是想考验阿方对他的感情,等等。

为了表演,学生们准备了各种道具和服装,如老金的拐杖、眼镜,生日会上的蛋糕、蜡烛,婚礼上的戒指和鲜花;律师穿上西装,阿方穿上旗袍,保姆系着围裙,等等。为了让每一幕衔接得更为自然,他们还设计了背景,制作了PPT,增加了背景音乐。他们的表演中既融入了中国文化元素(如老金每天清晨去打太极拳,早餐喜欢吃油条和包子),也融合了其他国家的文化,比如:日本女生将阿方塑造成每月计算生活开支的家庭主妇;德国男生扮演老金的儿子,他反对父亲再婚的理由是“公司的股价会大跌”,老金去世后,他顿足道:“父亲除了债务什么都没留给我……”学生们的表演可谓精彩纷呈,惊喜不断!

① 选自张园:《中级汉语阅读与写作教程(Ⅰ)》,北京大学出版社,2012年。《遗嘱》讲的是一个建材企业老板老金已年过半百,且患有严重的心脏病。妻子去世后,不少年轻女子想和他交往,但被他回绝了。老金酷爱养狗,为了给小狗闹闹看病,他去了宠物医院并结识了护士阿方。阿方对闹闹表现出极大的关爱。老金因此爱上她,并不顾周围人的质疑和反对,与阿方结婚了。结婚不到一年,老金突发心脏病去世。老金与阿方结婚前已立好遗嘱,将财产留给子女,将代表“爱”和“忠诚”的闹闹留给阿方。阿方气急败坏地拒绝了这份“遗产”。最后,老金的保姆为报答主人决定收养闹闹。出人意料的是,依照遗嘱的副本,收养闹闹的人可以获得奖金500万元。

然而,惊喜的同时,也出现了一些我们意想不到的错误和问题,比如对“老金的太太”的称呼。由于不了解汉语称谓文化,一个小组的学生一直在用“老太太”称呼老金的妻子:

(1) 老太太长得很漂亮,他们真是郎才女貌!

(邻居的评论)

(2) 老太太已经去世那么多年了,老金啊,你应该再找一个女朋友了[①]!

(朋友对老金说的话)

原来,学生们以为老金姓“老”,所以老金的太太就是“老太太”!虽然他们已经上了中级班,可以流利地用汉语进行日常交流,不少学生都通过了 HSK5 级考试,但对“小+姓”或“老+姓”的称谓方式却完全没有概念,而这正是语言教学与文化教学相脱节产生的后果。出现这样的问题,我们应该反思。早在 20 世纪 90 年代,张占一就提出“外语教学中的文化教学应该与语言教学(语音、词汇、语法)同步”的观点。如果教师“采取只知其语言不懂其文化的教法,是培养语言流利的大傻瓜的最好办法”![②]这个案例再次提醒我们,语言教学与文化教学应相辅相成,两者是密不可分的。

还有一个小组在剧本中增加了老金给女儿过生日的场面。在小组表演时,老金问女儿:“你想要什么礼物?”没想到,意大利女生扮演的女儿竟脱口而出:“我什么都不要,我只要妈妈!”(注:学生改编的剧本中,女儿希望老金给自己找一个妈妈。)

这样的回答也完全出乎笔者的意料,因为对于普通中国人来说,如此盼望父亲“再婚”的子女实在太罕见了。不少中国人出于对已故父母的怀念或一些现实问题并不赞成

① 严格来说,“女朋友”一般用于年轻人,用在“老金”身上也不合适。

② 这句话出自美国外语教学专家温斯顿·布瑞姆拜克(Winston Brembeck)的文章,转引自张占一:《试议知识文化与交际文化》,《语言教学与研究》,1990 年第 3 期。

父母再婚，相比之下，西方人对待父母再婚问题则更为理性，这也是东西方文化差异的一种表现。

课堂表演完成后，笔者对学生们的创造力和表演才能给予了充分的肯定，同时也指出了剧本中出现的较为典型的错误（如“老太太”），适时为他们补充了汉语称谓文化知识。对文化差异较大的问题（如“是否赞成父母再婚”）进行了讨论。学生们对课文的改编和表演，让每个人真切体会到不同文化的特点，无论是“惊喜”还是“惊吓”，都成为宝贵的教学资源。

2. 将冲突转化为文化教学资源

美国伯克莱加州大学的克拉姆契（Kramsch）最先提出外语教学中“文化冲突”这一概念，其 1993 年出版的代表作《语言教学的环境和文化》（*Context and Culture in Language Teaching*）专门讨论了外语与文化教学的问题。她认为文化冲突是“教师、学生、话语产生者（例如诗人、作家）在教室里发生的文化价值的互动”，“教师应利用课堂中的文化冲突实施语言文化教学”。克拉姆契提倡在教学中鼓励文化互动，而不是避免冲突，因为冲突本身就是互动过程，互动的结果是化解冲突。高永晨认为“正是因为文化的多样性和差异性，才表现出文化的丰富性和生动性，使多样性的文化在发展中呈现出勃勃生机”[①]。教师要善于利用第二语言课堂多元文化的优势，鼓励来自不同文化的学习者进行不同观点的交流和碰撞，使“文化冲突”成为文化教学的资源。

① 高永晨：《跨文化交际中文化移情能力的价值与培养》，《外语与外语教学》，2005 年第 12 期。

第二语言课堂教学中，最为明显且常见的冲突有两类：第一类是学生与教师之间的冲突；第二类是来自多元文化背景的学生与学生之间的冲突。除此之外，还有一种较为“隐蔽的”冲突，即第三类冲突：由于教师或学生使用教材、阅读文学作品或观赏影视作品的过程也是一个跨文化交际过程，尽管使用者（或读者、观众）和编写者（或作者、编剧）互不见面。双方来自不同的文化背景，看待问题的角度、评判是非的标准自然有所不同，发生冲突是不可避免的，这便是第三类冲突。一个典型的例子就是程棠给法国学生讲解《东郭先生和狼》时出现的问题：

学生：老师，这一课说明什么？

教师：这是一个寓言，说明对坏人不能怜悯、同情。

学生：谁是坏人？

教师：狼代表坏人。

学生：狼为什么坏？

教师：东郭先生救了它，它反而要吃东郭先生。

学生：那人还吃猪肉、吃牛肉呢！

程棠说，学生当时"抬杠"式的对话让他非常生气，认为学生很不友好。后来，他从中外文化差异的角度重新看待这段对话时，却得出不同的结论：教师是从中国传统道德观角度诠释这个寓言，认为吃人成性的狼本身不值得同情，它恩将仇报更是天理难容；而学生则是从生物学角度看待问题，生物为了生存，饿了吃人，是一种本能，没有善恶之分[①]。因文化差异产生误解或冲突的情况，很多老师在教学中都曾遇到过。

案例 2－3－5　"奇怪"的父母

《父亲的信》和《父母心》是《初级汉语阅读与写作》（Ⅰ）中的两篇课文[②]。读完课文后，不少学生对课文内容颇有"微词"，他们很难理解父亲"逼"儿子写信的行为。在他们

① 程棠：《对外汉语教学目的原则方法》，华语教学出版社，2000 年，第 172—173 页。

② 刘立新：《初级汉语阅读与写作教程（Ⅰ）》，北京大学出版社，2012 年。《父亲的信》讲的是一位父亲因在外上大学的儿子很久没有来信，便替儿子写了一封信，里面是关于儿子近况的选择题，希望儿子选好答案寄给他，随信附上了写好的信封；《父母心》讲的是年迈的父母在隆冬的清晨冒雪去早班车车站等儿子，就是为了看儿子第一天上班的情况——儿子是公共汽车司机。

看来，写信应该是“自愿”的行为，儿子因为忙没给家写信，父亲应理解他，而不应该用这种办法“强迫”他。课文《父母心》中父母的行为更让他们觉得不可思议，甚至难以接受。学生认为，儿子已经长大成人了，父母却还把他当孩子一样看待，这是对他不信任；反过来说，儿子的能力可能有问题，他的独立性太差！一个学生说：“如果我的父母这样做，我肯定生气，这太让我丢面子了！”来自日本和韩国的学生虽然反应没有这么“激烈”，但也明确表示不希望父母这样做。

学生对课文内容产生的“质疑”是我们事先没想到的，由于文化差异，学生与教师、教材编写者之间产生了“文化冲突”，这属于非预设性事件。表面上看，“文化冲突”是负面的，因为它破坏了正常的课堂秩序，影响了教学进程。而实际上，如果教师以平等、客观的态度对待学生的“质疑”，引导学生理解文本表层信息——课文讲了什么(what)的同时，还要学会思考文本的隐含信息——课文为什么(why)而写、为谁写和是谁(who)写的、课文内容与自己所处的文化环境有何相关和实际意义(how relevant)、从不同文化背景理解课文的困难是什么，等等[1]，那么“文化冲突”不但不会影响教学，反而有利于促进学习者对不同文化的理解[2]。对学习者而言，这个过程也是思维方式和文化理解力的训练过程。

陈申在《语言文化教学策略研究》一书中指出，“化解冲突是语言文化学习的过程，它把学生的本民族文化和目的文化通过语言有机地结合起来”。也就是说，“文化冲突”的价值也体现在促进学生在跨文化交际中培养自己化解冲突和解决问题的能力上。教师应学会利用第二语言课堂多元文化的优势，发现并总结不同文化的特点，使“文化冲突”最终成为服务于教学的资源。

① 刘学惠：《跨文化交际能力及其培养：一种建构主义的观点》，《外语与外语教学》，2003 年第 1 期。

② 针对这两篇课文产生的问题，笔者从中国传统观念（如讲究“父慈子孝”的亲情观）和当代中国社会情况（由于中国政府曾实施“计划生育政策”，很多家庭是独生子女）两个方面向学生介绍相关背景知识，对他们理解课文内容有一定帮助。

(三) 小结

CSL 课堂教学中蕴含着丰富的隐性文化教学资源。本节笔者结合具体的课程案例分析了课堂教学中非预设事件的教学资源价值及其利用方法。通过分析可知,教师善于发现并利用隐性文化教学资源有利于实现“语言文化一体化”的教学理念,对培养第二语言学习者的跨文化交际意识、提高跨文化交际能力都有重要作用。当然,非预设事件能否转化为文化教学资源取决于教师对待非预设事件的态度和处理能力,即教师是否具有跨文化意识和文化传播意识。

第三章　文化传播内容研究

第一节　交际中的文化

人类交际包括语言交际和非语言交际。语言是交际的工具，也是文化的构成要素。每个民族的语言都承载着民族的文化，不同文化的差异也必然反映在语言上。在与不同文化背景的人进行交际时，如果不了解语言中的文化内涵，难免会产生误解。

刘珣教授在《对外汉语教育学引论》一书中指出，我们确定文化教学内容应体现"语言的""交际的""对外的"三条原则，即"与语言的学习和使用紧密相关且体现汉语文化特点的、为培养跨文化语言交际能力所必需的、针对外国学习者实际需要的那部分文化"。这三条原则反映了汉语作为第二语言教学的学科特点，突出了对二语学习者和对母语实施文化教学的区别。刘珣将与对外汉语教学相关的文化教学分为三个层次：第一，对外汉语教学学科范围内语言的文化因素；第二，基本国情和文化背景知识；第三，专业所需要的专门性文化知识[①]。而在这三个层次中，第一个层次，即语言中的文化因素，与语言学习的关系最为紧密，是第二语言学习者最先接触到的内容，也是语言学习和使用不可忽视的内容。因此，本节将对语言中的文化进行简要梳理。

① 刘珣：《对外汉语教育学引论》，北京语言文化大学出版社，2000 年，第 131 页。

一、语言交际中的文化

(一) 汉语语音与文化

1. 谐音字词与文化心理

汉语语音中与文化的关系最为密切的部分是谐音文化。谐音既是汉语中常见的语言现象,也是一种文化现象。汉语中丰富的同音、近音字词为谐音取义提供了有利条件,汉民族独特的文化心理也为谐音文化奠定了基础。

案例 3-1-1 首相的"疏忽"

网络上的一张照片曾经引起人们的热烈讨论:2018 年 2 月 2 日,英国首相特雷莎·梅与丈夫访问上海豫园。他们倒着拿起代表中国传统文化的"福"字剪纸,向大家表示祝福。这张照片引起英国媒体的强烈反应,《伦敦晚报》(*London Evening Standard*)报道:

> 很不幸,这对夫妻把"福"字拿"倒"了,看来梅姨访问上海的好运将耗尽。让周围的人,包括和他们聊天的小女孩,都很尴尬。

首相的"疏忽"让英国的网友感到不安。而中国网友对此则不以为然,纷纷表示自己家大门上的"福"字就是倒着贴的,这是中国的传统习俗。外国网友随后也指出,"没文化"的恰恰是《伦敦晚报》的记者,而不是英国首相。

春节贴"福"字,是中国民间由来已久的风俗,寄托了人们对幸福生活的向往和对美好未来的祝愿。为了充分体现这种向往和祝愿,人们常常会选择将"福"字倒贴,因为"倒"和"到"

谐音,寓意“福到了”。倒贴“福”字的由来虽有不同传说,但不可否认的是,倒贴“福”字的习俗与汉语的谐音文化有关。

语言学中对“谐音”的定义是“字词的音相同或相近”,即指利用同音字词或近音字词进行谐音取义,造成一语双关。现代汉语普通话的语音系统有21个声母和39个韵母,构成的音节有400多个。每个音节有4个声调,构成不同声调的音节共1 300多个。这1 300多个带有声调的音节,表示了汉语几万个语素的发音。音节数量少,表示的词汇多,因此造成了汉语词汇系统中同音、近音字词多的现象。由于汉语中许多词汇的音节是相同或相近的,一个音节往往代表好几个语素(字)。人们在听到某一个音节时,常常由它所代表的某一个语素联想到另一个语素,也就是由某个字的发音联想起与它同音或近音的其他字[①]。

① 这段论述参考了鲁宝元教授编写的“汉语与中国文化”课程讲义,特此致谢。另:鲁宝元编写的《汉语与中国文化》一书已于2000年由华语教学出版社正式出版。

汉语中有大量的谐音字词,这一特点与汉民族语言崇拜的心理结合起来,就形成了汉语“以谐音取吉利,变谐音以避凶兆”的文化现象。比如,逢年过节,家宴上少不了的一道菜是鱼,就是为了取个吉利:“鱼”与“余”谐音,“年年有鱼”就是“年年有余”;中国农历新年家宴不仅要吃鱼,还要吃年糕,“糕”和“高”谐音,取的是“生活水平年年升高”之意;再如中国传统婚礼有“撒帐”的习俗,人们在新郎和新娘的床上撒一些枣子和栗子,“枣”和“早”谐音,“栗”和“立”谐音,“枣栗子”取的是“早立子”之意,即便社会发展到今天,这一习俗仍然被保留下来;再如中国人特别喜欢数字8,也是因为“8”与“发”谐音,有发财的意思,所以,电话号码、汽车牌照中带“8”的特别受欢迎。

鲁宝元在《汉语与中国文化》一书中列举了许多利用谐音字取吉祥意义的例子,指出这是汉民族语言崇拜中一种特有现象。除了利用谐音字取得某种吉祥的意思之外,还可以利用谐音替代的方法来驱除某种不吉祥的意思。比如,农历新年不小心打碎了器物,人们自然觉得这是一件不吉利的事,心中不快,嘴上却连说:“碎碎平安！碎碎平安!”因为“碎”和“岁”谐音,“碎碎平安”变成“岁岁平安”,也就化不吉为大吉了。

谐音词便于人们从意思一般的词语联想到意思好的词语,同样,也易于从意思一般的词语联想到意思不好的词语,从而造成心理上的不快。比如,“梨”和“离”谐音,两个人分吃一个梨——分梨,很容易使人联想到“分离”,因此,亲人或恋人分吃一个梨就成了一种禁忌。汉语中,由谐音词造成的语言禁忌也不少,比如,“盛”和“沉”谐音,渔民最怕沉船,忌讳说“沉”字,因而连“盛”字也忌讳,所以不说盛饭而说“添饭”;同样,吃鱼时,吃完一面不说“把鱼翻过来”,而说“把鱼划过来”,也是出于对“翻船”的忌讳。

语言崇拜与人们的迷信思想有关,当人们还不能把握自己命运的时候,往往把某些难以预测的祸福与语言联系起来,以为语言本身会给人们带来幸福或灾难,语言被赋予了它本身所没有的力量。利用谐音词互相替代以取得吉祥,驱除不吉祥,或者把容易联想到不吉意思的词利用谐音词改换说法,避开禁忌,是汉语语言文化中的一种有趣的现象,汉语学习者了解它们,可以加深对汉语和中国文化的认识。

2. 社会生活中的谐音文化

案例 3-1-2　高考中的“旗袍妈妈”

据《法制晚报》报道,2018 年 6 月 7 日,是一年一度全国高考的第一天。考生们是当之无愧的主角,而家长们也费尽心思做好后勤保障工作。除了一日三餐以外,家长们还用自己的方式为孩子送上了祝福。早上 8 点,在许多考场外,都能看到穿着旗袍来送考的妈妈们,她们形成了一道独特的风景线。"不是说旗开得胜嘛,所以今天特意穿了旗袍,孩子也很高兴,还说谢谢妈妈!"一个家长告诉记者。

这种景象不仅出现在北京,很多省市都出现了为高考学生祝福的景象。许多穿旗袍的妈妈们自发聚在一起,竖起大拇指,为应考的孩子们加油助威,希望他们旗开得胜,考出好成绩。除了考生家长以外,中学老师也加入了"送考"的队伍,与家长一起以独特的方式为考生送上祝福:他们第一天穿红色的服装,取"开门红"之意;第二天穿绿色的服装,取"一路绿灯"之意;第三天穿灰色和黄色的服装,取"走向辉煌"之意。

我们暂且不评价家长和老师们集体"换装"的行为是否妥当,但应该思考这一社会现象背后的深层原因。一旦留学生对这个现象提出疑问,教师可以从容作答。中国自古以来就有重视教育的传统,大多数家长有望子成龙的心态。在当今社会,作为选拔人才机制的"高考"被视为最公平的竞争,地位举足轻重。正所谓"十年寒窗无人问,一举成名天下知",对于绝大多数中国人来说,"高考"是人生大事,是普通家庭的孩子通过自身努力改变未来命运的主要方式,因此形成了许多独特的"高考文化景观",而考生家长为了图吉利,依据谐音选择每天的服装颜色,便是其中一例[①]。由此可见,谐音文化随着社会的发展也在不断丰富,并影响着人们的日常生活和行为方式。

谐音文化常见于社会语言生活之中,是第二语言教学的重要内容。口头交际、文学创作、广告传媒都有大量双关语的运用。谐音现象还构成了汉语中特有的带有幽默感的一种惯用语——歇后语,这种带有浓厚中国文化色彩的惯用语深受人们的喜爱,比如"外甥打灯笼—— 照旧(舅)""和

① 高考期间,中国不少企业专门为考生父母放"陪考"假,一些出租汽车公司还提供免费接送考生的服务。

尚打伞—— 无法(发)无天”“小葱拌豆腐—— 一清(青)二白”,等等[①]。在这类歇后语中,后半句词语的基本义往往与前半句有直接的逻辑关系,通过同音相谐或近音相谐使其内含的谐音意义显现出来,使言语显得生动、活泼,听者或读者都能心领神会,体现了民间口语的幽默色彩。有的歇后语还带有一定的讽喻性,如“牛角上抹油——又奸(尖)又滑”等。

利用谐音对成语进行翻造,可以达到出人意料的效果,比如,北京电视台生活频道(BTV-7)的“食全食美”栏目就是对“十全十美”的翻造。谐音在意译词语和网络语言中的运用也比较普遍,比如,TIDE(汰渍),英文原意是“潮流、趋势”,中文意译词的语意是“淘汰污渍,去污力强”;QUICK(快克)英文原意是“迅速、快”,中文意译词的语意能让人联想到该药能迅速攻克疾病。

文学作品中也存在着谐音取义的方式,比如,唐代诗人刘禹锡的《竹枝词》:“杨柳青青江水平,闻郎江上唱歌声。东边日出西边雨,道是无晴却有晴。”这首诗含蓄地刻画出一个恋爱中的少女的心理。这里的“晴”是“情”的谐音,爱情之“情”,表面谈天气,实际喻深情;再如《红楼梦》中“贾不假,白玉为堂金作马;阿房宫,三百里,住不下金陵一个史;东海缺少白玉床,龙王来请金陵王;丰年好大雪,珍珠如土金如铁”。“贾史王雪”暗指金陵四大家族,颇具匠心;“可叹停机德,堪怜咏絮才。玉带林中挂,金簪雪里埋”中,“林”(树林)与“林”(林黛玉)双关,“雪”与“薛”(薛宝钗)谐音,象征着黛玉和宝钗不同的品格和命运,别有深意,耐人寻味;《红楼梦》中许多人物的命名也采用了谐音方法,比如甄士隐(真事隐)、贾雨村(假语存)、英莲(应怜)、元春、迎春、探春、惜春(原应叹息)等。文学作品中的谐音,有些是文人为施展语言功力而故意为之,有些是限于各种因素不能直言

① 这部分例子参考了刘立新编写的“谐音文化”一节,参见:张英、金舒年:《中国语言文化讲座》,北京大学出版社,2008 年,第 51—61 页。

而采用的迂回表达方式。如果不了解谐音文化,就不能体会出文学作品所表达的真正含义。

谐音文化反映了汉民族含蓄委婉、祈福避凶的文化心理,与中国传统的风俗习惯密切相关。了解谐音文化不仅是对目的语的学习,也是对目的语国家文化的学习。例如,汉语学习者明白了"年年有鱼"是"年年有余"之义,"年糕"是取"年年高"之义,倒贴"福"字是取"福到"之义,也就了解了中国过春节的风俗习惯;学习者知道了汉语中与禁忌有关的谐音文化,如"送钟"与"送终"谐音,给中国朋友送礼时就会避免不必要的麻烦。

随着社会的发展,谐音文化会日益丰富,了解目的语国家的风俗习惯,有利于学习者顺利融入目的语国家的社会生活。当汉语学习者通过学习体会到谐音文化所造就的生动感和幽默感,能理解谐音文化背后的含义时,说明他们的语言水平已达到了较高的层次,对中国社会文化的理解也更深了一层。因此,帮助学习者理解目的语中的谐音文化是非常必要且有意义的。

(二) 汉语词汇与文化

1. 关于文化词语的讨论

语言随着社会的产生而产生,随着社会的发展而发展。词汇是语言要素中对各种变化最为敏感的部分,也是内涵最为丰富的部分,更是最能反映民族文化特点的部分。严格来说,不同民族语言的词义系统是无法类比的。词汇的意义,尤其是词汇的深层意义,只能在该文化本身的体系中得以体现。各民族的价值观念、思维方式、风土民情有所不同,对同一事物、同一概念的理解和表达也往往存在差异,因此会产生分歧,引起误会,影响交际的顺利进行。

案例 3-1-3 中国人的“恐龙病”

2012 年 1 月 9 日，《环球时报》发表的一篇题为《让“龙”重新代表中国形象》的文章颇耐人寻味。文章作者赵启光是美国卡尔顿大学的教授。事情的缘起是这样的：由于新版龙年邮票上的“龙”看起来十分“凶猛”，国人议论纷纷，不少人担心“龙”会向世界传达出一个专横的中国形象。因为这种担忧，有些国人甚至提出“弃龙”的主张，理由是“龙在西方是邪恶的”。

无独有偶，国人对“龙”的恐慌在评选北京奥运会吉祥物时已显露出来：2004 年评选委员会剔除了六个候选形象之一的“中国龙”，理由是“中国龙的概念非常硬朗，但它有王权、皇族的特征，亲和力较差，在一些西方人眼中的形象也不是很好”。令人遗憾的是，事实证明，最终确定的奥运会吉祥物的选择方案并不完美[①]。奥运会结束后，“奥运福娃”即消失在人们的视线中——并没有像澳大利亚的“拳击袋鼠”那样在国家的社会生活中继续发挥文化的影响，其原因正是“奥运福娃与中国传统文化标识没有任何指涉”[②]。

赵启光在文章中指出，近年来中国人似乎得了“恐龙病”，由于担心被误解，龙的传人被自己的影子吓坏了。他对“弃龙”的观点进行了严厉的批评，并高屋建瓴地指出，在国际传播中，既要用西方人听得懂的语言讲述我们自己的故事，也要坚守自身文化的特色。“从这一角度出发，龙过去、现在、未来都应是中华文化的象征。”

“龙”之所以引起人们讨论甚至争论，根本原因是它在不同语言中的文化含义不同。汉民族在上古时代就把“龙”作为崇拜的图腾。在古人的心目中，“龙”是神，能腾云驾雾，兴云降雨，象征着神圣吉祥。汉族自古把龙奉为祖先的化身，自称“龙的传人”。在中国封建社会，龙代表皇权，象

① 2008 年北京奥运会的吉祥物是奥运福娃，其原型为鲤鱼、熊猫、圣火、藏羚羊和京燕。它们的名字分别是“贝贝”“晶晶”“欢欢”“迎迎”“妮妮”，取它们名字中的一个字组成谐音“北京欢迎你”。

② 贾磊磊：《全球化语境中的跨文化表达——论非文字类文化符号的传播效应》，《现代传播》，2011 年第 12 期。

征“权威、力量、高贵、吉祥”。中国古代帝王常被称为“真龙天子”，是龙的化身。龙在汉文化中享尽美誉，蕴含着诸多褒扬语义。汉语中，“望子成龙”“鲤鱼跳龙门”等隐喻都含褒义，而 dragon 在西方传统文化中是一种形似蜥蜴，口中喷火，长着翅膀，身上有鳞的巨大怪兽，是邪恶的象征。在西方文化中，the old dragon 已成为“恶魔”的代名词。

鲁宝元认为，各民族的文化对本民族语言中词义的衍生存在影响，所以在表示同一事物的词不同民族语言中有时会衍生出不同的意思来。比如，汉语“喜鹊”一词衍生出来的意思是“报喜的鸟”和“为男女相会搭桥的鸟”。所以，当中国人听到喜鹊的叫声时，会觉得有喜事临门，非常吉利，民间也有“喜鹊叫，好事到”的说法。民间故事《牛郎织女》说每年农历七月初七的晚上，喜鹊在银河上搭起鹊桥，让牛郎织女相会，“喜鹊”因此成为男女相会的媒介。而在英语文化中，喜鹊(magpie)有“坏兆头、碎嘴、饶舌、爱唠叨”等喻义，如英语中有“magpie that chatted, no omen so black.”(鹊噪是最坏的兆头)的说法。不同民族从不同的角度看待喜鹊，“喜鹊”一词衍生出来的意思也不同。在跨文化交际中，应特别注意不同民族语言中表示同一事物的词所衍生出来的不同意思，这种衍生意义即为词语的文化含义。

陈光磊在《语言教学中的文化导入》一文中将语言文化因素分为语构文化、语义文化和语用文化。其中，语义文化是语言的语义系统所包含的文化内容和所体现的文化精神，与词汇的关系最为密切，主要指词汇中所包含的社会文化意义，是语言文化因素中数量最多的一种表现形式，因此是语言文化因素教学的重点。陈光磊认为语言教学中应注意的语义文化主要有以下五个方面[①]：

(1) 一个民族文化中特有的事物与特有的概念在词汇

① 陈光磊：《语言教学中的文化导入》。

及语义上的呈现,如中国人的二十四节气、春节等民族传统节日的词汇及其文化涵义的表达;文化遗存积淀而来的独特词语,如“红娘”“气功”等;

(2) 不同语言中指称意义或语面意义相同的词语在文化上可能有不同的内涵意义,如汉语常以“松”“竹”“梅”作为人品高洁的象征,但在其他语言中不一定有此意义;

(3) 词语在文化涵义上的不等值性,如汉语和英语的“周末”(weekend)所指时限不同、汉语“知识分子”所指比英语 intellectual 一词的范围更广;

(4) 不同文化对同一对象所作的观念划分的差别在词汇及语义上的显示,如英语中一个 uncle 就统括了伯父、叔父、姑父、舅父、姨父等男性长者;

(5) 体现一定文化内容的定型的习用语,包括成语、惯用语、歇后语、俗语及一些习用语句,如“什么风把你吹来了?”等。

上述内容,第二语言学习者仅从字面上看,是不能完全理解的,因此需要老师点明其涵义。

胡明扬将直接影响语言学习与使用的文化因素在词语方面的体现归纳为六个方面①:

(1) 受特定的自然地理环境制约的语汇,如“梅雨”“梯田”“戈壁滩”“熊猫”等;

(2) 受特定的物质生活条件制约的语汇,如“馒头”“木须肉”“旗袍”“大褂”“四合院”“堂屋”“炕”“窑洞”“板车”等;

(3) 受特定的社会和经济制度制约的语汇,如“科举”“干部”“支书”“个体户”以及一系列亲属和社交称谓等;

(4) 受特定的精神文化生活制约的语汇,如“虚岁”“冲喜”“积德”“鹊桥”“红娘”“阿 Q”以及成语、熟语,如“一日三秋”“柳暗花明”等等;还有相当数量的普通语汇凝聚着鲜明

① 胡明扬:《对外汉语教学中的文化因素》,《语言教学与研究》,1993 年第 4 期。

的民族文化内容，如“狗”“龙”“龟”“松”“竹”“梅”“红”“黄”等；

(5) 受特定的风俗习惯和社会心态制约的表达方式，如谦辞和敬辞、问候语、祝贺语、礼貌语言、禁忌语、迷信语言等；

(6) 受特定的认识方式影响的语言习惯，如认识事物从大到小，按事件的先后发生顺序组织词语，按先原因、条件，后结果的顺序组织分句，等等。

这六个方面深受文化因素的影响，是我们在对外汉语教学中应优先考虑的内容。

由于许多词语在特定的语言环境和情景中都会产生一定的文化涵义，不少学者将这类词语称为“文化词语”，并对文化词语的界定和分类进行了探讨。

陈建民认为，文化词语是蕴含社会文化意义的词语，文化意义则指社会所赋予词语的引申义、比喻义、联想义、象征义、感情色彩与语体色彩以及特有的含义。文化词语，是词汇中最活跃的部分，总是同民族的文化背景、心理表质、习俗民情、社会制度的变革和社会生活的变化密切相关，随着社会的变化而变化①。

① 参见陈建民为常敬宇《汉语词汇文化》(北京大学出版社，1995 年)作的序。

常敬宇认为，文化词汇与一般词汇的区别有两点：一是文化词汇本身载有明确的民族文化信息，并且隐含着深层的民族文化含义；二是文化词汇与民族文化(包括物质文化、制度文化和心理文化)有各种关系。这里的各种关系指：(1) 有些词语是文化的直接反映，如龙、凤、华表等；(2) 有些词语是文化的间接反映，如红、黄、白、黑等颜色词及松、竹、梅等象征词语；(3) 有些词语与各种文化具有渊源关系，如典故词语等。常敬宇在《汉语词汇与文化》一书中对词语的文化意义进行多角度的阐述，材料翔实，论述充分，对文化词语教学具有重要参考意义。

王国安将文化词语定义为“那些直接反映中国独特文化（包括精神文化和物质文化）的词语”，他将感情色彩、修辞效果及语义转移等因素作为词语附加意义的途径。根据这个定义，他将文化词语分为四大类：(1) 表现中国独有的物质文化的词语，如华表（建筑）、月饼（饮食）、八仙桌（器具）、旗袍（服饰）；(2) 表现中国独特的精神文化的词语，如禅让（历史）、儒道（学术）、比兴（文艺）；(3) 表现中国独特的社会经济制度的词语，如尚书、举人（官职科举）、菩萨（宗教）；(4) 反映中国独特的风俗、习惯的词语，如重阳（时令）、踏青（习俗）[①]。

孟子敏将具有文化意义的词或短语称为“文化词语”，这里的“文化意义”是指“社会赋予词或短语的感情色彩、风格意义、比喻意义、借代意义以及特有的概念意义”，孟文将文化词语划分出动物、植物、人物、服饰、饮食、颜色、方位、数字、时间等 24 个小类[②]。

杨德峰认为，文化词语是指在一定的文化背景下产生的词语，或与某种特定的文化背景相联系的词语。从字面上很难理解或准确地理解这些词语的意思，换句话说，字面上的意思不是它们的真正的含义，要理解它们，必须结合一定的文化背景。他将文化词语分为 15 类：历史（禅让、文景之治）；地理（梅雨、梯田）；政治制度（休养生息、精神文明）；宗教（菩萨、罗汉）；人物（诸葛亮、慈禧太后）；文艺（八股文、比兴）；服饰（旗袍、乌纱帽）；饮食（饺子、年糕）；节令（春节、清明）；习俗（踏青、乞巧）；礼仪（万福、请安）；器具（花轿、八仙桌）；建筑（四合院、石库门）；成语、俗语和谚语（井底之蛙、三天打鱼两天晒网）；其他（媒人、下海）[③]。

李明在《对外汉语词汇教学与习得研究》一书中将学者们讨论的结果概括为三种意见：第一，侧重强调文化词语的

① 王国安：《论汉语文化词和文化意义》，载《中国对外汉语教学学会第五次学术讨论会论文选》，北京语言学院出版社，2006 年。

② 孟子敏：《对外汉语教学中的文化词语》，载《词汇文字研究与对外汉语教学》，北京语言文化大学出版社，1997 年。

③ 杨德峰：《汉语与文化交际》，北京大学出版社，1999 年，第 134—139 页。

国俗内容：认为词汇中能够反映特殊民族文化内容的那部分词是文化词，如表现中国独有的人名、地名、物质文化、精神文化、风俗、礼仪等内容的词语；第二，侧重强调文化词语的附加意义和文化背景语境含义：认为词语在理性意义之外又附加了感情色彩、语体风格色彩及词语的比喻意义、引申意义、象征意义等，这些词语的独特文化内涵在其他语言中可能并不存在或者有所不同，一般无法与外族语言进行对等翻译，如有些动物词、数词、颜色词、植物词的附加文化意义等；第三，是将上述两种词语统称为文化词语。她认为，文化词语"是指那些比较直接地反映中国独特文化的词语，包括独特的物质文化与独特的精神文化等"。这些词语是汉语里特有的，在英语或西方语言里很难找到等值词或完全对等的表达方式，例如饺子、馒头、油条、旗袍、梅雨、四合院、炕、个体户、户口、窑洞、下海、三好生等。显然，她更倾向于第一种意见，即侧重于强调文化词语中的国俗内容。李明认为，汉语里除了具有大量的特有文化民族词语以外，还有相当多的一般普通词语除了其基本意义以外，又蕴含着鲜明的特殊文化义。这些词除了字面概念意义以外，往往有很明显的文化内涵附加义，包括比喻意义、象征意义、联想意义、双关意义、谐音意义、褒贬感情色彩等。这些文化内涵义与色彩已经比较固定地与相关的普通词语联系在一起，在长期使用中约定俗成，基本上属于词语的语言义的范畴，这些特有附加义在词典中往往有所标示。例如：颜色词"红"表示欢快喜庆，数词"四"谐音"死"，因此有不吉利的含义等①。这类词语虽不在李文所界定的"文化词语"范围内，但由于其具有特定的文化含义，教师在教学中应帮助学习者了解这些词语的文化意义，从而使他们的跨文化交际更为顺利。

① 陈明：《对外汉语词汇教学与习得研究》，中国大百科全书出版社，2011年，第121—122页。

通过对现有文献的梳理可以发现，目前学者们对文化词语的界定和分类尚未达成共识。我们倾向于将汉语词汇中能够反映独特的民族文化内容的词称为“文化词语”，这些词语具有中国特色，在其他语言中可能并不存在，因而很难找到直接对应的词，对二语学习者来说有一定难度，教师在讲解时要格外留心。

2. 词语文化含义的教学

在课堂教学中，文化词语的教学固然重要，但更需要关注的是带有文化内涵附加义的汉语词汇。这类词在其他语言中存在，意义却有所不同。学习者如果不了解这类词语的文化含义，很容易在使用中出现问题或产生交际障碍(引起偏差或误解)。因此，带有文化内涵附加义的词语应该是我们教学的重点。

一位年轻女教师讲述了自己的一段经历：有一次，一个美国留学生帮了她的忙，为了表示感谢，她请学生去饭店吃饭。服务员把菜单拿来之后，老师问他爱吃什么，那个学生铿锵有力地说：“老师，我最爱吃豆腐！”旁边的服务员听了忍不住笑了起来。女老师有些尴尬，学生则莫名其妙，直到老师告诉他“吃豆腐”在汉语中有“调戏女性”的意思，他才恍然大悟，连忙道歉。再如：由于不了解词语的感情色彩和使用对象，学生说出“安娜汉语学得最快，她是我们班最狡猾的学生”“我的汉语老师很热情，常常当面奉承我”“老师，我很欣赏你的课”之类的句子。产生这些偏误的原因是不了解词语的文化含义和使用对象。

除了词语背后的文化含义外，在教学中我们还要学生注意语言的使用规则。比如：一个学生学习了“光棍”一词后，在课堂上造句时说：“我的老师是个光棍。”因为他的老师是男性，而且还没有结婚。这个句子虽然没有语法问题，表达却很不得体,这是因为学生只知道“光棍”是“没有妻子的男人”,而不了解这个词的感情色彩和使用场合;同样,一个学生去老师家拜访时,一进门就问“老师,您媳妇在家吗?”这句话令老师哭笑不得。这些例子形象地说明了语言使用要遵守一定的文化规约,要明确词语的使用场合和对象,不然就会在交际中出问题。

由于不同国家民族的价值观念不同,对词语意义的理解和认识也有所不同。在跨文化交际中,如果不了解对象国文化的特点,就会出现问题。下面,我们通过具体案例加以说明。

案例 3-1-4 令人气愤的“祝寿”诗①

① 该案例来源于毕继万:《跨文化交际理论研究与应用》,第 156 页。

在一个中德合资企业,中方经理为即将退休的德方经理写了一首生日“祝寿”诗,让德方经理的中国翻译译成英语。这首诗的前两行是“夕阳无限好,何愁近黄昏”。英语直译的意思是“The setting sun has boundless beauty;there is no need to worry about the coming dusk.”。这位中国翻译将这两行诗译成“ Most glorious is the sunset. Even the dusk is blessed.”。出乎她意料的是,德方经理见到这首诗时竟然大为震怒。他气愤地说:“这两句话的意思是劝我不要因年老而悲伤,这是告诉我生命的终点快到了。sunset(夕阳)和 dusk(黄昏)都是寓意‘死亡’。这种词语的使用让人感到惶恐不安。”

案例中的中方经理大费周折地为合作伙伴写诗祝寿,原本是为了表达自己的善意,促进双方的友好合作关系,没想到弄巧成拙。因为翻译不知道 sunset 和 dusk 在德国文化中有“死亡”的寓意,难怪德国经理十分生气。由此可知,汉语中人们常用的诸如“黄昏恋”(love between an elderly couple)、“安度晚年”(lead a happy life in old age)之类的词语在跨文化交际中也要谨慎使用。

民族文化不同,人们对待“年老”的认识和态度也不同。中国人认为年长者生活阅历丰富,有更多的人生经验和待人处世的智慧,因而中国有尊老敬老的习俗,与“老”相关的词语大多含有褒义,如“元老”“老寿星”“老有所为”“老当益壮”“老马识途”“老骥伏枥”“宝刀未老”等都是对老人的赞扬;反映在称谓语中,称年长且德高望重的人为“刘老”“张老”,隐含着对对方的敬意,而被称呼的人因了解其中的含义而乐于接受。在公共场合看到年长者,中国父母会教自己的孩子称对方为“爷爷”“奶奶”,因为在他们看来,这样打招呼既亲切又礼貌。但在西方一些国家,人们忌讳说“老”,因为“老”意味着“衰老”“无用”,被陌生人称为“爷爷”“奶奶”会令他们不悦或沮丧,将亲属称谓用于没有血缘关系的人也是这些国家的汉语学习者难以理解的。

综上,词汇是语言要素中最易受时代与社会影响的部分,也是文化承载量最为丰富的要素。当教师为第二语言学习者讲授语言知识,进行语言技能训练时,应有意识地与文化因素教学结合起来。在进行词汇教学时,教师应既教语言又教文化,讲清词语中的文化意义。学习者只有了解词语的文化内涵,明确使用对象和使用场合,才能在交际中准确而得体地用目的语进行交流。

(三) 小结

语言是文化的载体,每一种语言都蕴含着丰富的文化内涵,不同的文化必然会在语言上折射出一定的差异,语言学习离不开语言文化内涵的学习。通常来说,语言包括语音、词汇、语法和文字四个要素。由于篇幅所限,我们主要从汉语语音和汉语词汇两个方面对语言中的文化内涵进行讨论。通过对前期研究资料的梳理和分析，我们对语言与文化、语言教学与文化教学的关系的认识会更清晰，对语言课中文化教学的内容和意义会有更深的理解。

二、非语言交际中的文化

人类交际是由语言交际和非语言交际组成的，非语言交际是交际过程中不可缺少的组成部分，作用同样不容忽视。绝大多数研究专家认为，在面对面交际中，信息的社交内容只有35%左右是语言行为，其他都是通过非语言行为传递的[①]，这说明非语言交际的重要性。在跨文化交际中，非语言交际行为和手段发挥着重要的作用，与语言交际形式相配合，共同传递交际双方的信息。

① 毕继万：《跨文化非语言交际》，第3页。

(一) 非语言交际的定义、类别与特点

1. 非语言交际的定义

较早对非语言交际进行研究的是跨文化交际学界和外语教学界学者。霍尔的《无声的语言》(Hall, *The Silent Language*, 1959)可谓跨文化交际领域的奠基之作。国内较有影响的研究成果有耿二岭的《体态语概说》、毕继万的《跨文化非语言交际》等。关于非语言交际定义，学者们的观点不尽相同，毕继万、祖晓梅将其总结如下[②]：

② 参见毕继万：《跨文化非语言交际》，第1页；祖晓梅：《跨文化交际》，第114—115页。

(1) 非语言交际是不用言词的交际(Malandro et al, 1989)；

(2) 非语言交际是不用言词表达的、为社会所公认的人的属性或行动，这些属性和行动由信息发出者有目的地发出或被看成是有目的地发出，由信息的接收者有意识地接收并可能进行反馈(Burgoon&Saine, 1978)；

(3) 非语言交际指的是在一定交际环境中语言因素以外的,对输出者或接受者含有信息价值的因素。这些因素既可人为地生成,也可由环境造就(Samovar et al,1981);

(4) 通过多种交际渠道进行有意和无意的编码与解码的非语言行为(Ting-Toomey,1999);

(5) 一切不使用语言进行的交际活动统称为非语言交际(胡文仲,1999);

(6) 非语言交际是语言交际以外的交际行为和方式(毕继万,2009)。

上述六种定义的共同之处,是都强调了非语言交际主要依靠交际行为或交际手段,而不是语言;另外,既然是交际,必然涉及双方,即信息的发出者(编码者)和接收者(解码者),交际双方是互动的。

2. 非语言交际的类别

非语言交际的种类较多,当前学界对非语言交际的分类也不尽相同。在此,我们主要介绍与第二语言教学研究直接相关的观点。

毕继万从跨文化交际和第二语言教学角度将非语言交际分为以下四类[①]:

第一,体态语(body language),包括基本姿势(姿势和身势)、基本礼节动作(如握手、拥抱、微笑、体触等)和人体各部分动作(如头部动作、面部动作、目光交流等)所提供的交际信息。

第二,副语言(paralanguage),也称类语言和伴随语言,包括沉默、话轮转换(turn-taking)和各种非语言声音。

第三,客体语(object language),包括皮肤的修饰、衣着和化妆、个人用品的交际作用、家具和车辆所传递的信息。

第四,环境语(environmental language),包括空间信息

① 毕继万:《跨文化交际与第二语言教学》,北京语言大学出版社,2009年,第339—340页。

(如拥挤、近体距离、领地观念、空间与取向、座位安排等)、时间信息、建筑设计与室内装修、声音、灯光、颜色、标识与符号等。

他认为以上四类中,前两类为“非语言行为”,后两类为“非语言手段”。研究不同文化的非语言交际特征和功能时,可以从这四个方面进行对比分析。

祖晓梅认为与跨文化交际密切相关的非语言交际主要有以下四类[①]:

第一,体态语(body language),又称为身体语言,包括外貌服饰、面部表情、眼神交流、手势、姿势、身体接触等;

第二,副语言(paralanguage),又称伴随语言,指伴随语言发出的没有固定语义的声音,包括音高、音量、语素、话轮转换(turn-taking)等;

第三,时间观念(chronemics),又称时间学,指人们如何对待和使用非正式的时间,例如人们对准时、预约、计划性、最后期限等问题的看法和处理方式等;

第四,空间利用(proxemics),又称距离学,包括个人空间、人体距离、座位安排、家具排列等方面。

可以看出,两位学者的分类标准略有不同,毕继万先生将外貌服饰、个人用品等单独划分出来,将其归为非语言手段中的客体语,这样划分更有利于我们在跨文化交际和二语教学中关注到客体语在交际中的作用。

3. 非语言交际的特点

陈国明认为,非语言交际的主要功能是支援语言交际,对语言信息起着重复、补充、代替、规范和否定等作用[②]。祖晓梅在《跨文化交际》一书中,将非语言交际的特点概括为以下四个方面:

第一,非语言行为可能是有意的,也可能是无意的;

① 祖晓梅:《跨文化交际》,第 115 页。

② 转引自祖晓梅:《跨文化交际》,第 118 页。

第二,非语言行为具有文化规约性,即每种文化的非语言行为都有特定的含义和规则;

第三,非语言行为受语境制约,语境包括交际双方的性别、年龄、性格、教育程度等;

第四,非语言行为具有模糊性。

上述特点说明非语言交际行为具有一定的不确定性:首先,它未必是主体有意识的行为;其次,同一种非语言行为在不同语境下,人们对它的理解会有所不同;第三,很多时候我们无法确定非语言行为的真正含义。由于这种不确定性,在跨文化交际时,人们可能会误解对方的行为。更为重要的是,由于非语言行为是由文化塑造而成的,文化不同,非语言交际行为的形式和含义也会不同。一种文化中善意的表示在另一种文化中可能触犯了对方的禁忌,比如:在中国,人们遇到朋友或熟人带着孩子,上前打招呼时可能会摸摸孩子的头。这个行为在中国人看来无伤大雅,传达的是对孩子的喜爱。但在泰国、柬埔寨等信仰佛教的国家,摸别人的头却是禁忌,因为在他们看来头部是最为尊贵的,是心灵的住所,普通人没有权利触碰。如果我们忽视非语言交际行为的文化差异,结果会导致误解,甚至冲突。

(二) 非语言交际与第二语言教学

非语言交际与文化有着密切的关系,大多数非语言交际行为是在长期的文化积淀下形成的固定模式,是文化习得的结果,也就是说,非语言行为的形成和效果往往是由文化环境所决定的。因此,了解非语言交际与文化之间的关系至关重要。

第二语言教学的目标是提高学习者的跨文化交际能力,而要成功地与不同文化的人进行交际,应了解对方非语言交际行为和非语言交际手段所传递的信息,对文化差异较大的非语言交际行为要更加明确,避免自己的行为触犯他人。遗憾的是,在汉语作为第二语言教学中,我们通常对语言形式中的文化关注较多,而非语言交际形式背后的文化常常被我们忽视。

本节我们将简要说明非语言交际教学的主要内容,结合具体教学案例分析教学方法。

1. 非语言交际教学内容

非语言交际教学在中国是一个较新的课题,需要我们在提高认识的基础上进行相应的探索。我们认为,非语言交际的教学内容应关注以下两个方面:

第一,目的语中体现的非语言交际行为。

这是非语言交际行为在语言中的表现,比如"捧腹大笑""手舞足蹈""愁眉苦脸""目瞪口呆"等词语是对体态语的直接描述;"东施效颦""结发夫妻""赤绳系足"等是由体态语引申出的成语典故。耿二岭在《体态语概说》一书中列举了 37 种体态语语义引申的例子,如下表:

<table>
<tr><td rowspan="10">体态语</td><td rowspan="2">走着瞧</td><td>字面义</td><td>一边走路一边看</td></tr>
<tr><td>引申义</td><td>暂时不与对方论高低,到最后再看胜负</td></tr>
<tr><td rowspan="2">小动作</td><td>字面义</td><td>幅度不大的姿态动作</td></tr>
<tr><td>引申义</td><td>为个人某种狭隘的目的,在人背后从事不正当的活动</td></tr>
<tr><td rowspan="2">露一手</td><td>字面义</td><td>显露出一只手</td></tr>
<tr><td>引申义</td><td>显示某种本事给人看</td></tr>
<tr><td rowspan="2">高抬贵手</td><td>字面义</td><td>把尊贵的手抬得高高的</td></tr>
<tr><td>引申义</td><td>对人宽容、原谅或饶恕</td></tr>
<tr><td rowspan="2">戳脊梁骨</td><td>字面义</td><td>用手指触碰别人的脊柱</td></tr>
<tr><td>引申义</td><td>在某人背后议论、指责或谩骂</td></tr>
</table>

针对上述内容,教师在课堂教学中应结合语境为学生讲解这些词语的字面义和引申义,针对成语典故,最好利用图片或相关视频进行讲解,以便让学生理解并记忆。讲解之后,应设计相应的练习形式帮助学生巩固这些词语的意义和用法,确保他们能正确使用。

第二,目的语文化的非语言交际行为或手段的含义和功能。

跨文化交际过程中,非语言交际因文化差异而引起交际误解有时比语言交际带来的冲突更让人难以接受。将非语言交际教学列入第二语言教学内容的关键在于教师的跨文化意识。汉语教师应认真研究母语文化和他者文化的非语言行为的表现和交际规则,比较学习者母语文化与目的语文化之间非语言交际行为和手段的文化差异,采取有效的方法引导他们发现和总结目的语文化非语言交际的特点。接下来,我们将以实际的教学案例进行说明。

2. 非语言交际教学案例

在第二语言教学中,为学习者介绍非语言交际行为(如体态语)和非语言交际手段(如客体语)最有效的方法是利用影视作品。影视作品通过声音和图像展现了大量语言和非语言交际形式,对其展示的语言和非语言交际形式背后所蕴含的文化内涵进行分析,有利于提高学习者的跨文化交际能力。

案例 3-1-5　“沉默”的力量[①]

【场景】清晨,伟同一家、赛门和葳葳正在吃早餐。

伟同父亲:伟同啊,今天有什么安排没有?

伟同:……下午我们去结婚。

伟同母亲:结婚?!

① 选自李安导演的电影《喜宴》,影片内容可见案例 2-1-2 的附注说明。

伟同父亲：结什么婚?!

伟同：我跟葳葳结婚啊！你们到这儿，不就是为了参加我们的婚礼吗？

伟同母亲：你说就今天下午结婚？

伟同：不今天办了，还拖到什么时候？我结婚证书早就办好了，又跟这里的市政府订好了，今天下午两点举行公证仪式，就是为了配合你们昨天来嘛……

伟同母亲：伟同，我和你爸大老远跑来，你办事怎么可以这么草率呢？

伟同母亲：这是终身大事，人一辈子才结婚一次，你不为自己想也要为新娘子想啊！我们光在台湾就收了美金三万多的礼金，这趟全带来了，就是给你办喜事用的。你这个样子，我们怎么回去跟人家交代嘛！

餐桌上的气氛原本十分融洽，直到伟同宣布一个“爆炸性”消息——下午要和葳葳去公证结婚，气氛一下子紧张起来。伟同的父母十分震惊。母亲在表示不解和不满的同时，一直劝说伟同对婚姻大事不能这么草率；而身旁的父亲眉头紧锁，始终保持着沉默。显然，父亲的“沉默”并不是空白，正所谓“此时无声胜有声”，这是一种无声的抗议。父亲的沉默令伟同胆战心惊，他明显感受到了“沉默”的力量。这种无形的压力使伟同不得不小心翼翼地观察着父亲的脸色。最后，父亲只说了一句：“年轻人长大了，有他们自己的意见，爱怎么办就怎么办！”说完，甩下餐巾拂袖而去。父亲虽然嘴上表示“不干涉”他们，但他的动作行为(即体态语)恰恰是对其语言表达的直接否定，暴露出他内心真实的情绪——愤怒和失望，这体现出非语言交际行为特点和作用。

“沉默”在不同文化中的含义不同，不同文化的人对“沉默”的态度也不同。在高语境文化的中国，“沉默”的含义十分丰富,可以是默许,可以是拒绝,也可以是抗议,作为情境中的一个元素,“沉默”要和其他元素相结合才能有更完整而准确的含义。严文华指出,中国人表达情绪和情感的典型方式是含蓄,即使不是在公共场合而是在家中,情绪和情感的表达仍然受到诸多限制,尤其是在父母和已成年的儿女之间①。伟同父亲以“沉默”的方式表达内心的抗拒,正反映了中国人含蓄的表达特征。

① 严文华:《跨文化沟通心理学》,上海社会科学院出版社,2012 年,第 181—182 页。

当然,每种文化对“沉默”的态度是不同的。在有些文化中,“沉默”被看作是无话可说、不愉快、应该被打破的,往往带有负面含义。在课堂教学中,我们可以利用这个片段说明“沉默”这种非语言行为在中国文化中的含义,避免学习者在跨文化交际中产生误解。

案例 3-1-6　传情达意的“环境语”

非语言交际手段的功能同样不容小觑。笔者曾指导研究生分析陈凯歌导演的电影《和你在一起》的文化内容,特别关注了影片中的非语言交际的特点和作用②。下面,我们以影片中的“环境语”为例加以说明。

② 王默:《以影视作品为内容的对外汉语课堂教学实践——以电影〈和你在一起〉为例》,北京外国语大学硕士学位论文,2014 年。

【场景 1】小春的家乡

电影一开始,映入观众眼帘的便是一个宁静的江南小镇,白墙灰瓦的民居楼被薄雾笼罩着,充满着闲适恬淡的气息。小镇首富德宝叔的儿子要出生了,镇上的人都欢聚在德宝叔的家中为他庆祝,在欢乐的气氛中人们体会到乡亲邻里之间和谐亲近的关系,这种其乐融融的景象为这座江南小镇赋予了温暖的气息。

与小镇形成鲜明对比的,是北京颇具现代气息的建筑风格和紧张的生活节奏,与温暖和充满人情味的小镇不同的是,北京高楼大厦线条凌厉,让人隐隐产生出疏离之感。

相比于北京,江南小镇的温暖才更符合我们对“家乡”的想象。这种对比,使观众更能理解小春最后义无反顾地选择和父亲回家的心情,也突出了电影的“亲情”主题。

【场景 2】莉莉的房间

莉莉是小春到北京后认识的一个年轻漂亮的姑娘,是小春朦胧的初恋。小春第一次到莉莉家时,导演给莉莉的生活环境以特写:房间的墙上挂着一幅她男朋友的巨大单人照片,房间色彩以大红为主,红色的桌布,红色的床单,红色的座椅,家中物品摆放凌乱,让人感到没有下脚的地方。

在教学中,我们将这个画面定格,让学生观察莉莉的生活环境,并用问题引导学生思考:

(1) 莉莉的房间有什么特点?(从色彩、家具摆设方面看)

(2) 从她的生活环境来看,她可能是哪种性格的人?有哪些特点?

(3) 后来她的房间有哪些变化? 说明了什么?

莉莉的房间——环境语,正是她内心状态的外在表现,环境衬托出她是一个爱慕虚荣又玩世不恭的姑娘,她极力追求物质生活的享受,内心却十分空虚。随着故事情节的展开,我们看到莉莉内心的焦虑和痛苦:她盲目信任并依赖自己倾心的男人,却不时被这个男人欺骗,她满心憧憬的爱情最终以“背叛”收场。

而影片的后半部分,当莉莉决定放弃以前的生活方式,踏踏实实过日子后,她变得沉静了许多,衣着打扮由艳丽变为淡雅,房间的主色彩由夸张的大红变为洁白,家中的陈设也变得简单而整齐,这样的设计体现出人物内心的变化。

【场景 3】两位老师的房间

影片在塑造小春的两位老师(江老师和余教授)时也借助了“环境语”:不修边幅又桀骜不驯的江老师在世人眼中

绝不是一个成功人士。他住在一座大杂院,生活条件恶劣。一直单身的他收养了几只流浪猫,脏衣服到处乱放,家中杂乱不堪。而不拘小节的他却绝不允许把脏衣服放在钢琴上,这个细节体现出他对钢琴的“敬畏”及对音乐发自内心的热爱。严格、苛求的余教授是音乐学院的知名教授。作为一名成功人士,他穿着讲究,生活条件优越,家中干净、整洁,所有物品都规整地摆放在合适的位置,但是整体布局和色调却显得过于冷清,衬托出余教授冷漠、严肃和刻板的性格。

在教学中,我们选取这几个场景引导学生通过观察和思考体会影片中环境语的含义和功能。优秀的影视作品都蕴含着丰富的文化内容,教师应明确教学目标,依据教学目标对影片进行重新解构和演绎,使其成为有效的教学资源,本节我们对“环境语”功能的介绍即为其中一例。

(三) 小结

非语言交际是人类交际的重要组成部分,也是跨文化交际的重要形式之一。非语言交际具有鲜明的文化特征,要顺利地与目的语文化的人进行交流,学习并了解目的语文化的非语言交际行为和手段的含义是必要的。在第二语言教学中,非语言交际的内容主要包括两大类:第一是非语言交际行为在语言系统中的表现;第二是非语言交际行为或手段的含义和功能。相比之下,第二类内容的文化性特征更为明显,受语境的影响更为直接,因此,借助影视作品进行讲解是比较有效的方法。

需要指出的是,在第二语言学习或跨文化交际研究中,人们出于学习和研究的需要不得不对同一国家、同一民族的非语言交际行为做综合和概括,力图归纳出一些有代表性的非语言交际行为。然而,在实际交际中,人们必然会发现,同一国家或民族的人非语言交际行为并不是完全一样的,甚至在同一地区,不同职业、不同年龄层次和不同文化水平的人之间也千差万别[①]。也就是说,非语言交际行为虽具有民族性和传承性,但也有个体差异,不能一概而论。

① 毕继万:《跨文化非语言交际》,第9页。

第二节 汉语教材中的文化

一、汉语作为第二语言的文化教材

(一) 文化教材的定义和类别

1. 文化教材的定义

第二语言教学活动中,教师、学习者和教材是构成从教到学这一过程中的三个要素。教材是课堂教学的主要内容,也是学习者课后学习的主要材料。教材在教学活动中的重要性不言而喻。对教材的开发建设、分析评价及正确使用等相关问题受到学界的广泛关注,研究内容主要包括:对教材编写原则和编写理论的探讨、对教材构成诸要素(生词、练习、课文等)的思考与量化分析、对教材的评估与使用、对教材创新问题的研究与展望、对教材的评估与使用等,成果颇为丰富。这些研究反映出学界对教材编写与使用的重视。

20世纪80年代以来,第二语言文化教学的研究日益得到重视,文化教学研究不再局限于理论层面的探讨,也着眼于教材的编写实践。第二语言课堂教学中的文化教学主要有两种形式,第一是语言课中的文化教学,第二是专门的文化课教学。专门的文化课以系统介绍中国文化为主要内容,以为学习者提供必要的文化知识储备,加深他们对目的语国家的思维方式、审美倾向、民族心理、风俗习惯等意识形态的理解为目的。本文讨论的文化教材,专指那些为将汉语作为第二语言的学习者编写的,旨在帮助学习者较为系统地了解中国文化,同时提高他们的汉语水平和跨文化交际能力的教材。文化教材大多用于专门的文化课教学,也可以辅助语言课教学或为学习者课外学习提供帮助。

文化教材是课堂教学内容的承载者。一部好的教材,能够激发学习者的兴趣和热情,能够引导学习者跨越对教材本身的学习,走入社会,与所学语言的国家建立更深层的联系①。文化教材的具体内容体现了编写者对文化传播内容的选择,是编写者教学理念的直接体现。

那么,现有文化教材有哪些种类和特点,是否符合第二语言学习者的需求,文化教材应该选取哪些内容,如何呈现出中国文化的主要特点,如何展示出当代中国的风貌,如何促进不同文化之间的交流与互动等问题,都是需要我们思考和研究的。

2. 文化教材的类别

21 世纪以来,文化教材的出版数量增长迅速,在各个方面都呈现出崭新的面貌。郭力认为文化类教材的发展情况有三个特点②:(1) 品种内容走向丰富多样;(2) 出版形式展现立体多元;(3) 文化辅助教材渐成出版热点。

我们梳理了近二十年大陆出版的较有影响的文化教材,依据教材内容和特点,将其分为以下五类③:

第一类,是内容广泛的概况类文化教材。比如《中国文化读本》(宋柏年、施宝义,1999)、《中国概况》(王顺洪,2004)、《中国概况教程》(肖立,2009)、《中国概况》(郭鹏、程龙、姜西良,2011)等。以王顺洪编写的《中国概况》为例:该

① 李晓琪:《汉语教材建设与学科建设的关系》,《国际汉语教育(中英文)》,2017 年第 1 期。

② 郭力:《汉语文化教材出版现状与开发策略》,《国际汉语》,2011 年第 1 期。

③ 见附录一。"有影响"的标准:一是教材使用人数较多,多次再版;二是对教材内容的研究相对较多。另:下文对教材的介绍参考了教材的前言内容。

教材包括中国的国土、历史、人口、民族、政治制度、经济、科技、教育、传统思想、文学、艺术、习俗、旅游和国际交往在内的十四个主题,几乎包括了中国文化的方方面面。

第二类,是主题突出,有明显专业特色的文化教材。比如《中国民俗》(舒燕,2002)、《中国旅游与文化》(王秀琳等,2010)及北大版的留学生本科文化教程系列《中国古代文学史教程》(欧阳祯人等,2007)、《中国现当代文学史教程》(欧阳祯人等,2007)、《汉语古文读本》(王硕,2010)等。以《中国现当代文学史》为例:该教材共40课,分为现代文学和当代文学两部分。教材以著名作家和作品为纲介绍中国文学史的发展,介绍的作家包括鲁迅、郭沫若、丁玲、茅盾、巴金、老舍、曹禺、萧红、赵树理、张爱玲、钱钟书、王蒙等,涵盖了小说、诗歌、戏剧、散文等不同领域的代表性作家。由于文化教程系列主要针对本科留学生编写,其内容更为丰富、系统,编者将文学史的教学与对外汉语教学结合起来,设计了形式多样的练习题帮助学习者理解、记忆。

第三类,是语言学习与文化学习并重的教材。比如《汉语文化双向教程》(杨瑞、李泉,1999)、《体验汉语——文化篇》(曾晓渝,2006)、《说汉语谈文化》(吴晓露、程朝晖,2008)等。我们以《汉语文化双向教程》为例:该教材共16课,采取文化、结构和功能相结合的原则,力求把文化教学和语言教学结合起来,话题有发展中的中国、历史名城、古代帝制、中国的风水观念、北京的胡同、中国的天人观、中国神话、中国的园林艺术、老庄哲学、中国戏剧、中国相声和作家、中国的计划生育政策、中国妇女地位、中国人面子问题、中国人的人际关系和中国的乡情。每课课文包括“对话”和“短文”两部分,“对话”是“短文”的基础和铺垫,“短文”是“对话”的深入或照应。

第四类,是既有知识性的学习,又有实践性体验,重视学习者亲身参与的参与体验类文化教材。比如《学打太极拳》(白淑萍,2009)、《学做中国菜》(于鹏、焦毓梅,2009)、《学习中国书法》(童若春、谢国骥,2008)等。我们以《学做中国菜》为例:教材既讲授了中国菜烹调技巧,又介绍了中国饮食文化,如中国菜的色香味、八大菜系、特色菜、各地小吃、茶、酒及药膳等。每课设有"推荐絮语""制作过程""饮食文化""解释词语""说一说""做一做"和"词语链接"等版块,目的是丰富学习者的饮食文化知识,调动"手""眼""口"等各感觉通道,提高实际操作和交际能力。教材中的"制作过程"及"做一做"版块的设计体现出编写者重视学习者亲身参与和体验的理念。

第五类,是集文字、图像和声音为一体的教材。第一部配有 DVD 的多媒体文化教材是北京语言大学出版社推出的《中国文化百题》(《中国文化百题》编写组 ,2007),该教材荟萃了中国文化的精华,涵盖中国文明与艺术、中国风俗、中国儒释道、中国各地与中国民族、中国名胜古迹等内容。教材以简练生动的语言、清晰优美的画面,让学习者在直观了解中国文化的同时,领略中国文化的精神实质,可以称得上一部"立体的中国文化百科全书"。此外,还有一批以中国影视作品为内容的视听说类教材,比如《中国人的故事——中级汉语精视精读》(上、下)(余宁等,2009,2010)取材于中央电视台播出的同名纪录片,生动地展示了当代普通中国人的真实生活和精神风貌。视频解说词与课文一致,视频保留了片中人物的部分口语表达(课文则基本改为书面叙述语),既可以展示中国人日常交际中的真实口语状况,又可以提高学习者对中国人之间真实语言交际的听力理解能力,是学习者提高汉语表达技能,了解中国社会文化的媒介。

(二) 文化教材编写中存在的问题

近些年来,文化教材的编写与出版虽取得了一定的成绩,但存在的问题也不容忽视。郭力认为目前汉语文化教材的主要问题是:(1) 内容不够深入,缺少对精神文化的挖掘;(2) 内容单一,难度较大;(3) 缺少跨文化视角。

周小兵等学者指出"语言太难是中国文化教材的通病之一,也是难学难教的重要原因"。他们考察了九部文化教材①,从与国外文化教材对比的角度分析了现有汉语文化教材存在的问题。概括起来,有以下四个方面:

(1) 部分汉语文化教材对象不明确;

(2) 内容多为古代文化知识;

(3) 课文语言难度过高;

(4) 语言知识技能练习过多而跨文化交际体验型练习不足②。

分析来看,问题(1)和问题(3)不无关系:教材使用对象不明确是导致课文难度偏大的原因之一;问题(2)说明教材在内容方面存在"厚古薄今"的倾向;问题(4)说明教材在练习形式上没有突出外向型文化教材的特点,编写者的跨文化意识不足。

结合已有研究及教学实践中发现的问题,我们认为现有文化教材在内容方面存在的较为突出的问题主要有以下三个:

第一,教材定位不准确,内容大而全,对使用对象的设定比较模糊。

张英在《对外汉语文化教材研究——兼论对外汉语文化教学等级大纲建设》一文中指出,不少文化教材追求大而全,内容包罗万象,结果在整体上表现零碎,且缺乏针对性

① 这九部教材分别是:《中国文化》(韩鉴堂编著,国际文化出版社,1994年;北京语言大学出版社,1999年);《文化中国·中国文化阅读教程》《解读中国·中国文化阅读教程》(王海龙著,北京大学出版社,2002年);《中国传统文化与现代生活》Ⅰ、Ⅱ(张英、金舒年主编,北京大学出版社,2003年、2004年);《中国文化读本》(中国教育部课程教材研究所和对外汉语课程教材研究开发中心编著,人民教育出版社,2007年);《中国文化常识》(任启亮著,中国旅游出版社,2004);《中国文化面面观》(梅立崇、魏怀莺、杨俊萱编,华语教学出版社,1993年);《说汉语谈文化》(吴晓露主编,北京语言大学出版社,1994年);《中国视点》(余宁编著,北京语言文化大学出版社,2000年);《汉语文化双向教程》(杨瑞、李泉编著,北京语言大学出版社,1999年)。

② 周小兵、罗宇、张丽:《基于中外对比的汉语文化教材系统考察》,《语言教学与研究》,2010年第5期。

和内在的逻辑性。教材定位的不准确也反映在教材的编写体例上,目前编写体例主要有三种:其一,是与语言教材接近的编写体例,即分为课文、生词、注释、练习等几个部分;其二,是专业教科书的编写体例,即分章、分节介绍;其三,是分为若干文化专题,类似于讲座的编写体例。教材的编写体例与使用对象之间并没有体现出相互对应的条件。有些教材对课程类型、学习者汉语水平的说明都不够明确,比如有些教材将使用对象设定为海外对中国文化感兴趣的读者,有的教材的使用对象更为宽泛,就是外国人[①]。教材定位不准确,不仅给教师的选择带来一定的困难,加重了教师备课的负担,更会给学习者带来困难和压力,影响他们的学习热情。

① 张英:《对外汉语文化教材研究——兼论对外汉语文化教学等级大纲建设》,《汉语学习》,2004年第1期。

第二,对传统文化与当代文化的关联性挖掘不够,对深层文化的阐释不足。

周小兵指出,文化教材的内容选择一般涉及两个方面:其一,是当代文化为主,还是古代文化为主;其二,是交际文化为主,还是知识文化为主。不少学者认为目前文化教材在内容方面的突出问题是存在"厚古薄今"的倾向,即古代文化在教材中所占比例偏高,对当代文化关注不足。

赵金铭、李泉等学者先后提出教材内容要"以当代文化为主"的观点,建议"教材立足于当代文化,立足于主流文化"[②]。这一观点不容置疑,接下来的问题是:什么是"当代文化"?界定"当代文化"的标准是什么?

② 赵金铭:《对外汉语教材创新略论》,《世界汉语教学》,1997年第2期;李泉:《文化教学的刚性原则和柔性策略》,《海外华文教育》,2007年4月。

我们认为,"当代文化"和"古代文化"不应简单地以"时间点"作为衡量的标准,关键在于这种文化在构建中国文化和人类文明中的意义,在于这种文化是否依然影响着当代人的生活和行为,对当代社会是否依然有着积极的意义和影响。比如,中国传统文化中"天人合一"的观念体现了人对自然的顺应及尊崇，信奉“顺其自然”，注重群体和谐，这一观念对当今处理人与自然环境的关系仍有重要意义；再如，人们对“大同世界”的追求虽起源于遥远的先秦时代，但作为理想主义的文化设计始终是我们向往和为之奋斗的目标；又如，儒家思想中的“仁”“礼”“和”“恕”等观念仍影响并规范着人们的行为，为世界不同文明以及人与人之间的和谐相处提供了一种路径；道家“无为”“治大国若烹小鲜”等思想观念不仅是中国历史上一些王朝的治国方略，也为当代人治理国家提供了智慧。我们认为，这些具有现代意义的传统文化观念虽然从时间点上来说不属于“当代文化”，却是中国文化的精粹，对当今社会仍有积极的影响，因此也应该是文化传播必要的内容。

李泉在《文化内容呈现方式与呈现心态》一文中指出，中华文化一直是国内各民族文化相互交融，同时与外来文化相互交流的；今天的中国必定延续着、发展着中国的传统文化，也必然不断吸收外来文化，并同时创造着新的物质文明和精神文化。他认为以下四个方面的内容均可视为当代文化[①]：

（1）古代文化流传至今的，如“己所不欲勿施于人”等典型的思想观念；

（2）当代社会生活中体现出的传统文化，如“回家过年”的行为不仅发生在当代中国人的现实生活中，也是中国传统文化在当代的体现；

（3）外来文化被中国接受并影响至今的，如西方的法制观念、隐私的观念、时间就是金钱等文化观念和生活方式；

（4）当今中国在处理国家关系上秉持的原则，如处理与周边国家关系的“以邻为伴、与邻为善、睦邻友好、和睦相

① 李泉：《文化内容呈现方式与呈现心态》，《世界汉语教学》，2011年第3期。

处”原则等。

由此可以看出，李泉先生对当代文化的界定较为宽泛，这种界定是客观且合理的。关于文化传播的内容，黎敏也认为，文化教材的编写不必纠结于传统与现代所占比例问题，文化传播应首先在中国古今文化中发掘其中有“现代性”的文化成果，以此作为文化传播的重点，因为“这类文化成果或具有普适性的特点，体现出对国际化的适应性；或具有独特性，体现出中国文化独特的创造性，是中国文化对人类文化的独特贡献”[①]。因此，我们在编写教材时，一方面要关注古代中国与当代中国的联系，将中国传统文化思想的精华融入到当代内容的讲述中；另一方面要及时补充反映当代中国社会风貌的文化内容，帮助学习者了解当代发展中的中国。

① 黎敏：《海外汉语教学文化输入内容与方法的探索与实践》。

第三，教材内容多为“以我为中心”的单向输出，对他者文化的关注不足。

为汉语学习者编写的文化教材属于“外向型”教材，即使用对象是母语为非汉语的学习者，遗憾的是，许多教材没有体现出“外向型”特点。究其原因，是编写者缺少跨文化视角，延续了为中国学生编写教材的思路，叙事角度往往从自我出发，站在“我”的文化认知立场上来阐述，一味单方面介绍中国文化形成的环境、原因、特点、成就等，很少触及文化相近或有共性的“他者”，更忽略了文化差异较大的“他者”。许多教材在练习设计上也没有考虑到与使用者之间的互动，内容停留在对输入内容的简单复制和记忆上。

教材编写者缺少跨文化视角的另一种表现是教材中表现出的文化优越感。李泉指出，以往我们对文化内容的呈现，虽然不少教材前言中都表示“尽可能全面、客观地介绍中国文化”，但从实际内容和表述来看，实际上存在着“展示”和“弘扬”中国文化这两种心态。殷鹏从跨文化角度分析了《汉语文化双向教程》和《中国概况》两部文化教材[①]，发现教材表现出的文化优越感和炫耀意识是其较为明显的问题，比如《中国概况》第七章《中国的科技》中的内容：

> “中国古代留下的农学著作，据说达 600 多种，在古代世界各国中数量最多。其中，最著名的是北魏贾思勰的《齐民要术》，那是世界上最早最完备的农业科学著作。”
>
> “中国的青铜冶炼技术，却是世界上最早最先进的。生铁和钢的冶炼与广泛应用，比欧洲早了两千多年。”
>
> “宋代李诫所著的《营造法式》不仅是中国也是世界上最古老的优秀建筑学著作。”

殷鹏发现，教材中“世界之最”的表述共出现 18 处，虽然介绍的内容是客观事实，但过于强调中国文化的“世界之最”，流露出编写者的文化优越感，会使学习者感到对中国文化的过渡宣扬炫耀，容易导致学习者对学习产生抵触心理，显然不利于中国文化的传播[②]。李泉提出文化呈现应取平和、务实、超然的心态，要树立一个开放的中国形象，一个尊重世界各民族文化，愿意与世界各民族平等相待的中国形象。这样才更有利于国际汉语教学事业和中外文化交流事业的发展。

此外，教材还存在文化内容的选择上未能很好地把握趣味性与文化猎奇的尺度，话语风格不利于外国学习者的理解等问题。

① 教材版本信息：王顺洪编著：《中国概况》，北京大学出版社，1998 年；杨瑞、李泉编著：《汉语文化双向教程》，北京语言大学出版社，1999 年。

② 殷鹏：《从跨文化角度分析对外汉语文化类教材》，山东大学硕士学位论文，2011 年。

二、改进教材编写的建议

(一) 明确教材使用对象的特点和需求

文化教材应该如何选择内容,重点何在？要回答这些问题,应明确教材的使用对象是谁,他们有哪些特点,如学习者的年龄、汉语水平、学习时限等等,在调查基础上了解他们的兴趣和需求,据此来选择文化教学的内容。

我们曾针对来华留学生做了一次“对中国文化学习的态度和需求”的调查。调查结果显示,第二语言学习者对中国文化普遍有较高的学习兴趣,不少受访者表示来中国留学的原因是出于对中国文化的兴趣;在文化学习内容方面,受访者最感兴趣的是中国民俗文化(包括饮食文化、节日习俗、人生礼仪等),对中国艺术(书法、绘画等)、中外文化交流和当代中国人的生活等方面也表现出较高的兴趣[①]。这项调查的结果虽不能作为选择文化教材内容的标准,但的确有助于了解学习者的需求,如果我们能在分析需求的基础上确定文化传播的内容,效果会更理想。笔者由此设想,如果能采取中外合作的方式,针对不同国家、不同年龄、不同汉语水平的二语学习者进行广泛调查和深入分析,在了解学习者的兴趣和需求的基础上进行文化教材的编写和设计,那么,就能够编写出真正意义上的国别化文化教材,而这类调查对确定面向不同学习者的跨文化传播内容同样具有借鉴意义。

① 此次调查开展于2011年10月—12月,目的是了解学习者对中国文化课程设置内容方面的需求,了解学习者对哪些文化项目感兴趣。调查共发放205份问卷,回收205份,其中有效问卷为194份。

(二) 教材内容以主流文化和积极文化为主

第二语言文化教材既不同于一般的大众阅读文本,也不同于一般的著作,它的使用对象通常是以第二语言学习为目标、母语为非汉语的学习者，教材文本的语言特点和内容决定了它是“被学习、模仿和记忆”的对象，教材编写关乎“中国印象”，关乎“中国国家形象的传播”[①]。因此，教材不应含有过多负面的、不健康的因素，要以主流文化和积极文化为主。

张英在《对外汉语文化教学的基点与视角》一文中指出，任何语言中都有雅俗之分，任何国家和民族的文化中都有良莠之分，价值观和意识形态有新旧之分，文化教学的内容选择不能随意。因为教材文本中体现出来的中华民族的文化观、价值观、意识形态以及对不同社会文化的认知，有时会与二语学习者已有的文化观、价值观、意识形态等形成一定的冲突，稍不留神就容易导致留学生对中国的误解，从而造成对中国国家形象的损害。“针对汉语学习者编写的教材应更多展现中国文化为世界文明提供的有价值、有魅力的内容，向人类奉献的值得世人尊敬的价值观，对全球化和人类发展有积极影响的文化”[②]。我们向二语学习者展示的语言和文化要有尊严和魅力，这个标准不仅适用于文化教材，同样适用于语言教材的编写。

遗憾的是，我们在使用教材进行教学的过程中，发现了一些不适合编入教材的内容，比如：一部汉语综合课教材中，一篇介绍《武则天》的课文里有这样一段话：

> 后来武则天自己成了皇后，她用残酷的方法杀死了王皇后：把她的手和脚砍去，然后把她装在一个酒坛子里。

我们暂且不讨论这段充满血腥味的描写是否符合史实，就阅读效果来看，汉语学习者阅读这样的文字，中国历史和文化会在他们心中留下什么样的印象？他们会如何想

① 秦惠兰：《对外汉语教材中的“中国印象”与修辞策略——从〈钱包被小偷偷走了〉谈起》，《云南师范大学学报（对外汉语教学与研究版）》，2012年第2期。

② 张英：《对外汉语文化教学的基点与视角》。

象中国人对于历史的传承？我们认为，将这种带有强烈刺激性的内容编入教材，会带来负面影响。

再如，这部教材中关于语言点“尽管”的练习设计也值得商榷[1]，题目是用“尽管”改写句子：

在我们国家如果孩子不认真学习，老师可以批评他，打他也没关系。

按照语言点的说明，学生改写后的句子往往是：

在我们国家如果孩子不认真学习，老师尽管批评他，尽管打他。

在课堂教学中，来自欧美的留学生不止一次惊奇地问：“老师，在中国，老师可以打学生吗？”“老师有打学生的权力吗？”每次学到这里，老师不得不花费一些力气来解释。学习者使用我们编写的教材学习汉语，看到这种描述误以为这就是中国普遍存在的现象。我们认为，类似这种容易引起学生误解的内容编写在教材中也不合适。

在我们编写的教材中，类似的问题并不少见：一位担任“汉语习惯用语”选修课的教师曾反映，她在备课和讲课过程中，教材里的一些内容让她十分尴尬，一是不知道该不该主动给学生讲，二是学生提问该怎么解释，比如，教材在介绍“跟……过不去”这个用法时，有这样一段对话：

学生甲：你说老师净考那些犄角旮旯的题干嘛？这不是成心跟我们过不去吗？

学生乙：老师也是为我们好，让我们将来都能考上

① “尽管”在这里的意思是：表示不必考虑别的限制或条件，放心去做，一般用于未发生的事。

大学。

学生甲：其实，说白了也是为了他们自己。

对话是两个学生谈论老师出的试题太难。读完对话，我们觉得文中的老师和学生的关系有些奇怪，有一种"敌对"的感觉：学生甲谈到老师时完全没有一点儿尊敬的意思，充满怨气，当同学(学生乙)开导他说老师是为了学生好时，甲的回答更令人吃惊——隐含的意思是"老师希望学生考上大学，其实是为了他们自己能得到好处！"这种说法出现在第二语言教材里，实在令人难以接受。

中国自古以来就有"尊师重教"的观念，正所谓"一日为师，终生为父"，学生对老师大都怀有感激和敬畏之情，即便被老师批评了、冤枉了，也多会反省自己；当面顶撞老师，对老师无礼的学生更是"另类"。虽然有个别学生因为某种原因会对老师心存不满，但毕竟不是主流。教材如此呈现"惯用语"的用法，让汉语学习者记忆、模仿，实在不合适。

(三) 提高教材编写者的跨文化意识

文化类教材是汉语学习者了解中国文化的媒介。从跨文化交际角度来看，教材本身是编写者与使用者跨文化交际的过程。将汉语作为第二语言教学的目标是培养和提高学习者的跨文化交际能力。如果教材编写能更多从跨文化的角度出发，考虑学习者的心理特点和学习需求，将更利于教学目标的实现。

早在20世纪90年代，赵金铭在《对外汉语教材创新略论》一文中就对准确把握教材文化取向问题提出了具体的建议[①]：

① 赵金铭：《对外汉语教材创新略论》。

1. 介绍自身文化，要考虑他人的接受程度，以免引起误解；

2. 应采取双向文化的态度，介绍本土文化，也应旁及他人；

3. 教材的文化内容应尊重各民族的文化信仰，内容应切合外国人、成年人、有中等以上文化程度的人的根本特点，力避说教，无须宣传，更不应居高临下，强施于人；

4. 在文化选择取向上，不要迎合某些外国人好古猎奇之心理，以今天为主，以树立当今国人形象为务，力戒渲染消极文化，对传统文化的简单肯定或否定都会使人陷入尴尬境地。

上述四条建议中的前三条都在提醒教材编写者明确外向型教材的特点，提高自身的跨文化意识，在尊重不同民族文化的基础上，以平等、客观、包容的态度介绍本国文化，同时要采取双向文化原则，关注学习者的母语文化，避免单向传播。

第四条建议则提醒教材编写者在内容选取上要有以当代主流文化、积极文化为主的意识。这些建议对文化教材的编写至今仍有指导意义。

(四) 建立编写者和使用者的沟通平台

任何一部教材都不可能是完美的，不断完善教材需要一个长期的过程，需要使用者与编写者的共同努力。为了改进现有教材，应建立一个网络共享空间，为编写者和使用者创造交流的平台。这样，教师可以将教材使用中遇到的问题和修改建议及时反馈给编写者，编写者可以对教材的使用方法、教学安排提出合理的建议；使用同一部教材的教师可以相互分享教学资源。一个有效的沟通平台可以促进编者与教师之间的交流,教师与教师之间的交流,以及教师与学生,甚至学生与学生之间的交流,能有效地改进教材的使用,为教材的改进提供即时的素材和依据。

本节主要介绍目前文化类教材的编写情况,总结了现有教材存在的问题,并结合教学实践提出改进建议。笔者认为,一部教材的出版并不是一项工作的结束,而是另一项工作的开始。作为教师,在教材使用过程中,应逐步丰富完善教材内容;作为编写者,应尽可能了解教材在不同院校的使用情况,了解教师在使用中遇到的问题及解决策略,广泛征求使用者的意见,并在教材的修订中积极参考合理的反馈意见、吸收良好的改进建议,使教材编写成为一个循序渐进的过程,更好地服务于教学。

第三节　两种教材的文化内容

本节笔者将以针对海外汉语学习者编写的汉语教材为研究对象,具体考察教材文化内容的选择和编写特点,分析编写者对文化教学的认识。

一、少儿汉语教材中的文化内容

(一) 教材简介

《快乐汉语》系列教材主要针对海外 11 岁至 16 岁的汉语学习者编写[①]。全套教材共 9 本,分为三个等级,每个等级有学生用书和配套的教师用书、练习册及其他辅助教学材料。该教材是中国国家汉办与英国文化委员会(British

① 本文的研究对象为李晓琪,罗青松等编:《快乐汉语》(英文版)学生用书、教师用书第一册、第二册、第三册,人民教育出版社,2007 年、2008 年、2009 年。

Council)的合作项目,教材内容(话题、汉字、词语、语法项目等)和练习项目(听、说、读、写等各项语言技能训练)的设置主要依据英国国家课程大纲和GCSE(General Certificate of Secondary Education)考试大纲。教材最初在英国本土出版时定名为Chinese for GCSE(2002)。随后,在参考其他国家外语教学大纲和一线教师的反馈意见基础上,结合课堂教学的特点和基本交际的需要,编写者进行了必要的调整与补充。该教材于 2003 年由人民教育出版社出版,定名为《快乐汉语》(国际版)。

该教材自问世以来被广泛选用,深受海外汉语教师和学习者的喜爱,2006 年在数百种汉语教材评选中脱颖而出,被评为"最受欢迎的国际汉语教材"。至 2009 年,为满足不同国家汉语学习者的需要,《快乐汉语》教材在国家汉办推动下实现了多语种出版,教材的第一册共有包含英、法、德、日、意大利语等在内的 45 个语种。在 2010 年的国际汉语教材评选中,《快乐汉语》再获殊荣,被评为"优秀国际汉语教材"①。

作为国家汉办规划教材,《快乐汉语》不仅承担着帮助海外学习者提高汉语交际能力的责任,同时也承担着帮助学习者了解中国文化的使命。

由于教材的使用对象主要是海外中学生,因此,教材的设计、编写到制作出版都考虑到了教学对象的学习心理、认知特点和学习环境等因素。编写者在提高教材趣味性方面做出许多探索和努力,比如教材版面设计新颖,图文并茂,话题设计贴近学生生活,练习形式多样,开发了多媒体教学资源和网络资源等等。教材的突出亮点是融入了丰富的文化含量,可以满足海外学习者了解中国文化的愿望,使课堂教学更生动有趣。

本节将分析教材融入的文化内容,思考语言文化相结

① 参见李晓琪,罗青松等编:《快乐汉语》(英文版)学生用书、教师用书的前言部分,本文对教材的介绍也参考了北京外国语大学汉语国际推广多语种基地国际汉语教材培训师培训讲座内容,报告人王淑红,题目是《快乐汉语》使用方案,时间为 2011 年 11 月 8 日。

合的教学理念在《快乐汉语》系列教材中的体现。

(二) 教材中的文化内容

《快乐汉语》的目标是引导学生通过《快乐汉语》的学习“具备基本的汉语交际技能;对中国文化有一定了解;培养学习者对汉语和中国文化的兴趣,为进一步学习打下基础”。这个目标体现了编写者“语言与文化并重”的教学理念。教材融入了丰富的文化内容,注意引导学生在学习汉语的同时,了解中国的基本情况(如主要城市、名胜古迹、节日、传统习俗、社会生活等);教材还根据需要配以具有中国特色的图片(剪纸、泥塑、国画、实景照片等),形成教材文化方面的特色。值得关注的是,在系列教材中,《快乐汉语》教师用书专门设计了“文化背景知识介绍”,对教材涉及的中国文化知识点进行解释说明并配有翻译,为海外汉语教师了解中国社会文化、丰富课堂教学内容提供了便利。我们认为,教师用书作为教材内容的延伸,同样反映了编写者对语言文化教学的一种理念,因此,我们以教师用书中的文化内容为考察对象,分析文化项目设计的特点,进一步思考语言教材融入文化内容的方法。

《快乐汉语》系列教材以话题为中心,每册 8 个单元,每个单元 3 课,每册 24 课。从文化项目的分布来看,第一册有 17 课设置了文化项目,共有 25 个文化项目;第二册有 19 课设置了文化项目,共有 30 个文化项目;第三册有 24 课都设计了文化项目,共有 25 个文化项目(具体内容见附录 2)。全套教材的教师用书的文化项目总计 80 种①,其中有关汉字文化知识的介绍有 19 项②,占总数的 23.75%,编写者对汉字文化的重视可见一斑。具体统计见下表:

① 本文对文化项目的统计主要针对教师用书中“语言点与背景知识提示”的内容。学生用书中作为语音练习材料的诗歌如果在教师用书中有所介绍,则列入统计范围中,反之,则不列入考察范围。

② 全套书对汉字文化知识的介绍包括所有与汉字有关的内容,据我们初步统计共有 19 项,与编写前言中提供的数据(16 项)略有出入。

表 3-3-1 《快乐汉语》教师用书文化项目数量统计

文化项目 / 教师用书	汉字文化	其他文化内容	合计
第一册	9	16	25
第二册	8	22	30
第三册	2	23	25
总 计	19	61	80

除了汉字文化知识外，全套教师用书另有 61 种文化项目，具体内容如下：

表 3-3-2 《快乐汉语》教师用书中的文化内容

教师用书	文 化 内 容	数量
第一册	中国人的姓名；北京、上海和香港；中国的家庭；茶；鱼；中国学校的课表；日晷；汉语日期的表达；中国人庆祝生日；干支和生肖；中国的气候；中国的网络产业；语音练习材料《春晓》；北京的飞机场和火车站；中国主要的公共交通工具；中国的交通规则。	16
第二册	“汉语”和“中文”；“福”到了；中国北方民居；年画；中国的货币是人民币；中国被称为“自行车王国”；中国中学的课外活动；《咏柳》；北京的天气；早晨的活动；中医和中药；旗袍；京剧的脸谱艺术；中国民乐；小提琴协奏曲《梁山伯与祝英台》；电视节目表；电影明星；长城；故宫；中国的面积、人口和气候；中秋节；端午节。	22
第三册	诗(唐朝无名氏)；天安门广场；风筝；香山红叶；北京概况；北京的老字号；文房四宝；中国画；中国古代大教育家孔子；太极拳；中国网校；《寻隐者不遇》；中国武术；中国菜；熊猫；中国国家图书馆；重阳节；中国的少数民族；《西游记》；歌曲《茉莉花》；中国的中学假期；中国的世界遗产名录；中国的春节。	23

可以看出,每一册教师用书都有丰富的文化内容,既有对当代中国社会状况和中国人生活的描述,也有对传统文化民俗的介绍。这 61 种文化项目的编排和选取反映了编写者对文化教学的重视和对中国文化海外传播的思考。

那么,教材文化项目的设计有哪些特点?是否能满足学习者的需求?是否有进一步完善的空间?这是我们在考察教材文化项目基础上需要进一步思考的问题。

(三) 教材文化内容设计的特点

1. 多与课文话题相关

《快乐汉语》系列教材以话题为主线,每册有 8 个单元,每个单元涉及 1—2 个相关话题。话题设计贴近学生生活,而且覆盖国外外语教学大纲的基本项目。每册话题相近,螺旋上升,内容难度有所增加。与此相应,教师用书中的文化项目大多与教材中的话题密切相关。比如,第一册第五单元为"时间和天气",三篇课文是《现在几点》《我的生日》和《今天不冷》,依据这些话题,教师用书分别设计了"日晷""汉语日期的表达""中国人庆祝生日""干支和生肖""中国的气候"等文化项目;再如,第八单元"交通和旅游"的三篇课文是《这是火车站》《我坐飞机去》《汽车站在前边》,依据这些话题,教师用书相应设计了"北京的飞机场和火车站""中国主要的公共交通工具"和"中国的交通规则"等,我们认为,这样的设计符合实际教学的需求,便于海外教师在课堂教学中补充相应的文化内容,具有一定的实用性。

2. 教材关注校园生活

由于《快乐汉语》的教学对象主要是海外中学生,考虑到学习者对同龄人生活的兴趣,教材对学校生活的话题格外关注。全套教材每一册第四单元都以"学校生活"为主题,第一册包括:第10课《中文课》、第11课《我们班》、第12课《我去图书馆》;第二册包括:第10课《你今天上了什么课》、第11课《汉语难不难》、第12课《来打乒乓球吧》;第三册包括:第10课《你说汉语说得真好》、第11课《比赛四点才开始》、第12课《看看我的电子邮件》。这些课文的内容由浅入深,涉及学校生活的方方面,如学校的课程、班级、汉语学习、运动比赛等。与此相应,在教师用书中也介绍了中国学校的课表(第一册)、中学生的课外活动(第二册)、中国网校(第三册)①、中学的假期(第三册)②等内容。

3. 重视汉字文化知识

汉字是记录语言的符号,同时,汉字本身也是中国文化的一部分,是汉语学习中的重要内容。《快乐汉语》整套教材关于汉字文化知识的介绍包括汉字的演变、造字法、汉字的结构、笔顺、笔画、偏旁部首等19项,占文化项目总数的20%以上,可见编写者对汉字教学的重视。具体内容如下:

表3-3-3 《快乐汉语》教师用书中的汉字

教师用书	汉 字 文 化	数量
第一册	简化字和繁体字;汉字简介;独体字与合体字;汉字的书写;汉字的造字法;象形字;指事字;会意字;形声字。	9
第二册	汉字的基本笔画;汉字的基本笔顺;偏旁部首;汉字的结构方式;左右结构的汉字;上下结构的汉字;左中右、上中下结构的汉字;包围结构的汉字。	8
第三册	汉字的演变;汉语中奇妙的字"小汉字"③。	2

4. 以当代社会文化为主

整套教材设计80种文化项目,除了19项汉字文化介绍外,其他61种文化项目以反映当代社会文化内容为主,比

①"中国网校"主要介绍了中学的远程教育网,列举了北京几所重点中学网校的网址,参见李晓琪,罗青松等编:《快乐汉语》(英文版)教师用书(第三册),人民教育出版社,2008年版,第82—83页。

②"中学的假期"的介绍在第三册第八单元"旅行与习俗"中,对应的课文为第22课《我们一到假期就去旅行》,参见李晓琪,罗青松等编:《快乐汉语》(英文版)教师用书(第三册),人民教育出版社,2008年版,第157—158页。

③这里介绍了汉语中一些奇妙的字,这些汉字由完全相同的几个部分组成,组成部分本身也是独立的"小汉字",比如"森""众"等。

如中国的社会生活、现代城市面貌、网络产业、公共交通、中国的气候、人口、面积、货币、校园生活等等。选取角度体现出编写者更注重当代社会文化的倾向,符合学习者了解当代中国的需求,更有实用性。同时,教师用书中也包含了属于传统文化范畴的文化项目,如传统建筑(故宫、民居)、传统艺术(绘画、京剧、民乐)、服饰(旗袍)、节日习俗(春节、中秋节、端午节、重阳节),还有保留至今的传统文化观念对当代生活中的影响等。比如:第一册第三单元"饮食"中的第9课是《我喜欢海鲜》,教师用书介绍了"鱼"蕴含的文化因素[1]:

> 中国人喜欢鱼,"鱼"的发音与"余"相同,代表富裕和财富,所以逢年过节人们的餐桌上一般都有鱼。春节的时候人们喜欢贴一种传统的年画,常常是胖娃娃骑在一条红鱼身上,或是把鱼抱在怀里,取"年年有余"之意。

这里,对"鱼"的介绍包含了汉语的谐音文化(年年有余)、中国的饮食文化(餐桌上的"鱼")和春节习俗(贴年画)等。这些文化因素虽然有的属于传统文化范畴,但在当今社会人们仍然将其保留下来,教材将这些因素呈现出来,是值得肯定的。

再如第五单元"时间和天气"中的第14课《我的生日》,教师用书是这样介绍中国人庆祝生日的[2]:

> 在民间,孩子出生后满一个月的时候,家人要为他举办庆祝活动,宴请亲朋好友,亲朋好友也会送些表示吉祥的小礼物给孩子,比如长命锁、手镯等等,这样的

① 李晓琪、罗青松等编:《快乐汉语》教师用书第一册,人民教育出版社,2008年,第45页。

② 李晓琪、罗青松等编:《快乐汉语》教师用书第一册,第73页。

> 活动有时在孩子满一百天的时候举行。此后过生日的时候,传统的食品是长寿面、寿桃。老人过生日的时候逢“五”或“十”,庆祝活动会隆重一些,家人或朋友送的礼物可能是工艺品,比如画,上面一般有松柏、仙鹤、寿字、寿星图案,或是写有祝词的书法作品,还有补品、酒等等。

这段对中国人庆祝生日的介绍内容可谓具体而生动,不仅有人生礼仪文化(诞辰礼、寿礼),也有中国人送礼的习俗。在实际教学中,教师也可以进一步补充说明在中国送什么礼物合适,什么礼物不能送(比如老年人过生日不能送“钟表”,朋友结婚不能送“伞”等)。这些内容的介绍有利于海外教师深入了解中国传统文化及其在当代社会中的发展,比如在西方文化影响下,现在中国人过生日也有吃生日蛋糕的习俗了。

5. 具有文化对比的意识

《快乐汉语》教师用书在选取文化项目时体现出汉语文化与对象国文化的对比意识。我们再以第五单元“时间和天气”中的第 14 课《我的生日》为例,教师用书中对汉语日期的表达方法介绍如下[①]:

> 在表达日期时,中国人习惯从大到小,先说年,后说月,再说日。比如:1975 年 8 月 1 日。这种习惯还表现在说姓名、地址的时候,先说整体的,再说具体的。比如:
>
> 王小明　北京市海淀区学院路 15 号 3 号楼 108 房间

“日期”和“地址”的表达在日常生活中很常用,而中国

① 李晓琪、罗青松等编:《快乐汉语》教师用书第一册,第 73 页。

人的表达方式与西方人不同,中国人是从大到小,西方人是从小到大,这是不同传统思维观念产生的文化差异:中国人重视族类、重视整体,而西方人重视个体意识,注重自我价值。教师用书对有别于西方文化的现象加以说明是非常必要的。

再如,第一单元“我和你”中的第 2 课《你叫什么》,教师用书介绍了“中国人的姓名”[①]:

① 李晓琪、罗青松等编:《快乐汉语》教师用书第一册,第 6 页。

> 中国人的名字实际上包括“姓”和“名”两个部分。中国人把姓放在名的前面,表示对祖先的尊重。名字一般都有意义,表达了父母对孩子的希望。比如男孩子的名字中常用表示强壮、勇敢、聪明的字,女孩子的名字中常用表示美丽、可爱、纯洁、温柔的字。初次见面的人一般不直接叫名字,而是在姓的后面加表示职位、职业或称呼的名词,比如:王部长、张老师、刘先生等。只叫名字的情况一般出现在熟人之间或长辈称呼晚辈的时候。

该文化项目首先介绍了中国人“姓在前,名在后”的原因(对自己祖先的尊重),这与西方文化中更重视个体意识和自我价值的观念有所不同;然后,对中国人的名字加以阐释,说明名字的文化含义;最后,简单介绍了汉语中的称谓文化(如:姓+职业、姓+职位)。教师可参考这些内容为学生讲述中国人名字的含义,给他们起一个好听的中文名字,也可以为学生介绍如何用汉语称呼别人。

(四) 问题与讨论

任何一部教材都不可能是完美的,《快乐汉语》也不例外,教材文化项目的编排上存在有待商榷之处。下文列举的情况在教材中实属个例,但为进一步完善教材,笔者对此做了归纳整理。

首先,文化项目的分布不平衡,个别项目的设计与话题无关。

比如,教材第二册第六单元的主题是“工作”,包括三篇课文: 第16课《他是医生》、第17课《他在医院工作》和第18课《我想做演员》,而教师用书中仅有一项“指事字”的介绍,这样安排难免给人一种“文化缺失”之感;再如,教材第三册第19课是《有什么新闻》,文化内容是“中国少数民族”;第20课是《他正在采访》,而文化内容是《西游记》,这些文化项目的设计显然与课文话题无关,显得有些突兀。

其次,对北京地域文化关注较多,某种程度上忽视或淡化了对其他地域的文化介绍。

北京是中国的首都,是国家的政治中心和文化中心,教材关注“北京地域文化”本无可厚非,但应当适度,内容过多会使教材的文化内容显得单调,也会影响学习者对中国其他地域文化的了解。

我们以《快乐汉语》第三册第一单元和第二单元为例:课文题目中有“北京”字样的有第1课《我从北京来》、第4课《北京有一个很大的广场》;再看教师用书,针对第二单元“城市与环境”这个主题①,教师用书中的文化内容是“天安门广场”“风筝”“香山红叶”和“北京概况”,内容几乎都是北京地域文化的介绍。也就是说,在第一和第二单元的六课内容中与“北京”相关的课文有两篇,与“北京”直接相关的文化项目有3项,对北京地域文化关注偏多②。其实,在“城市与环境”这个单元我们完全可以介绍中国其他城市的文化(如南京、西安、苏州、杭州等),或是人们普遍关心的环境

① 课文包括第4课《北京有一个很大的广场》、第5课《郊区没有污染》和第6课《我是本地人》。

② 接下来在第三单元“家居与购物”中,课文话题是《我的新家》,而教师用书中的文化背景介绍却是“北京的老字号”,与课文话题无关。此外,教师用书中与北京相关的还有“北京的飞机场和火车站”(第1册);“长城”“故宫”(第2册);“中国国家图书馆”(第3册)等。

保护问题等(比如中国政府对环境保护的新举措：环保购物袋、垃圾分类、节约用电、提倡使用公共交通工具)。教材如果热衷于介绍北京地域文化,某种程度上可能会影响学习者对中国其他地域文化的了解。另外,教材文化内容的介绍要以积极内容为主,这种原则是值得肯定的。我们认为,在这个基础上也可以适当增加反映中国社会问题的内容,比如,就人们普遍关心的中小学教育问题,在中国城市中存在这样的现象,很多小学生(甚至幼儿园的孩子)就开始参加各种各样课外辅导班,像奥数班、英文班、作文班等,这加重了学生的负担和压力。这种社会现象不仅反映了一些中国家长“望子成龙”的心态,也暴露了当前中国“幼升小”“小升初”存在的问题。笔者认为,教材选择适当的角度客观反映一些社会问题也是可行的。

综上,《快乐汉语》系列教材文化内容含量丰富,满足了海外学习者了解中国社会文化的愿望,在文化项目的选取上考虑到学习者的兴趣和需求,以介绍当代中国社会文化为主,同时对传统文化也给与了必要的关注,内容实用而有趣。教材对中国文化背景知识的介绍丰富了海外课堂教学内容,是海外汉语教师和学习者了解中国社会文化的一个窗口。作为针对海外中学汉语学习者编写的一部代表性国际汉语教材,《快乐汉语》的成功编写理念值得我们借鉴。

二、大学汉语教材中的文化内容

(一) 教材简介

美国耶鲁大学出版社 2005 年出版的《高级汉语：意图,技巧与表达》(以下简称《意图》),是美国威廉玛丽学院汤雁方博士和美国密歇根大学陈青海博士合作编写的一部汉语教材[①]。该教材最突出的特点是所有课文均源于中国当代文学作品,体现出编写者鲜明的"语言与文化相结合"的教学理念,是海外同仁对高级汉语教材创新的探索与尝试。美国学者印京华将其评为"一部不可多得、名符其实的高级汉语教科书"[②]。

教材包括正文和补充阅读材料两大部分(具体内容见附录3)。正文共14课,依据课文功能分为"叙述""描写""议论""说明"和"抒情"五个单元。每一课包括:提示、课文导读、词语导学、课文、新词语、词语与句型、语言知识与技巧、练习、课文材料对话等九个部分。全书正文结束后,附有17篇补充阅读材料,按照与课文相同的分类方法进行编排。"这样的分类并非强调文体,而是为了便于学生以指定的功能来练习表达。"编写者认为,高年级学生的训练内容不应仅限于词法、句法,而要进入更高层次的语义、语用和修辞等范畴。"既然同一种意图可以通过不同的语言技巧来表达,那么,高年级的学生就应具备随心所欲地选用语言技巧的能力,并懂得如何在一个特定的情景里运用某种技巧来达到最佳的效果。"(参见《意图》前言)。为了达到这一目的,编写者把要表达的意图、可使用的技巧,通过对原文的简写和大量有针对性的练习,让学生由浅入深地去学习和掌握。通过训练,帮助学生理解地道和正式的汉语,并以口头和书面的形式正确、有效地表达自己的意图。这是《意图》的创新之处。

(二) 教材特点分析

1. 取材于文学作品

文学作品是以语言文字为工具,形象反映客观现实、表

① 2005年5月陈青海教授到中国访问时,我们就这部教材的编写理念和使用情况采访了他。陈博士介绍说,编写这部教材花费了十年光阴,正式出版前曾在美国几所大学试用,内容和形式都比较受学生欢迎。本文写作建立在此次采访的基础上,同时参考了该部教材的前言和教学建议。

② 这部教材的使用对象主要是美国大学的汉语学习者。针对海外汉语教学环境和教学对象的特点,教材的容量和难度都低于国内出版的高级汉语教材。印京华博士对教材的评价也是从海外汉语教师的角度出发的。

现作家心灵世界的艺术。至于文学作品是否可以成为第二语言教材的内容,这一问题学界并未达成共识。

有研究者认为,文学作品作为教材素材的优点在于:(1) 文学作品包含着最生动、最丰富的语言现象,最能发挥语言的特性,可以使学生学习到真实的、典范的活生生的语言;(2) 文学作品再现了千姿百态的社会生活和文化现象,因而可以使学生了解到广泛而真实的社会生活、民情风俗以及中国文化;(3) 文学作品具有较强的趣味性,可以激发学生对语言学习的兴趣;(4) 文学作品可以培养学生对高层次语言的鉴赏能力。但文学作品用于语言教学的不足也是比较明显的,比如,文学作品与日常生活及交际活动相脱节,实用性差;各种语言现象(词汇、语法)出现量大,且随意性强,无规律可循;有些语言过时或不符合现代汉语规范;文学色彩、书面语色彩、特殊语言色彩过重;语言难度层次很难区别,很难体现出循序渐进的规律;文学作品篇幅一般较长,内容过于庞杂,知识的深度和广度均难以使中高级阶段的学生融会贯通,其中许多内容似无必要学习,等等①。

①高彦德等:《文学作品作为中高级阶段综合语言技能课的主要材料所存在的问题》,载《外国人学习与使用汉语情况调查报告》,北京语言学院出版社,1993年。

《高级汉语:意图,技巧与表达》中所有课文均取材于中国当代文学作品,这体现出编写者这样一种认识:高年级学生完全可以使用文学作品作为教材内容。

那么,《意图》是如何发挥文学作品作为语言学习内容的优势,克服其不利因素的影响呢?编写者在这方面做出了可贵的尝试,现总结如下:

第一,精心选文,展示汉语之美。

教材所选文章均为文笔细腻优美的当代文学作品原著。在挑选文章时,编写者主要注意内容的生动实用,文章的凝练、精干及语言的典范、流畅。排除在表达方式上过于艺术化的作品,也没有考虑作者知名度的问题。大多数杂文或小品文,类似美国学生在大学里用母语写的议论文一样,作者针对各种问题含蓄地或公开地发表自己的意见,在如何叙述一个事件、如何解释一个观点及如何阐明一种争议等方面,为学生起到良好的示范作用。即便其中两篇用于描述和一篇用于抒情的散文,也不带有这类文学作品常见的华丽词藻和浓烈的抒情色彩。经编写者精心挑选的文章向学生展示了汉语之美。书中美的语言跃然纸上,亦朗朗上口。让学生接受汉语美的熏陶,让学生学会用美的汉语去表达,就是此书最值得赞赏的高明之处[①]。

第二,设置"导读"和"导学",分解难点。

《意图》每一课都设置了"课文导读"和"词语导学"。所谓"课文导读",是编写者以简写原文的方式,用易于上口、较为浅显的句子结构和词汇,将原文的意思表达出来。目的是帮助学生理解原文,了解非正式语言及其相应的较为正式语言的区别;设置"词语导学"的目的是简化新词语的学习,引导学生运用偏旁知识和已经掌握的汉字来猜测新词语的意思。这个猜测的过程会使学生易于记住所学的词语,培养他们"融会贯通、举一反三"的能力。设置"导读"和"导学",可以分散难点,与传统教法相比,这部教材学习生词的难度得以降低。

第三,巧用对话,再现课文。

在《意图》每一课的"课文材料对话"中,提供了两段对话,对话的双方,或是课文中的角色,或是处于旁观地位的第三者对作者提出的问题发表意见。"对话"大量使用了该课课文中的语言,不但呼应了课文,而且引人入胜。这样做的目的是显示较为正式的语言在口头交际中的应用,给学习者树立榜样,鼓励他们将学过的词语与句型应用到对话中。有研究者认为,高级阶段应该让学生注意用正式的口

① 印京华:《近五年美国汉语教学状况与发展趋势》,《国际汉语教学动态与研究》,2005 年第 1 期。

语表达自己的看法，培养他们用正式的口语进行交际的能力，特别要训练学生把句子连成段落的能力①。学生由初、中级阶段说日常口语提高到正式的口语，并不是一件自然的、轻而易举的事，需要进行系统、有意识的训练。学生通过《意图》中这些较为正式的"课文材料对话"所获得的语感，将有助于达到这一目的。

此外，《意图》中大量精心编写的练习，注意到了语言学习的规律，力求做到循序渐进和大量的重现。在一定程度上弥补了将文学作品作为教材内容上的不足。

2. 引入修辞手法的学习

二语学习者在高级阶段所用教材的许多内容出自原作，语言比较正式，与初中级阶段所接触的专为第二语言教学而设计或改写的语言材料有较大不同。高级阶段的学习者应学会分析课文中的丰富语料，将获得的语言知识转化为实际应用的语言能力。这样，才能在各种交际活动中恰当、有效地表达自己的观点。对每篇课文内容的正确理解和领会是技能形成的前提。学生到了高级阶段，如果缺乏对汉语常用修辞手法的了解，势必影响对文章(尤其是对原汁原味的作品)的准确理解和表达能力的提高，有意识并且系统地引入修辞教学，对提高二语学习者的阅读和表达能力将产生积极的影响②。

《意图》在"语言知识与技巧"中提供了有关汉语的知识，介绍了汉语常用的修辞技巧，比如，正式语体和口语语体；短句和长句的使用；句子的连接；用反问、双重否定、重复等方法强调；排比、比喻、对偶、拟人、夸张、对比等修辞方法；四字词语、典故、语气词的使用以及使交际更加得体的语用范畴中的谦卑、客气，等等。教材没有从语法层面介绍"比喻""对比"，而从语言运用的角度，用"打个比方说得更

① 刘月华：《关于中文教材课文的一些思考》，《第七届国际汉语教学讨论会论文选》，2002年。

② 吴勇毅：《教材改革创精品有突破——读〈多文体，精泛结合——高级汉语教程〉》，《世界汉语教学》，2004年第4期。

生动”“一比就清楚，说得更有力”来说明，对“为什么使用”“怎样使用”以及“在什么情况下使用”进行了说明，以此帮助学生认识到掌握高级表达技巧的重要性，令人耳目一新。

另外，每一课编写的练习涵盖了词句篇章等各种语言层次，目的是帮助学生在语言表达上能更生动些、简洁些、有力些、文雅些。“介绍汉语各语言层次上的规律，突出与英语的比较，以及把修辞技巧系统化”，“这样的知识在其他现有的汉语教材中似未提及，在学生的语法书中也难找到”[①]。《意图》在这方面具有开创性[②]。

3. 注重培养成段表达能力

当代教育心理学研究表明，最好的学习动机是学习者对学习材料本身发生兴趣。学习兴趣是学习动机中最现实、最活跃，带有强烈情绪色彩的因素，也是产生和维持注意的重要内部因素。兴趣按其起因可分为直接兴趣和间接兴趣。由事物或活动本身引起的兴趣称为直接兴趣；由活动的目的或结果引起的兴趣称为间接兴趣，二者可以互相转化[③]。

二语学习者成段表达能力的提高，是汉语水平提高的标志，可以使他们在学习过程中产生愉快的情感体验，由此产生出间接兴趣，能有效促进第二语言学习。那么，成段表达能力应该如何培养呢？有研究者指出，外国学生普遍存在的语段、篇章表达能力较弱的原因之一，是教材中缺少内容丰富、充实，语言优美，实用性强的背诵材料。赵金铭提出，学习一种语言，创造性地使用语言的基础和前提首先是要背诵[④]。因此，高级汉语教材编写一定数量的易于学生背诵和朗读的课文是非常有必要的。

《意图》中的课文均为文笔优美、凝练的当代文学作品，可以使学习者体会叙述、描写、议论、说明和抒情等不同的

① 参见《意图》前言。

② 在修辞手法的介绍上，《意图》可以说是海外高级汉语教材的先行者。在国内编写的高级汉语教材中，首次有意识地、系统地引入修辞教学的教材，是南京师范大学编写的《多文体，精泛结合——高级汉语教程》（肖奚强主编，北京语言大学出版社，2003 年），参见吴勇毅：教材改革创精品有突破——读《多文体，精泛结合——高级汉语教程》，《世界汉语教学》，2004 年第 4 期。

③ 邓恩铭：《编写对外汉语教材的心理学思考》，《语言文字应用》，1998 年第 2 期。

④ 赵金铭：《对外汉语教材创新略》。

表述手段、风格以及谋篇布局和衔接方法，为学习者成段表达提供了可以借鉴的样本。另外，教材在“语言知识与技巧”中多次介绍了“连接句子，让意思更清楚”的方法，提示教师有意识地加强这一方面的训练。教材中的课后练习设计了“词语与句型”“语言知识与技巧”“活学活用”三个部分，编写者也有意识地安排了课文的若干段落的背诵练习和段落连接练习等，加强了语段、篇章表达能力的培养力度。这样有利于巩固所学的词汇和语法，有利于把握住正确的语感，对口头表达能力和书面表达能力的提高都十分重要。

此外，《意图》在每一课开始都有用英文说明的课程介绍，目的是让学生了解文章作者为实现意图和效果使用的基本语言技巧，有助于师生明确本课的主要学习任务，避免以往一些教材因教学目的不明确而造成的教学目的“因人而异”的问题；该教材在语法知识的介绍和讲解上，尽可能避免使用术语，而是提供具体的语境和大量例句来阐释句型。

(三) 小结

《意图》的编写特点和编写理念，体现出海外汉语教学界同仁对高级汉语教材编写思想的转变和创新，教材选文均源于当代文学作品，蕴含着丰富的文化内容，体现出编写者“语言文化一体化”的教学理念，这种编写思路值得我们参考、借鉴。

当然，《意图》也有需要进一步改善的地方，比如，教材对学习者母语文化和目的语文化的差异关注不够，编写者应及时将这方面的研究成果反映到教材中，使学生在学习语言的同时，了解中国社会文化，积极思考本国文化与目的语文化的异同；教材中还应设计一些有创意性的学习任务，任务的多样性，可以更吸引学生的注意力，促进学生达到语言学习的预期目标；另外，由于教材源于文学作品而导致的词汇难易程度难以把握，也是《意图》有待解决的问题。

阅读《意图》，使我们再一次思考教材编写的针对性问题。杨庆华先生指出，新一代教材的建设，尤其是供国外使用的教材，要考虑国别、民族、文化、环境的特点，提倡中外专家合编教材。教材有了针对性，才能有更好的适用性，才能有更高的实效性[①]。针对海外汉语学习者编写教材，应考虑教学环境和学习对象的特点。需强调的是，针对性应建立在语言文化对比研究的基础上，教材应突出学习者母语与目的语之间的区别与联系，这样，方可体现出不同文化之间的互动，才能使汉语学习达到事半功倍的效果。

① 杨庆华：《新一代对外汉语教材的初步设想——在全国对外汉语教学基础汉语推荐教材问题讨论会上的发言》，《语言教学与研究》，1995年第4期。

第四章　课堂教学与文化传播

汉语国际教育领域中，课堂教学是文化传播的主要渠道。一般认为，课堂教学中的文化传播包括两种形式，第一种是语言课中的文化教学，第二种是专门的文化课教学。本章笔者将分析国内外部分大学的文化类课程情况，以面向来华留学生的中国文学课和中国影视课教学为例，讨论专门的文化课教学的方法。最后，笔者着重讨论深层文化的对外传播问题。

第一节　文化类课程设置情况

一、国内大学文化类课程设置情况分析

（一）关于课程设置问题的讨论

课程设置是在教育目的和具体教学目标的指导下，从学习者的特点和需要出发，根据专业对知识结构和能力结构的要求，最优化地选择教学内容、组织教学进程，形成合理的、相互配合的课程体系。做好课程设置的前提是明确教学目的和培养目标，反过来说，课程设置情况直接反映了教学主体（教学机构或教师）对教学目标和教学内容的认识。

合理的课程设置要处理好语言知识课与言语技能课的关系，处理好语言课与文化课的关系，尤其是不同阶段各类课程的比重问题。国家汉办制定的《高等学校外国留学生

汉语言专业教学大纲》，将外国留学生汉语言专业教育的培养目标规定为“具备扎实的汉语言能力与言语交际能力；掌握系统的汉语基础理论与基本知识；掌握基本的中国人文知识，熟悉中国国情和社会文化”①。这一目标体现了语言与文化并重的思想。

从课堂教学角度看，汉语作为第二语言教学中的文化教学，无论是在国内还是国外，不外乎有两种形式：其一，语言课中的文化教学，即融文化因素教学于语言教学中；其二，专门的文化课教学，如文学史、思想史、中国古代史、近现代史、中国地理、中国政治、中国经济等。两种形式的区别在于，前者是以语言知识（语音、汉字、词汇、语法）的学习和言语技能（听、说、读、写、译）的训练为主要内容，目的是提高学习者运用目的语进行思维、表达和交际的能力；后者是以系统介绍中国文化为主要内容，目的是为学习者提供必要的文化知识储备，以加强他们对目的语国家的思维方式、审美倾向、民族心理等意识形态的理解。

针对第一种形式，即语言教学中的文化教学，许多研究者从不同角度分别论述了文化因素导入的必要性与可行性、文化教学的原则与方法等问题，为文化问题的深入研究做出许多努力：鲁健骥结合基础汉语教学和教材编写的实践，提出“文化介绍应与语言教学的阶段相适应”的观点，并探讨了介绍文化因素的原则与方法②；张德鑫提出“对外汉语教学的最佳模式就是语言文化一体化教学，将文化教学渗透、融化在语言教学之中”③；施光亨认为语言自身的文化因素，如词语中的文化积淀、语法中的思维方式等，当然应该、也必然会融入到语言教学之中，但要注意不能脱离现实生活中的语言交际的需求，不能超出特定阶段语言能力可

① 参见国家对外汉语教学领导小组办公室制定的《高等学校外国留学生汉语言专业教学大纲》，北京语言文化大学出版社，2002年。

② 鲁健骥：《对外汉语教学基础阶段处理文化因素的原则和做法》，《语言教学与研究》，1990年第1期。

③ 张德鑫：《对外汉语教学本质之认识》，《中国对外汉语教学学会第三次学术讨论会论文选》，1989年。

能接受的范围,这样才能有助于语言能力的提高[①]。

这些研究成果表明,汉语教师在课堂教学中要自觉地、有意识地将语言中蕴涵和承载的文化因素介绍给学生,与此同时,还要关注他们在目的语环境中的跨文化适应和跨文化交际问题,使自己站在更高的跨文化的角度上进行语言教学。

关于文化教学的第二种形式,即专门的文化课教学,我们将在下文专门介绍、分析国内外大学的文化类课程设置情况,了解教学主体对第二语言文化教学的认识。

(二) 国内大学文化类课程设置情况

余求真曾考察北京三所高校[②]的留学生汉语言专业本科教育的课程设置情况,通过与韩国大学中文系课程设置情况的对比与分析,得出如下结论:语言技能课在中国大学第一学年和第二学年的课程安排占绝对优势,中国文化课、语言知识课在第一学年基本没有开设,随着年级的增加,文化课所占比重大幅度提高,到了第四学年,中国文化课取代了语言技能课,成为最主要的课程[③]。

程棠在《对外汉语教学目的、原则、方法》一书中介绍了国内五所大学的文化类课程设置情况(见表 4-1-1),他认为这五所大学的文化课程设置有以下四个共同点[④]:

(1) 语言课和文化课的比例,语言课都占 60%以上,体现了"以语言为基础"的教学思想。

(2) 文化课开设的时间和讲授的内容跟学生的汉语水平相适应。这是因为在中国学习文化课,教师用汉语讲授,必须照顾学生的汉语水平。所以,多数学校文化课的比例都是从低年级到高年级逐年增大,而且多数选修课都在高年级开设。

① 施光亨:《对外汉语教学整体设计再思考及其他》,《汉语研究与应用》第一辑,2003 年。

② 三所高校分别是北京语言大学、北京外国语大学和北京师范大学。

③ 余求真:《中韩汉语言专业课程设置之比较》,《国外汉语教学动态》,2003 年第 3 期。

④ 程棠:《对外汉语教学目的原则方法》,第 166 页。

表 4-1-1 国内五所大学文化类课程设置情况

<table>
<tr><th></th><th>必修课</th><th colspan="2">选修课</th></tr>
<tr><td>大学A</td><td>中国概况(中国国情概述);中国文化概说;当代中国社会政治;中国近代历史;中国古代历史;中国现代文学;中国当代文学;中国古代文学;中外文化交流史;中国文化和艺术;汉语和中国文化;中国主要哲学思想流派;体育(中国武术)</td><td colspan="2">汉字的历史和现状;中国旅游文化;中国民俗文化;中国社会与生活;中国少数民族概况;中国人生理论和价值观;中国文化传统思想;中国妇女生活;道教、佛教与中国文化;中国宗教;中国经济和经济政策;中国法律制度;中国对外经济关系;中国对外政策和对外关系;中国历史专题研究;中国文学专题研究;中国文化史专题研究;中外文化比较专题研究</td></tr>
<tr><td rowspan="2">大学B</td><td rowspan="2">中国当代文学;中国现代文学;中国古代文学(1);中国古代文学(2);中国历史(1);中国历史(2);中国概况</td><td>限定选修课</td><td>文史工具书及图书资料检索;书法;中国诗词选评;中国文化概论(1);中国文化概论(2);中国对外关系;文学概论;中国民间文学;中国影视欣赏;中国戏曲阅读与欣赏</td></tr>
<tr><td>任意选修课</td><td>民乐欣赏;中国画基础;中国民俗;中国哲学名著选读;中外比较教育;中国旅游地理;涉外法规</td></tr>
<tr><td>大学C</td><td>汉字文化</td><td colspan="2">中国地理;中文工具书使用和文献检索;中国历史;汉学概论;中国政治法律;中国文学简史及名篇选读;中文影视佳作赏析;中国经济;中国民族与民俗;中国哲学与宗教;中国艺术专题讲座;中国文学史及名篇选读;古代名著选读;儒学概论</td></tr>
<tr><td>大学D</td><td></td><td colspan="2">中国书法;中国武术;中文工具书;古典诗词鉴赏;当代中国概况;中国历史;中国画基础;文学概论;中国文化史;中国宗教;中国现当代文学;华侨华人研究;中国哲学;中国古代文学史;华文教育学概论;中国名著鉴赏与研究;中国法律;中国民俗;中西文化比较;中外关系史;中国旅游文化</td></tr>
<tr><td>大学E</td><td>名家及其作品;古代文学简史;现代文学简史;汉外文化比较;语言及文化;中国简史;中国哲学流派;当代中国</td><td colspan="2">中国文字;文化专题;宗教;戏剧;中国民俗;名胜与旅游;中国书法;中国画;中国少数民族;气功;剑术;民族乐器</td></tr>
</table>

（3）中国文化课跟语言技能训练有密切的联系。因为是用汉语授课，对外国学生来说文化课既是中国文化知识的学习，又是一种很好的听力练习，中国文化教学与汉语教学不是相脱离的。

（4）从有关学校开设的中国文化课内容看，以文、史、哲和当代政治、经济内容为主，有的学校也开设了一些民俗文化课程，但在中国文化教学中不占主导地位。

那么，在当前汉语国际教育发展新形势下，国内大学文化类课程设置情况是否发生了相应的变化呢？

近期，我们通过访谈了解了部分大学文化类课程设置情况。结果显示，留学生本科教育由初级阶段到中高级阶段，言语技能训练课逐渐减少，专门的文化类课程比重逐渐增加，文化类选修课的种类随着学习者汉语水平的提高逐步增加，这与前期研究结果一致。比如，中央民族大学开设的文化选修课包括中国概况、中国文化、古代文学、现当代文学、中文活动组织与实施、中国影视作品欣赏、中国文学名著导读、古代诗词赏析等①。

① 资料来源于对中央民族大学教师的访谈，访谈时间为 2018 年 4 月 26 日。

值得关注的是，一些大学的文化类课程在近几年发展迅速，特别是留学生学历教育，由于设立了不同的专业方向，到第三学年还增设了不同类型的专业选修课或专题讲座。以笔者所在的北京外国语大学中文学院为例，外国留学生汉语言专业学历教育共分为五个方向：汉语本体方向、文学文化方向、经贸方向、汉英双语方向和国际汉语师资专业方向。针对经贸方向，第三学年增设了与经贸活动密切相关的中外经贸交流、中国涉外经济法、国际贸易、国际商法等课程。这体现了教学管理者对文化教学的重视。以文化类普通选修课为例，2003 年时中文学院开设的普通选修课只有 4 门，如今已增至 22 门，具体情况如见表 4 - 1 - 2。

表4-1-2　北京外国语大学中文学院文化类课程

年 级	文化类普通选修课
二年级	中国书法;中国绘画欣赏;中国概况;经济学基础 (共4门)
三年级	中国历史;电影中的中国文化;中国风土人情;国际金融;商务沟通;中国商务环境与实践;中国旅游胜地 (共7门)
四年级	中国民俗文化;当代中国改革与社会问题;改革开放与中国外交;中国当代散文欣赏;文化传播学;中国现代文学作品选读;北京城市史;中国曲艺;儒学经典启蒙;中国京剧欣赏;语言与文化 (共11门)

由此可见,在课程设置方面,文化教学基本上遵循着一个"由少到多、逐步增加"的规律。这种课程设置既符合培养学习者跨文化交际能力的目标,也符合学习者的实际汉语水平和接受能力,具有一定的科学性。但从另一个角度看,课程设置也存在"心有余而力不足"的因素在内:国内高校的汉语教师大多毕业于中文系,虽然大部分教师已系统学习过中国语言知识和中国文学知识,但从整体上说,教师的外语水平有待提高,特别是外语口语表达能力略显不足。课堂教学中涉及到文化背景知识时,很多教师难以自如地运用学习者的母语或媒介语加以介绍,而能直接用学习者母语或媒介语开设专门的文化类课程的教师数量更少,难以满足不同阶段的学习者对文化学习的需求,这是亟待解决的一个问题。

二、国外大学文化类课程设置情况分析

(一) 文化类课程设置情况概览

笔者曾在北京外国语大学国际汉语教学信息中心兼职三年,中心的主要任务是了解国外汉语作为第二语言教学

表4-1-3　国外大学文化类课程设置情况

分类	国名	大学名称	所开设的文化类课程
汉字文化圈	韩国	首尔大学	古代文化、古文选读、当代文学、当代名著选读、古典文学研究、中国文学史、中国文学介绍、中国古诗选读、当代中国文学选读、现代文学、古代小说选读、中国古代戏剧选读、散文选读、诗经、楚辞欣赏
		全南大学	经书讲读、中国文学史、中国文学理解、中国古典诗歌、中国古典散文、中国古典小说、中国古典戏剧、文学概论、中国现代文学理论、中国现代诗歌、中国现代散文、中国现代戏剧
		延世大学	中国文化概论、近代文化史、中国概况、历代诗歌选读、现代散文选读、唐宋散文选读、现代小说选读、诗经、文言小说、中国古代戏剧、中国小说史、中国古代文学史、中国现代影视艺术
	日本	东京外国语大学	中国的传统和现代、中国音乐史概说、近代中国思想史、中国古代诗词、中国城市电影论、中国现代文学史、中国古代文学史、台湾地区和香港地区的文学、中国现代文学研究、现代中国研究入门、中国近代文学研究、中国近代史、当代中国社会的政治经济
		早稻田大学	中国文学基础、中国古代文学、中国近现代文学、中国武侠小说研究、中国唐宋诗词研究、中国诗歌概论、中国戏曲史、中国文化概论、中国小说史
		日本大学	中国古典文学和思想、中国现代文学和思想、中国古典诗文、中国古典小说、中国古代思想、中国近现代思想、中国古典文学史、现代中国作家研究、中国的音乐文化、中国的民族文化、中国的电影和戏剧、中国的宗教
非汉字文化圈	新西兰	坎特伯雷大学	中国文化介绍、中国文学简介、儒家思想、中国电影一百年、中华人民共和国成立后的中国社会和文化
		奥克兰大学	从电影与文学看1950年前的现代中国、从电影与文学看1950年后的中国、中国主要哲学思想流派、中国古代文学、中国现代文学、国外汉学研究、明清时期的中国
	美国	加州大学洛杉矶分校	中国文化、中国现代文学读物、古代文学读物(诗歌、散文、小说)、传统故事与戏曲、中国当代文学与文化专题、在美华人文学与电影、中国电影专题、中国佛学、中国佛经简介、中国哲学原著读物、中国观念简介、中国神话、中国现代文学、中国现代文学史、专题讨论(中国古代诗歌、中国文学选题、中国文化史选题)、中国诗歌专题、中国文学批评、古代中国的天、地与君主政体
	加拿大	不列颠哥伦比亚大学	20世纪中国文学读物、20世纪中国短篇故事、20世纪中国文学、中国前现代文学读物、中国前现代小说与戏曲、中国古代诗歌读物
	法国	国家东方语言学院	中国地理、中国古代历史、中国现当代历史、中国古代艺术史、中国区域地理、中国古代社会状况、中国古代建筑及艺术史、中国哲学通史、中国文学通史、中国与西方(14—20世纪)、华人世界代表宗教、中国社会人类学
	瑞典	斯德哥尔摩大学	中国知识、中国文化、中国历史、中国哲学、书法艺术、现代文学选读、古典文学选读、广播影视欣赏

的发展情况，为国家的宏观政策和自身的微观发展提供参考。中心出版的《国外汉语教学动态》（现名《国际汉语教育》）是国内第一个以报道国际汉语教学信息为要务的专业刊物。通过《国外汉语教学动态》，我们了解到一些国外大学汉语言专业本科教育（各大学专业名称不同）的文化类课程设置情况。现整理如表 4-1-3[①]。

当然，国外大学的文化类课程设置情况远比我们这里介绍的内容更为丰富，限于当前掌握的材料，我们难以全面介绍国外大学开设的文化类课程。但从上面有限的材料中，我们也可以总结出一些特点。

① 资料来源：国外汉语教学动态，2004 年第 1 期—第 5 期，外语教学与研究出版社。为行文方便，依据这些国家是否属于汉字文化圈将其分为两类：一是以日、韩为代表的汉字文化圈国家，二是以美、法等为代表的非汉字文化圈国家。

（二）文化类课程设置特点分析

1. 开设时间早，且贯穿语言学习始终

同国内大学相比，国外大学开设专门的文化类课程的时间都比较早，专门的文化类课程几乎贯穿于汉语第二语言教学的全过程，且大多由深谙中国文化的资深教授担任。

国外大学针对初级汉语水平的学习者虽然开设了一定数量的言语技能课，但专门的文化类课程所占比重更大。许多大学从第一学年就开设了诸如中国历史简介、中国文学简介、中国概况等专门的文化类课程，任课教师通常使用学生的母语授课。这种课程设置的可取之处在于：缩短了学习者与第二文化的社会距离和心理距离，可以减少文化差异引起的紧张和不适。汉语学习者对中国文化有所了解并产生兴趣之后，会更加喜欢学习汉语，以期更深入地了解源远流长的中国历史与文化。由此便构成了一个“了解第二文化→学习第二语言→更深入地了解第二文化→更好地运用第二语言进行交际”的良性循环形式。

2. 突破传统形式,注重现代化教学手段

国外大学大多十分注重运用现代化教学手段,充分利用先进的多媒体技术进行文化课教学。许多大学突破了传统的汉语教学形式,以不同形式开设了中国电影课(或称影视汉语教学),比如,新西兰的奥克兰大学(University of Auckland)开设了“从电影与文学看 1950 年前的现代中国”“从电影与文学看 1950 年后的中国”;坎特伯雷大学(University of Canterbury)开设了“中国电影一百年”等等。

众所周知,影视教学的优势在于图文结合、声情并茂,可集视觉、听觉刺激作用于一体,以生动、形象的画面给学习者最为直观的感受,具有传统教学形式无法比拟的直观性和趣味性。二语学习者观看和欣赏中国影视作品,不仅可以训练汉语的听说能力,也能了解中国的国情、中国人的思维方式、处事原则及生活态度等,这对非目的语环境的学习者尤为重要。

3. 种类丰富,可为学生提供更多选择

与国内大学文化类课程相比,国外大学的文化类课程种类更为丰富,可以为学习者提供更多的选择。以文学类课程设置为例,从文学批评到文学史(包含了中国古代、近现代、当代作家和作品);从古代神话故事到诗经、楚辞欣赏,从唐诗宋词到明清小说专题,内容丰富多彩、包罗万象。诗歌、散文、小说、戏剧等各类文学体裁都有所涉猎,内容之广泛堪与国内大学中文系的课程设置相媲美。任课教师在讲解中国历代文学史、优秀作家和作品时,并不追求学习者与作家、作品产生感情上的共鸣,而是注重分析文学作品中的形象、意境所蕴涵的艺术美,注意引导学生体会作品中包含的文化意义,以此达到了解目的语国家的目的。

此外,我们还注意到这样一个现象:以日、韩为代表的汉字文化圈国家,自古以来深受中国传统文化的影响,其文化类课程设置更偏重于中国古代的文化;以美、法等为代表的非汉字文化圈国家,则更侧重于研究近现代的中国。形成这一现象的原因是什么呢?这需要我们做进一步的研究。

三、问题与启示

(一) 存在的问题

国外大学将汉语作为第二语言教学的课程设置也存在一些问题,最为突出的是,在有限的课时条件下,侧重文化类课程教学,必然会导致听、说、读、写等言语技能课的课时不足;另外,任课教师如果完全使用学生母语授课,势必导致目的语输入量不足的问题,这会影响学习者汉语表达能力的提高。

笔者受大学派遣,到日本一所大学担任汉语专业二年级学生的口语课教学工作。在教学中发现,不少学生用汉语表达时非常紧张,即便是日常生活中的简单应答也有力不从心之感。为此,我们对日本大学生在母语环境中的汉语学习情况、学习过程中的难点和需求进行了调查[①]。调查结果显示,学生用汉语交流时普遍感到紧张,三分之二以上的学生表示除了上汉语课以外,基本没有或完全没有说汉语的机会。除了一年级学生以外,其他年级 80%以上的学生希望教师在技能课上多用汉语,少说日语。对日本学生来说,语音、汉字、语法、词汇四个语言要素中,由难到易排列顺序为"语音>语法>词汇>汉字";在听、说、读、写四项言语技能中,他们认为最迫切需要提高的技能由高到低排序为"说>听>写>读"。我们认为,在二语学习者可以理解的前提下,教师在课堂教学中应有意识增加目的语输入量,尽量少用学生的母语,这一点对非目的语环境中的第二

① 本研究的调查对象是日本名古屋外国语大学外语部中国语学科一至四年级的学生,学生总人数为 233 人。共发放问卷 233 份,回收有效问卷 233 份(n=233),回收率 100%。参见刘继红:《面向日本大学生的汉语学习情况调查》,《国际汉语教育》,2017 年第 1 期。

语言教学尤为重要。

另外,国外大学文化类课程设置内容虽然丰富,但从教学安排上没有体现出循序渐进的原则,以文学类课程设置为例,是先开设文学史课,还是先开设文学作品欣赏课;是先开设古代文学课,还是先开设近现代文学课,各个大学没有统一的标准,同样存在因人设课的现象。

(二) 启示与讨论

为完善第二语言教学中的文化教学,真正实现语言与文化的一体化教学,我们应在借鉴国外汉语第二语言教学经验的基础上,探索符合目的语环境中的文化教学形式。为此,我们需要做好以下几个方面的工作。

1. 制定文化等级大纲以指导教学

制订一个由浅入深的文化等级大纲,是汉语作为第二语言教学面临的一个刻不容缓的任务,也是其进一步发展的内在要求。从广泛意义上说,文化教学大纲应明确以下两个问题:第一,针对语言课中的文化教学,应明确在语言教学的不同阶段(初级、中级和高级阶段),应该、需要和可以解决哪些文化问题,词语、课文中可以融入哪些文化因素、如何安排顺序,这关系到教材编写和课堂教学方法等问题;第二,针对专门的文化类课程设置问题,要明确在第二语言学习的不同阶段适合开设多少、开设哪些文化类课程,针对不同的专业方向可以增设多少、增设哪些相应的文化类课程等等。文化等级大纲的制订需要国内外汉语教学界的专家学者及一线教师共同付出努力。

遗憾的是,由于文化内容的丰富性和复杂性,时至今日,文化等级大纲依然没有出台。令我们略感欣慰的是,2008 年孔子学院总部/国家汉办颁布了《国际汉语教学通用课程大纲》,《大纲》附录中提供的《中国文化题材及文化任务举例表》,为我们探讨不同阶段的文化教学内容提供了重要的参考。在此,我们将《大纲》中关于“风俗礼仪”的文化任务整理如下:

表4-1-4　关于“风俗礼仪”的文化任务举例

等级	学习任务
一级	1. 初步了解中国人见面时的礼节:除“你好”外,也用“您好”“吃饭了吗?”或者“去哪儿?”等表示问候; 2. 初步了解中国人赋予颜色的文化含义:如红色表示喜庆; 3. 初步了解中国人赋予数字的文化含义:喜欢数字6表示顺利;8谐音“发”;9表示长久;不喜欢数字4,因谐音“死”。
二级	未见
三级	1. 了解中国人送礼物和接受礼物的习惯表达方式,如,不当面打开礼物等; 2. 了解中国人过生日的传统习俗:吃长寿面以及现代中国多数人喜欢吃蛋糕的变化; 3. 初步了解中国人告别时的礼节:除“再见”外,还有“留步”“慢走”等表达方式以及与此相关的送客人一程的告别习惯。
四级	1. 了解春节是中国最重要的传统节日及其风俗习惯:吃年夜饭、贴春联、拜年、吃饺子等; 2. 了解端午节是中国民间比较重要的节日及其风俗习惯:赛龙舟、吃粽子、插艾条等; 3. 了解中秋节是中国的团圆节及其风俗习俗:吃月饼、赏月。
五级	1. 了解一些著名旅游景点的风俗习惯,如云南的少数民族对山歌、舞蹈及文化等; 2. 理解中国人尊老爱幼的优良传统; 3. 了解中国男尊女卑的历史以及现在提倡男女平等的现状; 4. 了解中国目前的黄金周及其带来的社会影响:国庆节长假、旅游热和消费热。

由上表内容可知，“风俗礼仪”这一主题涉及了日常问候和告别、重要节日习俗、历史传统、当代生活等内容。《中国文化题材及文化任务举例表》使文化传播的内容更为明确，文化教学任务更为清晰，为文化教学大纲的建立奠定了基础。

2. 提高教师专业素质以促进教学

第一，汉语教师应提高自身素质，加强语言知识、文化知识的学习和外语技能的培训。

汉语国际教育事业赋予教师双重的任务和使命，既要承担汉语言知识的教学，又要担负起文化传播的任务。汉语教师应不断完善自己的知识结构，有计划地接受专业知识培训，提高自己的外语水平，以胜任教学工作。同时，学校应发挥教师不同的专业优势，鼓励教师开设文化类专业选修课、专题讲座等，为汉语学习者提供更多了解中国文化的机会。

第二，积极使用现代化教育技术，发挥各类媒体的优势，实现最佳课堂教学效果。

随着科技的发展，将多媒体技术引进课堂教学是一个必然趋势。电化教学声画合一的特点为语言教学提供了更为有利的条件。为此，我们应积极尝试将现代教育技术引进汉语教学，加大力度开发以第二语言教学为目标，集文字、画面、声音于一体的立体化教学资源，以满足现代化教学的需要。汉语教师应在思想上认识到教育技术的更新势必引发语言教育事业的发展与变革，为适应信息时代的发展，不断更新自己的知识体系，努力掌握现代教育技术，积极探索如何运用各种媒体优势优化课堂教学。

3. 发挥目的语环境优势优化教学

要充分利用目的语文化环境，为外国留学生增加社会实践的机会，将课堂教学与学生的课外实践活动结合起来，实行一种寓教于乐的开放式文化教学。有研究证明，这种教学思路在国内某些大学已经付诸实践，并取得了较好的教学效果[①]。

需要指出的是，文化教学不能仅依靠课堂上的讲解，汉语教师在充分认识到文化教学重要性的基础上，在日常生活中、在与学生打交道过程中要有意识地成为中国文化的传播者，为学生创造更多的接触中国文化的环境。在笔者所执教的北京外国语大学中文学院，有不少教师利用课余时间布置教室，有的张贴中国书法、绘画作品，有的张贴中国名胜古迹的照片，有的张贴《论语》中的经典语句，再加上教师深入浅出的讲解，学生在潜移默化中感受到中国古代文化的精髓，这既美化了教学环境，又提高了学生的审美情操，可谓一举两得。

总之，专门的文化课是汉语国际教育不可或缺的一部分，是中国文化对外传播的重要渠道之一，文化课的设置也体现了教学管理者对文化传播内容的认识与思考，关注国外汉语教学领域文化类课程设置，对中国文化传播问题的研究亦有启示。

① 辛平：《充分利用文化大环境开设文化实践课——文化课教学模式新探索》，《第六届国际汉语教学讨论会论文选》，1999年。

第二节　针对留学生的中国文学课

课堂教学是学习者提升语言综合能力和了解中国文化的重要平台。本节笔者以针对留学生的中国文学课为切入点讨论专门的文化课教学。

一、留学生学习中国文学课面临的困难

随着汉语学习者文化学习需求的上升，汉语作为第二

语言教学课程设置日益系统化、规范化，文学文化类课程的开设与讲授逐渐成为汉语教学课程框架中一个重要内容。针对中高级水平的汉语学习者，国内许多高校纷纷以选修课或必修课的形式开设了诸如“中国文学作品选读”“唐诗宋词选讲”等文学类课程。这些课程的设置，不仅有助于提高学习者的汉语技能，更能帮助他们感悟中国几千年的历史文明，了解中国人的传统思想和思维方式，体会中华文化的柔性魅力。

然而，面临的难题也是显而易见的。笔者在多年的教学中发现，尽管开设此类课程的良好愿望与学习者的需求相一致，但在实际教学中却未能达到预期的效果。相对于语言综合课和技能课而言，文化类课程内容繁杂，难度偏大，学生感觉压力很大，甚至产生焦虑、失望进而怀疑：我们在文学课上究竟能学习到什么？文学课对我们有什么帮助？学生的疑问不禁令笔者思索：留学生在文学课学习过程中主要面临的困难是什么，应该采取哪些措施解决这些问题？

留学生在文学课学习过程中面临的困难主要表现在以下两个方面：

（一）历史时间的隔膜

现在通行的文学类课程教材中，古代文学作品在全书所占比例约为 50%—60%，涉及的时间跨度常常可上溯到唐代(公元 618—907 年)。解读文本时，为了说明问题，有时需要适当援引一些历史文献资料进行佐证，这样一来，涉及的历史时间更为久远。比如，讲解唐代诗人王之涣的《凉州词》时，为了说明“生还玉门关”是古代戍边军人的心愿，曾引述《后汉书 · 班超传》中的一段话：“不敢望到酒泉郡，但愿生入玉门关。”这就要求学生将头脑中的历史时间表迅速上移到 1900 多年以前的历史时空。我们的教学对象大多为 20 多岁的留学生，尽管有些学生来自汉字文化圈国家，但对历史作品仍存在着强烈的生疏感。这种生疏使他们失去了学习古代文学作品的兴趣和信心。来自汉字文化圈国家的学生尚且如此，古代文学作品对于非汉字文化圈国家的学生恐怕更是难上加难。

（二）历史情境的陌生

无论解读古人作品，还是今人作品，都应遵循“读其书，知其人”的原则，二者之间有清晰的互动作用。若想知其人，则离不开对创作者依托的历史情境的了解，这又是留学生学习文学课的一个难点。比如，在讲解南宋词人辛弃疾的《青玉案·元夕》时，首先要为学生介绍这首词的创作背景，即南宋统治者面临强敌压境，国势日衰却不思进取，偏安江左，沉湎于歌舞享乐中。词人力主抗金北伐，而统治者却对其弃而不用，故而词人内心十分苦闷。这首词中，那个在灯火阑珊处超群拔俗的孤傲女子正是词人不愿与世俗同流合污的孤高品格的写照。显然，讲解这首词必然涉及宋金对峙、南宋朝廷追求偏安的历史背景。对留学生而言，这段历史相当陌生，处理不当的话，学生将如坠云里雾里。历史情景的陌生感不仅存在于古代文学作品的解读中，也存在于现当代文学作品的学习中，比如，我们讲解鲁迅的小说《孔乙己》时也遇到类似的尴尬，由于不了解历史背景，留学生难以理解孔乙己人生悲剧的成因，也无法体会出鲁迅先生将孔乙己刻画为“站着喝酒而穿长衫的唯一的人”的匠心与深意。

文学作品不仅是一门语言的艺术，同时也是对某一时期社会现实和人们生活的写照,对第二语言学习者了解目的语国家文化具有重要作用。因此,文学类课程的设置是必要的。但如何培养学生对文学课的学习兴趣,减少他们的畏难情绪,仍需要教师在教学实践中不断探索。

二、改进中国文学课教学的策略

(一) 文本的选篇原则:以故事性、民俗性为主

选择哪种类型的教学文本是教好文学类课程的一个关键环节。目前,不少针对留学生使用的文学课教材在选篇上仍然难以摆脱传统中文系的权威思路:或是按照现行文学史上作家的地位来确定作品,或是依照文学体裁的发展依次选入诗词、散文、戏剧、小说。笔者以为,这两种选篇原则均不适合留学生的文学课教学。另外,选编如过于突出政治气息,或强调唯美,也不适合留学生,因为大多数留学生并不关注解读政治背景下的国计民生或精致的格律艺术,相比之下,他们对文学作品中折射出的民俗文化现象更有兴趣。因此,在选编文本时,应结合教学对象的需求,以民俗文化为主,以政治背景、艺术美特征为辅来编选。

1. 选编作品应关注文本的故事性

以现代文学作品中的两篇散文为例,一是郁达夫的《故都的秋》,一是陆蠡的《囚绿记》。相比之下,后者的授课效果明显好于前者。这无关乎作家的历史地位,而是文章风格的差异使然。郁达夫的《故都的秋》散文特征过于突出,作者的思维跳跃幅度极大,文中选取的故都场面既有“面”,也有“点”,学生难以把握主线。陆蠡《囚绿记》则以常春藤的命运为主线,行文线索是寻绿 → 观绿 → 囚绿 → 放绿 → 怀绿,一波三折的情节均关联常春藤的生存,学生在

掌握常春藤生存变化的主线时,自然而然接受了作者追求光明自由,不向强权低头的主题。同样,朱自清的《背影》以"我"理解父爱为线索,学生在寻找"我"对父亲态度的变化细节时,轻松地理解了文章歌颂父爱的主题。因而,故事性强的作品往往能取得较好的教学效果,而说理性强、艺术性强的散文则较难理解,这是国情差异、文化差异所决定的。目前图书市场上常见的《唐诗中的故事》《故事本中国文学史》等文化推广型图书,突出了文学作品的故事性和趣味性,值得我们借鉴。

2. 选编作品应关注文本的民俗性

文学作品蕴含的风俗文化是学生兴趣所在。我们以北宋词人秦观《鹊桥仙》的教学为例:

纤云弄巧,飞星传恨,银汉迢迢暗度。
金风玉露一相逢,便胜却、人间无数。
柔情似水,佳期如梦,忍顾鹊桥归路。
两情若是久长时,又岂在、朝朝暮暮。

在教学时,我们先以"牛郎织女鹊桥会"这个流传于许多汉字文化圈国家的故事为切入点。首先,组织学生一起讲述这个故事,消除学生对词作的陌生感;然后,进入文本句意的基本讲解;再由文本学习转入民俗文化学习,介绍"七夕"这个节日在中国民间的意义;最后再回到作品,引导学生理解秦观重写鹊桥相会故事的创新及"两情若是久长时,又岂在、朝朝暮暮"的当代意义。至于"纤云""飞星"这样表现秦观高超炼字艺术的审美特征,则简化处理,稍加点拨即止。这样的方式能引发学生思考、讨论,使他们更深入地理解词作的丰富内涵和文化底蕴。学生对这样的讲解反响热烈，我们取得了良好的教学效果。

文本合适与否决定了文学课程的讲授是否成功，汉语教师需站在文化传播的角度考虑这一问题，使文学课成为提升学习者文学审美素养的媒介，成为他们了解中华文化精神的窗口。

（二）文本的释读方式：从文本接受到文化联想

对留学生的文学课教学应该采用什么样的方式？这是我们思索的又一个问题。考虑到学习者的国情、教育背景、语言水平的差异，讲授文学作品时不应受限于传统中文系"文学史"与"作品选"分开、突出文学作品审美性等教学思路。笔者在教学实践的基础上提出文学课要贯穿联想性与文化性原则，使学生尽可能走近文本的时代，走近创作者的心态，从而与其产生共鸣。

1. 以文本接受为起点，以文化释读为目标

我们采用的方法是从文本出发，讲授作品辐射出的文化亮点。以唐代诗人李白的《静夜思》为例：

床前明月光，疑是地上霜。
举头望明月，低头思故乡。

这原本是一首老少皆知的五言诗，就作品本身而言，20个字组成的文本几乎没有生词。我们在简单梳理文字的基础上，迅速进入第二环节，即文本主题的解读，这是教学环节的真正展开。为了启发思考，我们给学生提出这样一个问题：诗人是怎样将自己的思乡之情表达出来的？然后让学生描述"疑""举头"和"思"三个动词所连接的心理活动进程，解读文本思乡主题。但本诗的教学目标尚未完成，学生

的疑问是：如此简单、浅显的一首诗，为什么可以跨越时空，传唱至今呢？这就需要我们进入第三环节，即文化释读部分：笔者引入“月亮”意象与家国之思的关系作为这一部分的亮点，目的是使学生理解用“月亮”表达家国之思是中国文学的常见手法，也是海内外华人的共同心声。这部分内容分两个步骤进行：

第一，是援引古今含有“月亮”的诗句做例证分析，既有唐诗宋词中“海上升明月，天涯共此时”“但愿人长久，千里共婵娟”等例子，也有现代诗人的“月之故乡”以及当代台湾诗人席慕蓉(《七里香·乡愁》)“故乡的歌是一支清远的笛，总在有月亮的晚上响起”的诗句，甚至还包括“月亮代表我的心”“明月千里寄相思”之类的通俗歌曲，多元化的例子更能让学生领悟“明月”寄“乡情”的表达方式是中国人普遍认同的。

第二，是在解读大量诗词歌词例句的基础上，讨论汉字文化圈中沿袭至今的中秋节习俗的国别差异，学生发言踊跃，课堂气氛良好。最后，再简单介绍一下《静夜思》的作者李白。这样，学生既掌握了文本内容，也拓展了文化视野。学期末的调查反馈信息显示，学生对这样的授课方式比较满意。

2. 架设文本与接受者之间的联想桥梁

在文学课教学调查中，我们常听到学生的疑问是：这些作品，现实生活中用不到，学了以后有什么用？面对这种疑问，汉语教师要讲出文学课“古为今用、中为洋用”的实际意义。在教学中，我们要想方设法架设一座联想的桥梁，让学习者尽可能地靠近彼时彼地的作品，从而发现“过去的”文学在今天依然存在活力。“联想”包括以下两种：

第一，是古今联想。以讲授唐代诗人王昌龄《出塞》

为例：

秦时明月汉时关，万里长征人未还。

但使龙城飞将在，不教胡马度阴山。

为了让学生接受“边塞诗”的概念，考虑到教学对象中的韩国学生大多有服兵役的经历，我们组织学生先讨论从军感受以及军旅文化，然后，再导入唐代军歌——边塞诗——出塞的教学环节，这样一来，学生对异国异时文化的隔膜感大大减少。文本释读结束后，我们仍以现实生活中的从军感受为桥梁，启发学生了解盛唐的强大国力与早期边塞诗中“建功立业、积极向上”的主题之间的联系，从而达到文化释读的目的。最后，通过思考练习来检查预期的教学效果。

再如，学习《揠苗助长》时，我们仍采用“古今联想”的方式，在文本解读完成后，组织学生讨论当代各国教育界存在的类似现象。学生们讨论热烈，有的介绍家长对自己的“助长”故事，有的询问中国家长对子女的“助长”行为，也有人讲述自己国家当代教育中存在的“揠苗助长”现象。如此一来，相隔千年的文本一下子变得亲近起来，在这样的氛围下，我们介绍孟子的思想主张以及他在儒家文化中的地位，就容易多了。

第二，是中外联想。汉字文化圈的国家大多受儒家思想文化的影响，这无疑为文学课教学提供了便利。因此，在教学中，恰当引入比较文学、比较文化的视角可以增强学习者对中国作品的亲近感。我们在讲授唐代诗人白居易的作品时，引用日本汉诗作品进行对比；讲授苏轼“不知天上宫阙，今夕是何年”时，让学生讲述韩国的月宫传说，凡此种种,目的只有一个,利用联想的桥梁连接古今时代,连接中外空间,激发学习兴趣。

三、中国文学课教学可利用的资源

(一) 有效资源的使用

现代教育技术的发展与完善为汉语第二语言教学提供了更为广阔的空间和手段。多媒体技术可以综合处理文本、画面、图像和声音等多种媒体信息,以其丰富的影音画面效果、灵活便捷的链接方式博得了中外学习者的喜爱。运用现代多媒体技术,不仅能提高教学效率,增加学习者的兴趣,更可以加深学习者对学习内容的理解和接受。如今,多媒体技术的应用已成为课程建设和教材评选的重要指标。

目前,很多大学都用影视声画技术来讲授文学课程,引导学生观看诸如《唐之韵——唐诗》《跨越千年的文明》《百家讲坛》《故宫》等资料翔实的人文历史纪录片和电视节目,这已成为文学课一个重要的辅助手段。然而,这些资料片在对中国学生的教学中可以淋漓尽致地发挥作用,但对留学生教学并不实用。如何运用多媒体技术支持我们的文学课教学,从而使第二语言学习者跨越语言障碍,感受中国传统文化的魅力呢?这是我们在教学中一直思考的问题。在此,我们介绍一下教学中经常使用的方法。

1. 制作课件提示要点

现代教育技术应用于留学生课堂教学最常见的方式是制作教学课件,教师课堂上主要采用 PPT。PPT 技术便捷易学、变化灵活,适用于留学生课堂教学。留学生文学课教学力求教学思路、课堂表述的清晰化,而并非要求具有强大的信息量。也就是说,知识的传播不在于求多,而在于求精。PPT犹如导航员一样,带领学生跟上教师的逻辑步骤,既可以暂离课件听教师展开讲析,又可以随时集中注意力回到教学主题上来,避免学生因语言障碍陷入"只见树木,不见森林"的状态。同时,PPT是教学要点的集中体现,是教学内容的重点提示。

使用PPT时,我们要注意综合运用它的提纲功能与资料附件功能,既发挥PPT的导航作用,又使它成为某个具体知识点的链接平台。以唐代诗人杜牧《清明》为例,我们将词语学习、文本释读、作品艺术特点、作者简介、思考练习等五个部分,作为本课的主体思路和教学重点,以此为依据制作PPT。然后,将课文延伸至文化层面,即"杏花村"和"清明节习俗"的介绍,这是本课的教学次重点。在PPT课件中,我们以"杏花村的来历"及"清明民间习俗"作为背景材料,用通俗浅显的词语介绍文献中的相关资料,将其作为本课内容的拓展链接,展示给学生,使他们能够将古代作品与中国文化习俗结合起来,教学内容既有知识性,也有趣味性。另外,由于PPT可以随时插入图片,便于教师插入相关的考古图片、文物、古玩图片等,教师也可点到为止地将这方面的知识介绍给学生,从而使"中国文化"一词落到实处。如,我们讲述《清明》中杏花村时插入一幅"牧童指处"的石刻图片做辅助资料;讲述唐代诗人柳宗元《江雪》时,插入一幅《江雪》画意的玉壶雕刻图片,同时附以文字说明:

空中雪花纷飞,山中无鸟兽,路上无人迹。一位头戴斗笠、身披蓑衣的老翁,独自垂钓寒江。这首诗歌咏隐居山水的渔翁,寄托自己清高孤傲的情怀,抒发政治上失败的苦闷和压抑。玉壶雕刻材料的选择与作者孤寂的心情以及自己不愿与当权者同流合污的内心追求相一致。

“图片＋文字”的形式可以帮助学生理解玉器洁净的品质与本诗作者洁身自好心态的契合。又如我们在介绍苏轼时，即兴插入他的书法图片，讲解他的人生经历时，插入西湖苏堤图片，甚至还插入了“东坡肉”的图片。在PPT的支持下，我们向学生展示出一个多才多艺、倍受民众喜爱的苏轼形象，这种形式融文学、文化、旅游于一体，增加了信息的输出量，也提高了趣味性。

2. 利用动画降低难度

从大众教育层面来看，当代大学生阅读图画的兴趣远远超过阅读文字的兴趣。因此，我们在汉语教学过程中也要借助通俗易懂的现代传播形式。教学中，我们思考如何利用图画的形式解说文本。对于留学生文学课教学来说，FLASH动画可以起到重要的辅助作用。比如，在讲解成语故事《揠苗助长》《刻舟求剑》《黔之驴》时，为了消除学习者对古文的畏难情绪，我们先要抛开课文，播放一段成语故事的FLASH短片，在影音画的氛围中，学生一边看一边理解，然后让他们根据动画片讲故事，最后再导入教学内容。学生有了一定的理解基础，再解读文本就容易多了。

3. 借助图片解说文意

和FLASH动画一样，图片同样是讲授文学课的良好媒介。我们不妨把中小学语文教学中常用的“看图学诗词”的形式借鉴到留学生课堂中来。以唐代诗人白居易《赋得古原草送别》的教学为例，作品涉及到“芳草寓别情”这一文化内涵。为了帮助学生理解诗意，我们展示一组名为“《赋得古原草送别》意境图”的图片，一共六幅，图片内容有所衔接，具备连环画特点。在主体内容完成后，组织学生看图翻译——将古诗译成通顺的现代汉语，然后让学生看图讲解“芳草寓离情”的文化象征意义。同样，在讲解唐代诗人李白的《送孟浩然之广陵》、柳宗元的《江雪》等作品时，我们都采用了诗歌的意境图画配合文本讲析。另外，我们还采用以地图助读的形式，帮助学生理解原文。比如，唐代诗人王之涣的《凉州词》和王维《送元二使安西》中涉及玉门关、阳关、安西等地名。为了让学生能充分体会诗中对西部边陲地域苦寒的感叹，进一步感受作者的情感用意，我们给学生展示含有上述地名的西北区域地图，加深学生对文本中地名的感性认识，在地域对比中，让学生设身处地感受作者的心境。

4. 使用音乐加深印象

与文学作品有关的音乐也是有效的辅助手段之一。我们常采用的方法有两种：一是配乐诵读。如讲解李白《静夜思》时，先播放文本的音乐诵读，将学生带入恬静的诗歌氛围中，为讲析做准备，教学内容完成后，重放音乐诵读文本，帮助学生加深课文印象。二是唱歌学诗词。优美的唐诗宋词传唱千年，今人为其重新配乐，魅力依旧。我们可以将演唱诗词的形式进入文学课课堂。在讲授唐代诗人李商隐《无题 · 相见时难别亦难》和北宋词人苏轼《水调歌头 · 明月几时有》时，我们给学生播放了歌手徐小凤、王菲演唱的同名歌曲，学生在学唱的过程中放松了心态，在接受文本知识与文化知识时也更有兴趣了。

5. 借助影片辅助教学

同 FLASH、音乐一样，影视作品同样是当代青年学生热衷的文化传播形式。在留学生文学课教学中，可以有针对性地借助电影辅助课堂教学。我们讲授北朝民歌时，给学生播放迪斯尼动画片《花木兰》，让学生感受女扮男装、代父出征的木兰形象，从而理解北朝民歌清新、刚健的风格；讲授朱自清《背影》时，给学生播放张艺谋的新片《千里走单骑》，组织学生讨论“父爱”主题，从而引入《背影》的教学。讲授张爱玲的散文时，给学生观看改编自张著的电影《半生缘》等等。

(二) 小结

无论是PPT、图片，还是音乐、电影，这些数字化教学手段在文学欣赏课教学中都积极发挥着作用。借助现代教育技术，我们可以调动学习者的积极性，最大限度地化解语言障碍，减轻他们的学习压力，帮助学习者真切地感受中国文化的魅力。可以说，现代多媒体技术是中国文学文化类课程最有效的支持手段。

综上，中国文学课是将汉语作为第二语言教学中不可或缺的一个内容，也是传播中华传统文化的窗口。本节我们以教学实践为基础，提出编选合适的教学文本，形成文化趣味性的授课方法，研发多媒体课件等教学策略，希望我们的讨论有助于解决此类课程的教学难点，对文化类课程教学有所启示。

第三节　针对留学生的中国影视课

现代教育技术的发展与完善为汉语第二语言教学提供了更为广阔的空间和手段。近些年来，国内外许多大学设置了专门的影视课，以中文影视作品（电影、电视剧、纪录片等)为主要教学内容,并取得了较好的教学效果。本节我们将结合教学实践讨论开设影视课的必要性和目的,影视课的教学原则和方法等问题。

一、开设影视课的必要性和目的

(一) 开设影视课的必要性

影视课以精彩的影视作品为主要教学内容,为第二语言学习者提供了真实的语言交际环境,将课堂学习与习得有机地结合起来。

第二语言习得理论研究成果表明,成人可以通过有意识的学习和潜意识的习得两种途径(或系统)学习语言,习得更侧重于语言的功能和意义,主要是通过真实而有意义的交际活动实现。我们不仅要为学习者讲解必要的汉语语音、词汇、语法、汉字知识,而且要尽可能为他们提供更多的交际环境,促进语言习得,以提高他们的汉语表达能力。

众所周知,优秀的影视作品或取材于现实,或根植于历史,无不蕴涵着深刻隽永的人生哲理,饱含了创作主体的审美情感和体验,融注着对现实美的发现和思索,具有感人的艺术魅力。影视作品中自然而丰富的语料,不但可以使学习者接触到大量生动、地道的汉语,还能使他们身临其境地感受到,目的语国家的人在不同的交际环境中为达到不同的交际目的,是如何运用语言交际手段和非语言交际手段,如体态语(包括基本姿态、动作、表情等),完成交际任务的。在学习者获得感性体验的基础上,教师进一步围绕影视作品的内容,设计、组织和指导各种形式的情境化演练,以考察他们对影片内容的理解和运用。这样,第二语言学习者将自然而然地融入具体的交际环境中成为交际的一方,从而调动起学习者的主体参与意识和潜能,以此提高他们用汉语思维和表达的能力。

不少汉语学习者在学习过程中都有过这样的感受:课上老师讲的话基本都能听懂,可到实际生活中,自己用汉语和中国人交流时,就会遇到不少麻烦,交际双方甚至会发生误会,无法顺利沟通,由此对学习失去信心的学生不在少数。这是不容忽视的一个问题。

我们知道,在现实生活中,每个人都有自己的言语特点和言语风格,因为性别、年龄、身份、职业、经历和受教育程度的不同而体现出鲜明的个性色彩,比如,有的带有方音,有的语速比较快,有的带文言成分等等,再加上交际目的、交际场合的复杂性,面对不同的谈话对象,也会表现出不同的语气和语调。这与课堂教学活动中经过调整而变体的教师语言截然不同。从第二语言学习者角度来说,无论出于日常交际的目的,还是学习和工作的目的,他们都渴望学以致用、学即能用,期待自己能尽快用目的语准确、得体地表达出自己的想法。美国俄亥俄州立大学吴伟克教授在阐述中文教学方法时指出:“我们拥有的文化知识和外语能力其实都是情景性的,都在不同程度上跟一个特定语境中的情景联系在一起。在汉语文化背景下,学生学得会更快一些。”换言之,真实的语言环境对第二语言学习者至关重要,从这个意义上说,影视作品形象而生动地再现了人们交际的过程,为学习者创造了一个习得语言的环境。

此外,成功的影视作品还可以激发起人们学习第二语言的兴趣。据报道,影片《卧虎藏龙》夺得 4 项奥斯卡大奖后,不仅在电影市场上引起连锁反应,还在北美地区引发了“中文热”,美国有些学校甚至将《卧虎藏龙》的剧本当作学习中文的教材来使用[①]。由此可见,影视课的设置是必要且有意义的。

① 参见中国新闻网:http://www.chinanews.com.cn,2001年3月28日。

(二)影视课的教学目的

相对于传统教学而言,影视课教学具有一定的直观性和趣味性,可集视觉、听觉刺激作用于一体,以生动形象的画面给予学习者最为直观的感受。第二语言学习者在观看、欣赏中国精彩的影视作品时,不仅训练了听、说汉语的技能,也有助于其了解中国的国情、中国人的思维方式、处事原则及生活态度等等。因此,我们认为,中高级影视课的教学目的可以归结为以下两点:其一,提高学习者言语技能;其二,帮助学习者了解中国国情及相关文化知识。

1. 提高学习者汉语听说技能

心理学实验提供的证据表明,人们通过视听结合方式所获得的信息和获得信息的效率,远远超过单一的获得方式,以下为三个心理学实验数据表[②]:

② 转引自郑艳群:《多媒体汉语课堂教学的理论与实践》,《对外汉语研究》,2005年。

表4-3-1 各种感官获得知识的比例

感觉	视觉	听觉	嗅觉	触觉	味觉
比率	83%	11%	3.5%	1.5%	1%

(项国雄,倪国熙,1997)

表4-3-2 不同学习方式的记忆保持率

学习方式	记忆保持率	
	三小时左右	三天后
单用听觉	60%	15%
单用视觉	70%	40%
视听并用	90%	75%

(项国雄,倪国熙,1997)

表4-3-3　不同方式认识事物所用的时间

方　式	语言描述	线条描述	黑白照片	直接看实物
所用时间	2.8秒	1.5秒	1.2秒	0.7秒

(陈孟建,沈美莉,1999)

这些数据说明,视觉和听觉在接收信息的质和量方面最高,视听并用的效率最高,记忆也更为持久。影视课运用多媒体技术,综合处理文本、画面、图像和声音等多种媒体信息,并使它们建立起逻辑联系,同时作用于人的视听感官,从而使视、听、说三者有机结合起来,有效地促进了学习者言语信息的输入与输出。

杨惠元在《汉语听力说话教学法》一书中指出,听力理解的本质是人们利用听觉器官对言语信号的接受和解码的过程,其教学重点是提高学生辨别分析能力、记忆储存能力、联想猜测能力、快速反应能力、边听边记能力、听后模仿能力、检索监听能力、概括总结能力等八个方面的微技能。在教学中,为避免学习者视听疲劳,教师应截取影片片段放映,在放映之前给学习者布置明确的视听任务。

下面,我们以电影《爱情麻辣烫》为例①,讨论逐步提高第二语言学习者概括总结能力的问题。

影片《爱情麻辣烫》中的"电视征婚",讲述的是即将退休的医务工作者老李,决定尝试一种新的生活,她勇敢地冲破了传统婚姻观念的束缚,去电视台为自己做征婚广告。热心的女儿为了帮助母亲尽快挑选出理想的对象,在母亲不知情的情况下将三位追求者——老赵、老钱、老孙同时约请到家中做客。三位追求者在"情敌"面前微妙的心理活动,则通过他们的有声语言和无声语言(如神情、动作等)惟妙惟肖地表现出来。在第一次播放这一片段之前,我们给

① 电影《爱情麻辣烫》由张杨执导,以一对即将成家的年轻人准备结婚为线索,引出不同年龄阶段的人的五个情感小故事:"声音""照片""玩具""十三香""麻将"(即"电视征婚"),构成了一个完整而丰富多彩的人生。由于影片分为五个小故事,节奏紧凑,非常适合用于教学。

学生设计了如下几个问题：

(1) 女儿是用什么办法帮助妈妈挑选对象的？

(2) 老李事先知道吗？她的态度怎么样？

(3) 老赵、老钱、老孙都是做什么的？现在退休了吗？

(4) 他们的爱好各是什么？

在第二次播放这一片段时，我们请学生注意观察人物的表情和动作，并设计了如下问题：

(1) 在对待跳交谊舞的问题上，三位客人的观点各是什么？他们是怎样表达自己的想法的？

(2) 三位客人是怎样表现自己的才能的？

(3) 三位客人对待其他人的态度有什么变化？

(4) 他们对这次聚会有什么感受？

有了明确的视听任务，学习者在观看影片时，可以高度集中注意力，抓关键，跳障碍，快速检索所需要的信息，从而提高了记忆、归纳、分析和概括的能力。在训练学习者听力技能的基础上，我们依据影片的内容或某一片段所提供的交际环境，进一步训练和提高他们的口头表达能力。

第二语言学习者到了中高级阶段，已经基本掌握了汉语的声韵系统，积累了一定的词汇量和语法规则，具备一定的口语表达能力。这时，教师应设法创造特定的交际环境，着重引导学习者理解并掌握一定的交际策略，如解释、回避、迂回表达、转移话题等技巧，使其领会人物话语中的弦外之音、言外之意。用一个简单的例子来说，在生活中，当有人问“怎么不叫叔叔？”时，即使听话的对象是儿童，他(她)也会立刻体会出问话人话语中隐含的批评意味，而并非单纯是询问原因，所以，听话人随即做出喊“叔叔”的反应；而同样的问题，如果面对的是外国留学生，尽管他们在课堂教学中已经学过“怎么”的几种用法，但他们首先会想到的是“为什么不叫?”,随即思考“不叫叔叔”的原因。在影视作品中,包含一定隐含意义的人物对话或委婉迂回的表达比比皆是,为教学提供了大量生动可感的例子。

我们再以影片《爱情麻辣烫》中的片段“声音”为例:一个从小就对声音着迷的中学生王艾,喜欢上同班的女孩,他将自己苦心录制的录音带送给那个女孩,结果被女孩的家长发现,并将录音带交到老师办公室。王艾因此受到父亲的严厉批评。

王艾的父亲说:“小小年纪不学好,脑子里想的是什么?!”

显然,王艾父亲的话并非是在询问,而是在严厉斥责,话语中隐含的意义是:你这个年纪(中学生)应该考虑学习,不能考虑与学习无关的事。

再如,冯小刚导演的影片《不见不散》中有这样一个片段[①]:刘元和李清在共同经历了许多事以后,刘元希望他们的感情能更进一步。有一次,两人为了合办中文学校,来到一个教堂。

刘元:“咱唱一个《天仙配》?”

李清:“这可是教堂呀。”

这简短的一问一答实际上都隐含了某种意义:刘元的问话是想再次向李清表示自己的好感,希望和她的关系能进一步发展;李清的回答则隐含着对这一行为的否定,即这里(教堂)是神圣的地方,你不能太随意。所以,尽管李清并没有直接说“这里不行”来拒绝,但她的交际目的也达到了——刘元体会出她的言外之意,只好说“那算了”。实践证明,借助影视作品提供的语言交际环境,学习者对迂回表达和话语中的隐含意义,都理解得更为准确而深刻。

当然,结合影片内容或某一片段提供的特定的交际环境,教师可以设计多种形式的练习,训练并提高学习者听、

①《不见不散》是著名导演冯小刚的代表作,于1998年12月24日上映,为当年票房冠军。影片讲述了两个流落到美国的北京人刘元和李清之间的爱情故事。特别值得关注的是,这部喜剧影片里首次出现了汉语教师身份的中国人在美国进行汉语教学的场景。我们多次将这部影片用于课堂教学,深受学生喜爱。

说汉语的技能,如提问(包括教师问、学生互相问)、回答、复述、讨论、辩论、表演或配音等等,尽可能调动他们的积极性、主动性和参与性。

2. 帮助学习者了解中国文化

对于汉语作为第二语言学习者而言,汉语文化背景非常重要。而对非目的语环境中的汉语学习者而言,教师如何营造一种汉语文化语境更加重要。对此,吴伟克在阐述中文教学方法时指出"我们可以利用现代最新的信息技术(计算机多媒体技术)把文化及其语境展示出来,我们可以对某些文化特性进行演示"。而说到体验和了解目的语国家的文化,"再也没有比电影或电视节目更好的工具了"[①]。

① 蓝安东:《论汉语会话班里的录像教学》,《第一届国际汉语教学讨论会论文选》,1985 年。

影视作品大多以现实生活为原始素材,反映现代中国社会的方方面面,如表现社会发展、改革开放以及现代人的爱情生活、婚姻观念、家庭教育、伦理道德等等。而电影蒙太奇的表现手法,可以灵活地处理时间和空间,扩展并加深了电影反映社会生活的广度和深度,使电影具有较强的表现力。在某种意义上,影视作品是现代中国社会的一个缩影,可以成为将汉语作为第二语言的学习者了解中国国情与文化的重要窗口。

当然,要真正提高跨文化交际能力,第二语言学习者还要了解语言自身的文化因素,如词语中的文化积淀、语法中的思维方式等等。我们再以影片《不见不散》为例,影片中有这样一个片段:

刘元为了试探李清对自己的感情,便编造了一个"即将订婚"的谎言,令李清又伤心又气愤。后来李清知道自己上当后,欣喜之下,将刘元送给她的怀表戴上了。刘元见状,半开玩笑地问:"刚戴上的吧?向毛主席保证,和旗袍特别不协调。"刘元为什么说"向毛主席保证"呢?毋庸讳言,他是想强调自己说的是真话，而究其根源，隐含着那个特定时代中人们对领袖的崇敬。许多事实证明，那些隐含在语言符号和非语言符号系统中的文化信息差异如不加沟通，要进行顺畅的交际是不可能的；学习者对语言中的文化因素了解得越多，则语言的交际能力也越强。

二、开设影视课的前提与要求

(一) 对教学对象的要求

第二语言习得理论研究成果表明，习得只在理解目的语时产生，不理解的输入无助于语言习得。因此，影视课的教学对象，即第二语言学习者应具有一定的汉语水平，相当于《汉语水平等级标准与语法等级大纲》中规定的中等水平或中等水平以上，应该具有一般性的听、说、读、写能力，基本具备在中国高等院校入系学习的语言能力。这是影视课教学活动得以顺利进行的前提与保障。

第二语言教学实践告诉我们，对初级阶段的汉语学习者来说，观看原版中文电影、以影视作品为主要学习内容是不科学的。一方面，学生无法听懂影片中人物的独白、对白，只能靠猜测了解影片的大概内容，起不到训练的目的，还会使学生产生一种畏难心理；另一方面，教师无法依据影片内容设计课堂教学活动，如讲解影片中蕴涵的中国国情和历史文化知识、指导各种形式的情景性演练等等。

(二) 对教学内容的要求

对教学内容的要求主要指影视作品的选择问题。中国影视作品题材丰富广泛，拍摄水平参差不齐，作为主要教学内容和依据，需要教师严格把关、认真挑选。

值得关注的是，目前以影视作品为内容编写的视听说教材种类日益丰富，为影视课教学带来便利。笔者整理了2003年以来部分以影视作品为内容的教材，内容如下：

表4-3-4 以影视作品为内容的汉语教材列举

	教材名称	作者	出版社	出版时间
以电视节目为内容的教材	秦淮人家——中高级汉语视听说教程	李菊仙 王树锋	北京语言大学出版社	2003
	中高级汉语视听说教程——走进中国百姓生活	刘月华 刘宪民 李金玉	世界图书出版公司	2006
	中国百姓身边的故事——初中级汉语视听说教程	刘月华 刘宪民 李金玉	世界图书出版公司	2008
	汉语视听说教程——家有儿女	刘立新 邓　方	世界图书出版公司	2009
	非诚勿扰——高级汉语视听说教程	张　斌	南京大学出版社	2014
以电影为内容的教材	看电影　说汉语	史世庆 陆健真	暨南大学出版社	2004
	看电影　学汉语	王晓凌	陕西师范大学出版社	2005
	中国电影欣赏——洗澡	张　莉 陈天序	北京语言大学出版社	2008
	中国电影欣赏——霸王别姬	王向晖 余文青	北京语言大学出版社	2009
	中国电影欣赏——女人的天空	丁安琪 张学增 刘懿萱	北京语言大学出版社	2010

这些教材对我们选择影视教学内容具有重要的参考意义。以《看电影　学汉语》为例，教材包括八个主题，共20课，为了便于研究，笔者亦将之整理成表格，内容如下：

表 4-3-5　《看电影　学汉语》教材中的主要内容

(一) 爱情篇	第一课　《爱情麻辣烫》
	第二课　《我的父亲母亲》
(二) 婚姻家庭篇	第三课　《一声叹息》
	第四课　《谁说我不在乎》
(三) 新旧风俗篇	第五课　《洗澡》
	第六课　《那山那人那狗》
	第七课　《卡拉是条狗》
	第八课　《刮痧》
(四) 农村教育篇	第九课　《一个都不能少》
	第十课　《美丽的大脚》
(五) 贫民生活篇	第十一课　《漂亮妈妈》
	第十二课　《十七岁的单车》
	第十三课　《没事儿偷着乐》
	第十四课　《过年回家》
(六) 喜剧篇	第十五课　《有话好好说》
	第十六课　《不见不散》
(七) 历史篇	第十七课　《活着》
	第十八课　《霸王别姬》
(八) 港台篇	第十九课　《甜蜜蜜》
	第二十课　《饮食男女》

通过分析,我们可以发现,教材选取的影视作品大都客观反映了当代中国人的现实生活和社会面貌,学习者借助影片可以了解真实的中国。我们认为,对第二语言学习者来说,选择影视作品应注意以下三个原则:

第一,语言的规范性,即影片中主要人物的语言应比较标准、规范,发音清晰、语速适度,语音、词汇应接近于现代汉语普通话;

第二，题材的现实性，即内容健康、具有现实意义，反映当代社会、现代人生活的影片（如讲述当代人的爱情、婚姻、子女教育、希望工程、改革开放、社会问题等等）是最佳选择；

第三，内容的可接受性，即考虑学习者的特点及接受心理，尽量避免选取引起跨文化冲突的影片，如前文描述的电影课“风波”（案例 2-2-6）是我们应该避免的。

另外，针对不同的教学目的和教学对象，我们选取的侧重点要有所不同，比如，对中国文学专业的汉语学习者而言，适当增加诸如《红楼梦》《西游记》等名著改编的影视片段是必要的，而这些内容对于普通汉语学习者而言则并不合适，一是难度较高，二是实用性不强。

（三）对教学主体的要求

一般来说，学习者在有意义的情境中理解语言的能力高于理解非情境化语言的能力，表达语言也明显更复杂、更准确。影视课教学为第二语言学习者学习和习得汉语提供了得天独厚的环境资源。为发挥影视作品的优势，教师应提前做好各个教学环节的准备工作，比如课前反复观看影片，依据教学需要和学生实际水平对影片内容加以适当编辑、剪接；记录台词，找出人物对白和独白中的关键词语、重要词语和语法点，制作幻灯片；结合影片内容，设计、组织、指导各种形式的情境化演练等等。具体内容如下：

第一，根据教学需要，对影视作品进行适当的编辑、剪接。

影视课在国内大部分院校都是作为选修课开设的，每周只有 2 课时，相对于汉语、口语、阅读等课程而言，课时比较少。这种情况下，将整部影片的内容都放映出来是不现实的，也是不科学的。因此，教师在上课之前，要反复观看影片、记录台词，找出最精彩的、最适合学生学习的部分，对影片进行适当的编辑或剪接。

优秀的影视作品都包含着丰富的文化内容，选取影片的哪几个片段，为学习者介绍哪些文化，教师应仔细斟酌。教师首先要思考的是为什么选择这部影片，为什么选取这几个片段，学生可以从这些片段中学到什么。教师只有对影片反映的文化内容有较为深入的理解，才能选择出典型的文化内容为学习者讲解。

第二，讲解影片中的精彩片段，包括重要的语言点、文化点和关键词语等。

在学习者对影片内容有所了解并完成一定的视听任务后，教师可将该片段的台词直接在 PPT 上呈现出来，加深学习者的感性认识，使他们更好地检验自己的视听效果。在讲解重要的语法点、关键词语或影片反映的文化背景知识时，可以利用超文本链接技术，呈现相应的例句及相关阅读材料。

我们再以影片《爱情麻辣烫》中的“电视征婚”为例：

影片中的老李通过电视征婚结识了不少人，女儿也想方设法帮她物色，但始终没有一个合适的。这里出现的一个关键词语，就是中国人常挂在嘴边的“缘分”。

“缘分”在《现代汉语词典》（商务印书馆）中解释为“民间认为人与人之间命中注定的遇合的机会；泛指人与人或人与事物之间发生联系的可能性”。这种比较抽象的解释显然不利于学习者理解和运用，但影片中老李最终选择了在老年活动中心不期而遇的教书法的先生，学生由此理解了“缘分”是可遇而不可求的，从而进一步了解了中国人的爱情观。在这个基础上，可以再举出和“缘分”有关的句子，进一步加以强化：

(1) 有缘千里来相会,无缘对面不相识[①]。

(2) 我们来自不同的国家和地区,能在这里相聚,说明我们很有缘分。

(3) 我和北京特别有缘,第一次到北京,我就喜欢上这个城市了。

通过这样的方式,学生对这些词语的学习由领会式掌握到活用式掌握,跨越了一大步[②]。

第三,放映和讲解过程中,设计多种形式的练习。

以影片《没事偷着乐》[③]为例,影片一开始就出现了这样的场面:清晨,张大民一家在又窄又暗的小平房里各自忙碌着……他们每个人都在做什么呢?

教学中我们将这些画面先后固定下来,分别请学生将人物的动作、神情一一描述出来,再结合画面内容简单介绍他们不会表达的词语,如"俯卧撑""遗像"等。这样的练习既能锻炼学生的表达能力,又可以增加他们的词汇量。此外,我们可以将画面中的声音变为静音,进行配音训练等。

三、影视课的教学原则和教学环节

(一) 影视课的教学原则

1. 精看与泛看相结合

通常情况下,影视课教学的周学时不多,将每部影片的内容在课堂上都放映出来不现实,也不科学。因此,需要教师做一个取舍:一部影片中哪个部分精看,哪个部分泛看?哪个部分可以不看?精看部分要求学生达到活用式掌握的程度,教师要对这部分中的重要词语和语法点、文化背景知识和国情知识进行精当的讲解和介绍,并配合多种形式的

① 这里我们链接中国古代的传说故事《白蛇传》,作为补充阅读材料。

② 领会式掌握是对言语的感知和理解;活用式掌握是创造性再现所学材料,实际运用外语进行交际的能力。参见朱纯:《外语教学心理学》,上海外语教育出版社,2001年版,第75—80页。

③ 电影《没事偷着乐》是由杨亚洲导演的喜剧片,讲述了城市平民张大民带着两个弟弟、两个妹妹,还有一个老母亲过着平淡却幸福生活的故事。影片真实反映了城市平民生活中的喜怒哀乐,表现了普通百姓生活中的不易、艰辛及乐观的生活态度。

练习,使学生理解并在此基础上灵活运用;泛看部分要求学生理解大概剧情、人物关系,达到领会式掌握即可,教师可以针对这部分内容设计问题,了解学生是否看懂影片内容。此外,为了更好地训练学生的汉语听、说技能,教师可以结合教学内容和教学目的以及学生的兴趣和水平,挑选一些作为课堂教学内容补充的中文影片在课下时间为学生放映,这些影片也属于泛看部分,只要求学生了解大概内容即可,教师可以针对这些泛看影片预先设计问题,以此检验学生的视听结果。

2. 讲解与演练相结合

影视作品大多以现实生活为原始素材,反映中国社会的方方面面,从某种意义上说,它是中国社会的一个缩影,是汉语学习者了解中国国情与历史文化的重要窗口。因此,教师在讲解语言知识、训练学生言语技能的同时,应不失时机地介绍影片蕴涵的文化内容及人物对话中隐含的文化意义。

为提高学习者口语表达能力,教师应为学习者提供更多用目的语表达的机会,结合影片内容或某一片段提供的特定的交际环境,设计多种形式的练习,比如提问(包括教师问、学生互相问)、回答、复述、讨论、辩论、表演或配音等等,最大限度调动他们的积极性和参与性。如前文提到的《爱情麻辣烫》中的《电视征婚》片段,讲述了"老年人再婚"问题,反映了中国传统观念的改变。课堂上我们围绕这个话题展开讨论:社会发展到今天,人们如何看待这个问题呢?年轻人如何对待父母再婚呢?我们请学生课下分组采访不同年龄阶段、不同职业的人,请他们谈谈自己的想法。学生整理好采访记录后,课上向其他同学汇报结果并阐明自己的观点。实践证明,当学生意识到自己能运用所学语

表4-3-6 北外留学生电影日所选影片

2016年下学期	2017年上学期	2017年下学期	2018年上学期	2018年下学期
《我的父亲母亲》	《我知女人心》	《钢的琴》	《羞羞的铁拳》	《羞羞的铁拳》
《美人鱼》	《人在囧途》	《北京遇上西雅图2》	《洗澡》	《洗澡》
《爱情麻辣烫》	《归来》	《谁的青春不迷茫》	《中国合伙人》	《中国合伙人》
《失恋33天》	《不见不散》	《长江7号》	《上车，走吧》	《大圣归来》
《中国合伙人》	《使徒行者》	《重庆森林》	《钢的琴》	《百鸟朝凤》
《西游记之大闹天宫》	《夏洛特烦恼》	《喜欢你》	《可可西里》	《纵横四海》
《蝴蝶梦》	《北京遇上西雅图》	《晚秋》	《搜索》	《可可西里》
《重返20岁》	《百鸟朝凤》	《杀破狼·贪狼》	《绣春刀》	《西虹市首富》
《疯狂的石头》	《天下无贼》	《盗侠联盟》	《倩女幽魂》	《我不是药神》
《一代宗师》	《长江7号》	《非诚勿扰》	《大红灯笼高高挂》	《搞定岳父大人》
	《非常完美》	《高跟鞋先生》	《孝子贤孙伺候着》	《找到你》
	《新警察故事》	《非诚勿扰2》	《宝莲灯》	《超时空同居》
	《外公芳龄38》	《我知女人心》	《七月与安生》	
	《喜欢你》	《归来》		

言表达思想的能力提高时，会感到一种精神上的满足，用汉语表达的信心和兴趣也因此增加了。

3. 课内与课外相结合

为了更好地训练学生的汉语听说技能，巩固课上所学的语言知识，教师可以根据学生的实际水平和兴趣，选择一些中文影片在课外为学生放映。针对影片内容，我们可以预先设计一系列问题让学生准备，也可以通过复述或评论影片内容等方式检验学生课外学习的效果。笔者所在的中文学院每周举办一次“留学生电影日”，活动以留学生为主体，中国学生担任志愿者，采取介绍影片、集体观看、分段讨论等形式进行。这项活动不仅丰富了留学生的课余生活，也增加了他们与中国学生交流的机会。“留学生电影日”所选影片如表 4-3-6。

(二) 影视课的教学环节

刘珣在《对外汉语教育学引论》一书中提出，从第二语言教学特点出发，针对留学生的课堂教学过程分为四个阶段，即感知阶段、理解阶段、巩固阶段和运用阶段。这四个阶段是相互衔接、紧密联系的有机整体，反映了课堂教学的主要环节。这说明第二语言学习过程是一个不断由语言输入到语言输出的过程。

学习者首先接受教师输入的信息(即教师的讲解阶段，包括语言和文化两个方面)，经过自己的理解、吸收、加工、练习和巩固，逐渐能够运用所学语言进行交流。随着学习者语言水平的不断提高，他们输出的信息会越来越丰富。当然，在学习第二语言过程中，语言输入和输出的阶段是相互衔接的整体，不能截然分开，因为交流的过程中既包括信息输入，又包括信息输出。

就影视课教学来讲，通常包括以下几个环节：

1. 放映前——介绍影片的文化背景、主要内容及选取目的等；

2. 放映中——讲解与训练相结合：讲解以影片中人物语言里的关键词语、语法点及隐含的文化因素为主；训练的形式为模仿、重复、问答、描述、配音、预测影片内容等等。

3. 放映后——结合影片内容进行自由表达：以讨论、辩论、角色扮演、评论等形式为主。

这也体现了一个由信息输入到信息输出的过程。下面，我们再以影片《不见不散》中的片段为例，对具体的操作环节加以描述：

案例 4-3-1　莫妮卡事件①

【场景 1】电话录音

刘元：李清，我是刘元。假期过得怎么样？告诉你一个消息，我要结婚了，是个美国女孩，我们是在十天前认识的，她是心甘情愿把自己交给我的，轰都轰不走，莫妮卡知道我很喜欢你，她很想见见你。你明天有时间吗？我们请你吃顿饭，也请你帮我把把关……你可一定来啊，不见不散！

【场景 2】二人见面

刘元：谢谢你能来和我们一起吃饭，我希望你能和莫妮卡成为好朋友，她特单纯！

李清：祝贺你呀，终于找到意中人了，是一见钟情吧？

刘元：也谈不上一见钟情，但我们一聊吧，就觉得特默契。你知道我的英语也不算好，可我还没说完，她就全明白了，挺神的！

……

刘元：我不是故意拿她跟你比，我就是忍不住这样想，

① 这个片段中刘元为了试探李清对自己的感情，编造了一个自己即将和新认识的女朋友莫妮卡订婚的谎言。这件事让李清明白了刘元在自己心中的重要地位，两人由此确定恋爱关系。

真的，李清，可能你对我无所谓，可我心里还真挺放不下你……

李清：我觉得你这样特别不好，吃着碗里的看着锅里的。既然人家那么单纯，人又那么痴情，你总得对人家负点责任吧。有些毛病你真得改改。你呀，不是说你有多坏，也不是说你品质多么恶劣，你就是特别没谱，给人感觉特别靠不住，瞎话张嘴就来，挺大岁数了，也吃不少亏，你总应该懂得起码的做人的道理吧，你倒好，就跟永远成熟不了似的。我说你这些你别不爱听，我这真是为你好。

刘元：是，是，是。我知道你是为我好，我也觉得你说的都对。可是莫妮卡觉得这些都是我的优点，我们也聊过。你比如你说我没谱，可在她眼里，我这是不循规蹈矩；你说我不成熟，可是她恰恰认为这是最可爱的，不世故，童心未泯。西方人和东方人的价值观就是不一样，我也不是说你的看法是错误的。美国女孩爱就大大方方的爱，她们不觉得主动追求对方有什么不光彩的。中国女孩吧，明明心里喜欢，非要做出不喜欢的样子，到头来害人害己……

针对这一片段的内容，教学环节设计如下：

步骤一

1. 放映前的导入：刘元利用休假外出旅行了，李清则每天留在家中备课。她很想知道刘元现在的情况。那天晚上，她总算有了刘元的消息……（教师简单介绍这一片段的背景）

2. 放映前，教师布置第一次观看该片段的视听任务（泛听任务，目标是听懂大意）

（1）刘元电话录音的主要内容是什么？（概括表达）

（2）二人见面后谈论的话题是什么？他们的看法一样吗？（概括表达）

3. 观看后,学生回答教师的问题;

4. 教师进行简单总结;

步骤二

1. 教师布置第二次观看该片段的视听任务(精听部分,需关注细节。如需要,此环节可重复);

(1) 李清听到电话录音后的心情怎么样? 从哪里可以看出来? (分析+描述人物动作、神情等);

(2) 他们见面的情景怎么样? 和刘元想象的一样吗? (描述+复述影片内容)

(3) 按照刘元的描述,他的未婚妻莫妮卡是一个什么样的姑娘? 刘元和她在一起感觉怎么样? 为什么? (分析+论述观点)

(4) 李清是怎样发现自己上当的? 发现之后她的心情怎么样? 从哪里可以看出来? (分析+描述人物动作、表情等)

2. 观看后,学生回答教师的问题;

3. 教师进行适当总结;

步骤三

1. 利用PPT,学习该片段的对话内容(以教师讲解为主)。

教师讲解台词中的关键词语、语法点及相关背景知识、交际策略等。

(1) 语言学习: 解释词语"一见钟情""默契""情投意合""宁缺毋滥""循规蹈矩";复习"一……就……"句式的用法("女的一生气就爱喝水")等;

(2) 文化学习: 分析"向毛主席保证,和旗袍特别不协调""吃着碗里的看着锅里的"等隐含的文化意义;

(3) 交际策略: 以刘元的应答为例,分析他是如何表明自己的观点的(迂回表达的特点)等;

2. 教师介绍中国人的婚恋观[1]，引导学生思考自己国家的情况(以教师讲解为主)。

步骤四

1. 针对影片内容，组织学生分组讨论，可选题目：比较中西婚恋观(以学生表达为主)。

2. 谈一谈你对李清、刘元的看法(以学生表达为主)。

步骤五

布置家庭作业：针对影片内容写评论。

总之，课堂教学环节的设计应以教学目标的实现为依据，体现出以学生为主体，以教师为主导的原则。

(三) 小结

影视课是以中国影视作品为教学内容，以现代多媒体技术为教学手段，以提高学习者的言语技能、帮助他们了解中国国情及相关文化知识为目标的综合性课程。借助于多媒体技术，影视课教学在某种程度上解决了第二语言教学中言语技能训练与文化知识学习相结合的问题，为语言文化一体化教学提供了一个新的思路，值得我们进一步探讨。

第四节　以深层文化为核心的文化传播

文化的内涵十分丰富，由此产生了不同的文化分类方式，较为常见的是：物质文化与精神文化“两分说”；物质、制度、精神“三层次说”；物态、制度、行为和心态“四层次说”。程裕祯、张岱年、方克立等学者的论著中均采用了“四层次说”。其中，“心态文化层”是人们的社会心理和社会意识形态，包括价值观念、审美情趣、思维方式及由此产生的文学

① 这一片段反映出传统中国式的男女交心模式，由于男女双方都比较含蓄，交心的完成有时需要靠特定的情境。参见牛月明：《作为“技术”的电影叙事结构解析——以〈不见不散〉为例》，《电影文学》，2007 年第 20 期。

艺术作品,即属于"深层文化",深层文化是文化的核心,是学习者了解进而理解中国文化的关键。

张英在《对外汉语文化教学的基点与视角》一文中指出,深层文化应是对外汉语文化教学在内容方面的根本基点[1]。专门的文化教学应向"深层文化"倾斜,应突出"观念文化",对文化产品与文化习俗的介绍应以对文化观念的认识与了解为根本。因为文化观念才是文化的"根基""主宰"与"灵魂"[2]。可以说,文化传播应重视深层文化(观念文化或隐性文化)的观点在学界已达成共识。本节我们将针对深层文化中核心价值观的传播问题进行讨论。

① 张英:《对外汉语文化教学的基点与视角》。

② 赵明:《对外汉语文化教学的误区与目标》,《云南师范大学学报(对外汉语教学与研究版)》,2013年第3期。

一、相关概念

(一) 文化的核心价值观

所谓文化的核心价值观,是一个民族、一个国家、一种文化整个价值体系中处于中心地位、具主导作用的价值取向,"它集中体现着人们关于个人、家庭、国家乃至人类社会的终极理想,左右着人们在政治、社会、伦理、审美、历史领域对于是非、善恶、美丑、正邪的基本判断"[3]。

③ 贾磊磊:《和谐,中国文化的核心价值观》,《人民论坛》,2013年第16期。

从这个概念,我们可以概括出核心价值观的几个特点:

首先,是它的整体性或普遍性,即核心价值观不是个人的,而是群体的,具有广泛的社会基础,主导着人们普遍的文化认同倾向;

其次,它不是短时间内形成的,而是经过长期的历史积淀,一旦形成,会深深影响着每一代人,具有恒久的历史传承性;

第三,它不仅存在于圣人先贤的经典文献中,而且体现在普通人的日常生活与行为方式中。

正是因为这些特点,文化的核心价值观必然成为学习者理解第二文化的关键所在。

(二) 共享价值观

最先提出"共享价值观"(shared values)这一概念并通过实证分析证明其存在的学者,是跨文化传播领域的专家关世杰先生。

关世杰认为,通过对比两种文化或两个国家的价值观可以发现,"共享价值观"是在当今两种文化中或两国民众中都接受或追求的价值观,是使大家在精神上都得到满足的原则和信念;"不共享价值观"是当今两种文化中或两国民众中互不接受或不追求的价值观。这两类价值观的成分还可以进一步细分,如下图所示[①]:

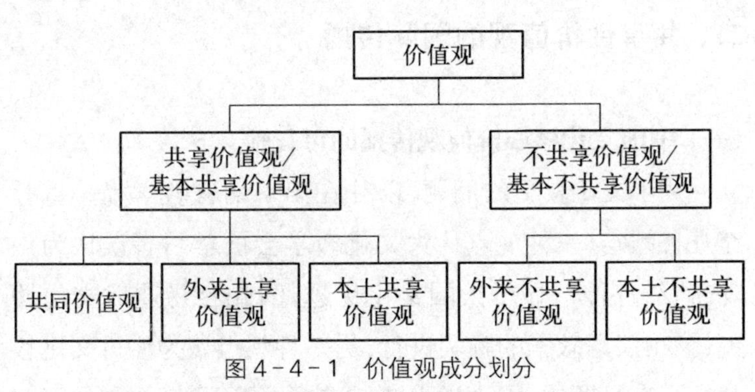

图 4-4-1　价值观成分划分
(内容来源:关世杰,2012、2015)

① 关世杰:《跨文化交流中的共享价值观》,单波、肖珺:《文化冲突与跨文化传播》,社会科学文献出版社,2015 年,第 22 页;另注:关于"共享价值观"的论述参见关世杰:《对外传播中的共享性中华核心价值观》,《人民论坛 · 学术前沿》,2012 年第 15 期。

(三) 中国文化的核心价值观

明确了"文化的核心价值观"的概念后,接下来问题是:中国文化的核心价值观是什么?

目前较权威的观点是关世杰在《对外传播中的共享性中华核心价值观》一文中提出的。他通过阅读文献、访谈北京大学哲学系教授及对京津地区20余名中国哲学家进行问卷调查,总结出11种中国文化的核心价值观,即传统文化中的"仁""恕""孝""礼""义""和而不同""天人合一"及五四运动以来的"共同富裕""和谐世界""以人为本""集体主义"。

在跨文化传播过程中,我们必然关注文化传播的效果问题。实现文化传播的要素之一是传播者和接收者具有文化共享性,也就是传播者和接收者对文化具有相似地理解,可能达成共识。传播的内容如果能被接收者很大程度上地接收,则达到了传播的效果,反之则会产生跨文化误解和冲突[①]。

① 吴瑛:《文化对外传播:理论与战略》,第14页。

那么,中国文化的核心价值观是否存在共享性?是否可以对外传播中国文化的核心价值观?接下来,我们将就核心价值观国际传播的可行性问题进行讨论。

二、共享性价值观的国际传播

(一)中国文化核心价值观传播的可行性

关于文化教学的问题,以往在第二语言教学界一直存在几种倾向,一种观点认为文化教学会被学习者误认为是"洗脑""宣传",显示大国文化优越,因此容易造成文化冲突,影响汉语教学的顺利进行;另一种观点认为注重文化教学是没有必要的,因为学生熟练掌握了汉语以后,文化问题会迎刃而解;第三种观点认为,文化教学比语言教学更为重要[②]。吕俞辉在《非汉语环境下的中国文化教学》一文中,将这三种观点概括为文化教学"不能说""不应说"和"唯大说"[③]。这三者中,第一种观点在从事海外汉语教学工作的教师中占有一定的比例,为了避免文化冲突,有些教师采取少谈甚至干脆不谈文化的态度。但"采取自我文化表述失

② 黎敏:《海外汉语教学文化输入内容与方法的探索与实践》。

③ 吕俞辉:《非汉语环境下的中国文化教学》,《北京广播电视大学学报》,2011年第1期。

语的方式，既不是避免文化冲突的有效方法，也不利于中国软实力以及新国际文化的健康发展"[①]。而这种"不能说"或"不敢说"的态度正是传播者对文化教学所怀有的不安心理的反映。

客观地说，承认并关注不同文化的差异无可厚非，但一味强调差异，忽视共性，却并不可取，也不科学。美国当代政治学家萨缪尔·亨廷顿(Samuel P. Huntington)在《文明的冲突与世界秩序的重建》一书中明确指出：文化共性促进人们之间的合作和凝聚力，而文化的差异却加剧分裂和冲突。由此可见，对文化共性的研究是非常必要的。

由于价值观是深层文化的核心部分，直接影响着人们的思维方式、行为方式和判断是非、善恶、美丑的标准，因此，价值观的传播往往会使传播者望而却步，"避之唯恐不及"。但是，中西文化的价值观之间果真存在一条不可逾越的鸿沟吗？

关于这个问题，跨文化传播领域的学者为我们提供了答案。

近年来，跨文化传播领域的许多学者将研究的注意力从文化差异转移到文化间的相似性上，尝试通过人类普遍性的、普适性的文化和价值属性来搭建跨文化传播的共同基础。其中，影响较大的是关世杰先生的系列研究[②]。关世杰指出，美国跨文化传播学的研究存在"求异疏同"的倾向，侧重强调不同文化间价值观的差异(different values)，却忽视了文化间的共性；荷兰学者霍夫斯泰德(Hofstede)的研究也是侧重于不同文化在企业管理中呈现的价值观差异，其角度同样有所局限。

关世杰针对 11 种中国文化的核心价值观，先后对美国、德国、俄罗斯、印度、日本、韩国、越南、印度尼西亚等国

① 黎敏：《海外汉语教学文化输入内容与方法的探索与实践》。

② 系列研究主要包括：A. 关世杰：《中国文化软实力：在美国的现状与思考》，《国外社会科学》，2012 年第 5 期；B. 关世杰：《对外传播中的共享性中华核心价值观》，《人民论坛·学术前沿》，2012 年第 15 期；C. 关世杰、尚会鹏：《建构中国海外文化软实力的核心价值观》，《群言》，2014 年第 7 期；D. 关世杰：《跨文化交流中的共享价值观》，收入单波、肖珺主编：《文化冲突与跨文化传播》，社会科学文献出版社，2015 年版，第 21—53 页。

家民众做了大型民意调查，通过大量实证分析证明了“共享性中华核心价值观”(shared Chinese core values)的存在。

以美国为例，中国文化核心价值观中的“仁”“义”“恕”“孝”“和谐世界”“和而不同”“天人合一”为多数受访者的基本共享价值观，共享程度不同①，“和谐世界”的观念近年来得到多数美国受访者的认可。关世杰、尚会鹏针对11个国家民众的调查发现，“仁”“恕”“和”得到11国受访者的普遍认同，受访者对“仁”的认同率达到100%，对“恕”与“和”的认同率达到90.9%，说明这三种价值观具有国际传播的可行性。

关于中国传统文化价值观在海外传播情况的研究，吴瑛的论著同样值得关注。她针对美国、日本、俄罗斯、泰国、黎巴嫩五个国家16所孔子学院565名汉语学习者进行了调查，结果显示，受访者对传统文化价值观中的“礼”的认同度最高②。

虽然吴瑛和关世杰等学者的研究对象(普通民众/汉语学习者)、选项内容和数量(11种/8种)及研究结果有所不同，但重要的是，他们从不同角度证明了不同文化的价值观并不是完全对立的，存在一定的共享性，这说明文化核心价值观的国际传播具有可行性。

(二) 中国文化核心价值观传播的实施策略

1. 文化传播原则

既然文化核心价值观的传播具有可行性，那么接下来需要探讨的问题就是：汉语教师如何在第二语言教学中以学习者可理解的方式讲述中国文化，特别是中国传统文化中那些对构建世界文明具有积极意义，对人类社会仍有积极影响的精神文化。

① 关世杰将文化中共享的中华核心价值观划分为三个层级：高度共享层级(即该价值观被选频率分布≧75%)、较高共享层级(即该价值观被选频率分布介于65%—75%之间)和基本共享层级(即该价值观被选频率分布介于50%—65%之间)。参见关世杰：《对外传播中的共享性中华核心价值观》，《人民论坛·学术前沿》，2012年第15期。

② 关于汉语学习者对中国传统文化价值观的态度问题，吴瑛设计了八个选项进行测量，包括“孝”“俭”“礼”“勤”“悌”“谨”“谦”和“面子观”。参见吴瑛：《中国文化对外传播效果研究——对5国16所孔子学院的调查》，《浙江社会科学》，2012年第4期。

由于文化核心价值观在存在形式上是抽象且内隐的，蕴含于人们的行为方式、文化产品或交流活动中，在一定程度上为传播带来困难，也成为第二语言文化教学的难点。正因如此，汉语作为第二语言教学界一直存在着一味注重表层文化成就而忽视深层文化传播的问题，比如，不少教师在介绍中国茶文化时，仅停留于茶的种类、饮茶的讲究和茶道表演上，对茶文化本身蕴含的文化观念或认识不足，或避而不谈，缺乏解读深层文化的能力。但众所周知，在跨文化交际中，真正影响交际甚至造成交际障碍的不是那些表层文化或文化符号，而是价值观念、思维方式、交际规约、文化心理等处于文化系统深层的内容[①]。当前，中国文化对外传播存在着同样的问题，传播内容集中于中国菜、剪纸、中国结、功夫表演等表层文化上，对深层文化的关注明显不足。

① 张英：《中文教师的文化意识及教学目标》，载《国际汉语教育人才培养论丛》第四辑，北京大学出版社，2014年。

那么，如何确定文化传播的原则呢？

我们认为，前文介绍的美国《21世纪全美外语学习标准》对思考文化传播，特别是深层文化的传播具有重要启示。

《标准》从第二语言教学的角度，将“文化”分为文化观念(cultural perspectives)、文化产品(cultural products)与文化习俗(cultural practices)三个方面。在这三个概念中，文化观念是文化的核心部分，处于深层，体现在文化产品和文化习俗中；反过来说，文化产品和文化习俗的背后也隐含着一定的文化观念。《标准》要求外语学习者了解文化产品、文化习俗与文化观念之间的联系，并提出第二语言文化教学的目标是让学习者了解文化产品、文化习俗是如何反映出文化观念的，特别强调文化观念在第二语言教学中的重要性。

基于上述讨论，我们认为，文化教学的重点是文化观念，文化教学的根本目标是通过文化产品、文化习俗了解蕴含其中的文化观念，文化传播的基本原则是将隐性的文化观念与显性的文化产品和文化习俗联系起来。而文化核心价值观的国际传播也理应遵循这一原则。汉语教师应重视引导学习者关注显性文化背后的文化观念。唯其如此，才能使学习者“知其然，并知其所以然”。

2. 教学实施案例

案例 4 - 4 - 1　文化核心价值观之“和”

“和”是中国人在长期社会实践中逐渐意识到的人与自然、人与社会、人与人之间相互依存的一种理想状态，是万物生生不息、繁荣发展的内在依据。中国文化以“和”为本的宇宙观，以“和”为善的伦理观，以“和”为美的艺术观，共同构成了中国文化核心价值观的重要内容①。“和”的内涵十分丰富，人与人之间要“和”，即和为贵；人与自然要“和”，即天人合一；各种文化要“和”，即和而不同；国际社会要“和”，即和谐世界②。“和”不仅体现在经典文献中，还体现在中国人日常生活中。

① 贾磊磊：《和谐，中国文化的核心价值观》。

② 关世杰、尚会鹏：《建构中国海外文化软实力的核心价值观》。

下面，我们以中国饮食文化为例，分析“和”在饮食文化中的体现。

中国的饮食文化建立在特定的自然环境和物质条件基础上，有十分丰富的内涵。经过几千年的演变与发展，“饮食”已经从简单维持个体生命的属性发展到具有维系社会关系和谐、促进人际往来的社会功用，体现出中国人对“和”的追求。

(1) “和”对食物搭配的影响

《黄帝内经》中提出“五谷为养，五果为助，五畜为益，五菜为充”的食物搭配原则，目的是均衡营养、利于健康，体现了中国人在食料选取方面的“和”。这一原则仍影响着当代中国人对一日三餐的选择。中国人喜欢摄取不同种类的食物,注意不同季节食物的变化,以求在饮食方面达到人与自然、食物与人体的和合相偕①。

(2) “和”对食物取材的影响

自古以来,中国人对自然怀有敬畏之心,并追求人与自然的和谐相处。比如电视纪录片《舌尖上的中国》中卓玛和妈妈采完松茸后会立刻用松针盖好菌坑②,以延续自然的馈赠。当地藏民们都小心翼翼地遵守着山林的规矩。这个细节将当今中国人与自然的相处之道传递给世界,展示出这片土地上人与人之间、人与大自然之间和谐美好的关系。

(3) “和”对食物烹饪的影响

“味”是饮食的灵魂,中国饮食有“五味调和”之说。“在中国人的厨房里某种单一味道很难独自呈现。五味最佳的存在方式是调和以及平衡。这不仅是中国历代厨师不断寻求的完美状态,也是中国人在为人处事,甚至在治国经世上所追求的理想境界。”③不同的原材料,不同的调味品和不同的调制手法,最终目的是将食物的最佳味道呈现出来。只有调和,才能使饮食达到完美的境界,食物如此,人与人相处之道亦如此。“中国人善于在极其普通的饮食生活中,深深地咀嚼人生和谐的美好意义。”④通过饮食,人与人之间可以达到和谐相处的目的,即人之和。

除了食物的“味”以外,食物的“色”“香”“形”及盛取食物之“器”都体现了饮食文化对“和”的追求。

在实际教学中,教师可以将文字介绍、图片、视频等材料有机结合起来,适当借助学习者的母语或媒介语,帮助学习者了解中国饮食文化的特点,领会饮食文化背后蕴含的“和”观念。

① 王赛时:《中国饮食文化的精髓——和》。

②《舌尖上的中国》(A Bite of China)是一部由中国中央电视台制作的大型美食类电视纪录片,介绍了中国各地千差万别的饮食习惯和日常饮食流变。通过中华美食的各个侧面,展现传统中国和现代中国的社会文化风貌,传达了中国人的生存状态和生命情感。参见:孙宜学主编:《中外文化国际传播经典案例》,同济大学出版社,2016年,第171—179页。另注:《舌尖上的中国》第一季包含“自然的馈赠”“主食的故事”“转化的灵感”“时间的味道”“厨房的秘密”“五味的调和”和“我们的田野”七个部分。

③ 参见《舌尖上的中国》解说词 http://www.360doc.com/content/12/0529/23/1837283_214623871.shtml。

④ 王赛时:《中国饮食文化的精髓——和》。

案例 4-4-2 文化核心价值观之“礼”

“礼”是中国传统文化的核心价值观。儒家认为,人人遵守符合其身份和地位的行为规范,便“礼达而分定”了。随着社会的变革和发展,“礼”不断被赋予新的内容,成为人们日常生活中所必需遵守的道德规范和行为规范。

吴瑛对 565 名海外汉语学习者的调查表明,受访者对“礼”的认同度最高。那么,如何向汉语学习者介绍中国的“礼”文化呢?

我们认为,可以从日常生活中的文化习俗(行为)、文化产品(如传统建筑)入手,具体表现在:

(1) “礼”对人们日常生活的影响

儒家文化中的“礼”讲究秩序,自然是有秩序的,人要以“礼”体现自然的秩序,“长幼有序”“长者为尊”是一种体现。中国人在日常生活中讲究对长者的尊重,“尊老”“敬老”是我们的传统。比如,年轻人见到长者、学生见到老师都会主动问好,在拥挤的公共汽车上时常有年轻人主动给年纪大的人让座;再如,“夫礼之初,始诸饮食”,饮食文化是礼仪的源头,人们在正式的用餐场合中会讲究座位的排序、入座和离席的先后等。日常生活中的“礼”多表现为文化习俗(行为),是学习者易于观察、理解和把握的。在实际教学中,可以让学习者通过观察、表演等方式加深对“礼”的理解。

(2) “礼”对中国传统建筑形式的影响

建筑要满足“礼”的规范,也要体现“尊卑有序”,《礼记·礼器》中说:“礼有以多为贵者:天子七庙,诸侯五,大夫三,士一……有以大为贵者:宫室之量,器皿之度,棺椁之厚,丘封之大……有以高为贵者:天子之堂九尺,诸侯七尺,大夫五尺,士三尺。天子诸侯台门。”建筑中的体量和色彩都体现了对“礼”的追求,最为典型的例子莫过于中国的宫殿建筑及传统民居四合院。

(3)“礼”对汉语词汇的影响

“礼”在语言系统中同样有所体现，比如汉语双字词中的字序本身就隐含着长幼尊卑的文化观念，像父母、叔侄、夫妻、男女、兄弟、姐妹、师生、天地、日月、国家、君臣等等，这些词是不可能倒过来说的，而字序先后顺序正是由“礼”决定的。

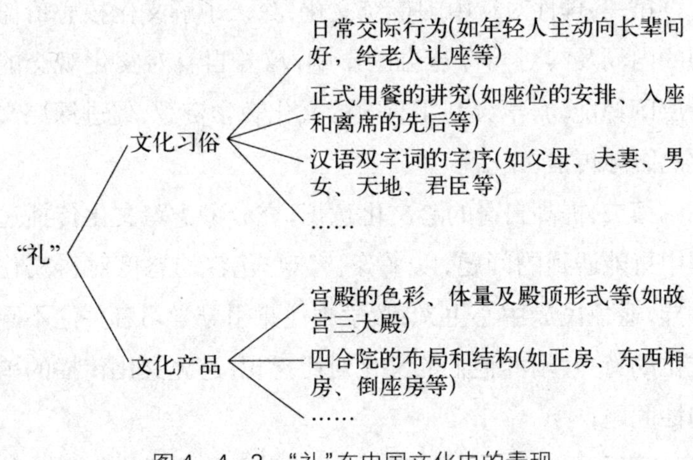

图 4-4-2　“礼”在中国文化中的表现

在实际教学中，我们可以利用现代化教学手段将文字介绍、图片、视频等材料有机结合起来，通过文化讲解、文化表演、文化参观、文化讨论和中外文化对比等方式，让学习者了解中国传统文化中的“礼”的内涵及对中国社会生活的影响，进而引导他们思考“礼”在不同文化中的表现，总结出共性与差异。

(三) 小结

中国传统文化能否真正走向世界，关键在于我们的核心价值观是否有助于解决当今人类面临的根本问题，并为其他国家民众所接受[①]。在当前汉语国际教育发展形势下，中国文化核心价值观的对外传播能否顺利进行，取决于汉语教师对待传统文化的态度，取决于教师是否具有文化传播意识，取决于教师的文化知识储备和跨文化传播能力。

为培养学习者的跨文化交际能力，同时实现让世界了解中国及中国文化的目标，汉语教师应注意以下几个方面的问题：

第一，理性对待中国传统文化，深入了解文化核心价值观的内涵及其对当今社会的影响；培养自身对文化观念的深层阐释能力，学会利用有效的文化教学资源，促进深层文化的国际传播；

第二，提高自身的跨文化意识，充分考虑跨文化传播过程中可能遇到的问题，以平等、客观、包容的态度对待文化差异，避免民族中心主义；教学中注意引导学习者关注不同文化的特点，培养他们的文化对比意识，避免文化传播的单向性问题；

第三，树立终生学习观念，通过学习和交流增加对中外文化的了解，不断提高专业素质和文化知识水平；积极在实践中探索如何将文化内容融入到第二语言教材的编写中，融入到课堂教学活动及课外语言文化实践中等问题。

简言之，汉语教师不应停留于语言教学层面，要同时关注中国文化的传播问题；文化教学的内容不应仅停留于表层文化层面，要尝试由表及里展示深层文化的内涵。本节讨论的文化核心价值观的对外传播，仅仅是探索深层文化国际传播道路上的第一步。

① 关世杰、尚会鹏：《建构中国海外文化软实力的核心价值观》。

第五章　课外活动与文化传播

第一节　留学生的语言实践活动

一、关于语言实践活动的讨论

目的语环境对第二语言学习有极其重要的影响。在目的语环境中学习第二语言，语言输入、自然语言资源的提供和语言运用机会等方面都明显优于非目的语环境。早在20世纪90年代，刘珣先生就提出“我们在汉语的故乡进行汉语作为第二语言的教学，如果我们能充分利用汉语的社会环境这一得天独厚的条件，应该能取得更好的效果”。为此他呼吁将各种课外活动纳入到教学计划中，进行精心的设计安排，“建立课上课下、校内校外、学习与习得相结合的新教学体系”[①]。

语言实践活动是文化传播的重要渠道，精心设计的实践活动能直接、有效地将目的语国家的社会文化与当代人的生活等信息传递给学习者，可以促进第二语言学习者提高跨文化适应能力和跨文化交际能力。本节我们将围绕语言实践活动的设计和组织这一问题进行讨论，进一步思考如何利用语言实践活动促进汉语学习和文化传播等问题。

① 刘珣：《语言学习理论的研究与对外汉语教学》，《语言文字应用》，1993年第2期。

(一) 语言实践活动的定义与分类

1. 语言实践活动的定义

语言实践活动以提高汉语学习者跨文化交际能力、深入了解目的语中国文化为根本目标，是常规课堂教学活动以外的，由教学单位安排的、有组织、有计划的活动[①]。

作为课堂教学的延伸和补充，语言实践活动是第二语言教学的有机组成部分，它集拓展性、实践性、自主性、趣味性和知识性为一体，在文化教学方面更具有常规课堂教学无法比拟的优势。

以往的研究中，语言实践活动有不同的名称，如"第二课堂""语言实践课""文化体验课"和"文化活动"等，本文我们将其统称为"语言实践活动"。

2. 语言实践活动的类别

语言实践活动的形式灵活多样，内容丰富多彩，因此类别多种多样。

依据活动时间的长短进行分类，可分为三种类型：(1) 一次性实践：如观看表演、参观校园等，一般是单日或单次即可完成；(2) 短期实践：如语言文化实践周，一定范围内的比赛、展览；(3) 中长期实践：如文化月、文化年、长期展览等。

依据活动的区域进行分类，可分为三种类型：(1) 校园内或学区内的实践；(2) 校园外及本市内的实践，即教师有计划、有组织地带领学生在社会大环境中进行语言交际，如去特定的社区参观、调查和实践；(3) 去外地的实践，如远途考察，体验不同地域文化。

依据活动内容与课堂教学的关系进行分类，可分为两种类型：(1) 根据教材提供的话题进行设计，语言实践活动是课内与课外的桥梁；(2) 根据日常生活需要进行设计，语

① 本节对语言实践活动的定义和分类主要参考了中央民族大学田艳老师的讲座内容，同时也参考了北京大学、北京语言大学、中央民族大学和北京外国语大学开展的语言实践活动，特此致谢。

言实践活动即是“第二课堂”。二者相辅相成,前者可以拓宽学生的知识面,后者则更有灵活性。

依据学习者留学期间所处的阶段进行划分,可分为三种类型:(1) 环境适应阶段:适合组织相对简单的活动,如自制地图、汇报生活和学习情况、调查了解周边人的兴趣爱好等,目的是消除对陌生环境的不适应,在活动过程中了解适应周边环境;(2) 社会融入阶段:可组织留学生参加感兴趣的社团和俱乐部,增加练习语言的机会,增强与他人交往的能力;(3) 文化交流阶段:可组织美食大会、球赛、作文比赛等,目的是传播中国文化,促进中外友好,推动文化交流。简言之,任何活动均源于学习者的实际需要,我们应依据留学生在华的不同阶段制定不同的语言实践活动。

依据活动内容进行分类,可分为六种类型[①]:(1) 巩固深化型(如学习名作后观看有关的电视剧);(2) 观察思考型(以参观访问为主);(3) 比赛竞技型(作文比赛、征文活动);(4) 模拟表演型(如模拟式辩论会);(5) 业余爱好型(汉语俱乐部、书法室、排练汉语节目等);(6) 综合训练型(通常采取定点实习的方式)。

依据活动性质进行分类,可分为三种类型:(1) 知识讲座类活动:介绍语言和文化知识的讲座和展览;(2) 文化技能类活动:通过教师的讲授和培训,使学习者掌握一种实用技能,如太极拳、书法、中国画、中国歌曲、中国舞蹈等;(3) 课外实践活动类:这一类依据内容可再进行划分,分为观察了解类、观光考察类、实践参与类、比赛竞赛类、人际互动类、调查访谈类、表演汇报类等,具体内容如下:

① 刘士勤:《关于中高级对外汉语教学的社会语言实践问题》,《汉语学习》,1993年第2期。

表 5-1-1 课外实践活动的类别

A 观察了解类	参观中国的名人故居、名胜古迹、学校、工厂、医院等,观看京剧表演、杂技等,目的是了解中国社会和文化。
B 观光考察类	组织学生到外地地进行考察,参观名胜古迹,与当地人进行交流。
C 实践参与类	走出校园,依据课文话题进行采访,在真实的语境中练习课堂上学习的知识,消化理解课文内容;去中餐馆点菜,逛超市、去医院等,目的是熟悉并适应当地生活。
D 比赛竞赛类	参加综合类赛事(如汉语桥大赛、汉语之星大赛)和单项赛事(如辩论赛、汉字比赛、唱歌比赛、演讲比赛)。
E 人际互动类	参观中国人社区、拜访中国家庭、组织中外学生联谊会、建立友好班级,扩大社会交往。
F 调查访谈类	访谈高考学生的家长、公园晨练的老人等,调查问题如长假出行的感受、独生子女的烦恼、高考的利弊、出国留学等。
G 表演汇报会	组织圣诞晚会、新年晚会、新生欢迎会等。
H 其他活动	建立学习兴趣小组、制作报纸或墙报、制作师生留言卡、纪念卡等。

(来源:依据田艳的讲座内容整理)

通过总结可以发现,语言实践活动的分类或名称虽然不同,但很多内容都是相通的,各大高校均依据自己的办学理念、可利用的资源及学习者的具体情况安排各种类型的活动。

(二) 开展语言实践活动的必要性和意义

郭修敏在《来华留学生语言实践课研究》一文中从四个方面详细阐述了开展语言实践课的积极作用:第一,从对外汉语教学目标的视角,语言实践课契合了“用中学、做中学、体验中学”的教学理念，是培养学习者交际能力的重要途径；第二，从第二语言习得的认知视角，语言实践课符合语言习得的认知规律，为习得创造了条件，有助于语言输出；第三，从汉语国际教育的视角，语言实践活动有益于学习者提高其自身的文化、环境适应能力，避免文化休克(cultural shock)，在这一过程中潜移默化地影响学习者的情感态度；第四，从语言哲学的视角来看，要想懂得一个陌生国家的人用语言做什么，而语言又如何适应他们的活动，就必须知道他们的生活形式语言，也就是生活中那些最真实自然的语言。语言实践活动可以让学习者亲身感受在特定的生活情境和具体的语境中所形成的不同表达方式，使学习者在不同的生活中体验到语言意义和形式的多样性。

我们认为，开展语言实践活动的必要性和意义可以从语言和文化两大方面进行分析。

1. 拓展教学空间，提高语言运用能力

第二语言习得理论的研究成果表明，成人可以通过有意识的学习和潜意识的习得两种途径(或系统)掌握外语，习得的作用不容忽视。习得更侧重于语言的功能和意义，集中在语言如何表达思想以及语言所表达的信息上(语言的内容)，它主要通过实际的交际活动来实现。

以往我们的研究重心主要在课堂教学，对社会环境在语言学习中的作用认识不够，致使目的语环境优势未能得到充分的发挥。董玲从英语作为第二语言教学的角度论证了课外活动的积极作用：对学生来说，课外活动应该是一种真实的学习过程，是使外语教学变被动学习为主动学习，变接受型学习为发现型学习，它不应仅仅是英语语言知识的复现和技能的巩固，而更应该是综合性的语言实践活动，要培养学生处理信息的能力和自主学习能力。所以我们要鼓励学生走出校门,积极参加各种活动,这样才能让学生按需决定自己的学习内容和形式,发挥自己的创造力,主动建构自己的知识,从而达到积极学习的状态[①]。

课堂教学囿于教材内容、教学模式等限制,无法满足学生在真实的人际交往和了解社会文化等方面的需求。教育人类学重视社会文化环境与学校、课堂的互动性关联,将课堂教学和课外教学整合起来考虑,主张建立一种全新的学校生态。语言实践活动跨越了课堂所设定的界限,可以利用社会文化环境和交际环境,为学生提供运用语言的更为广阔的场所,促进他们将自觉的学习与自然的习得有效地结合起来,在实践中应用并巩固了已学的汉语知识,弥补课堂教学的不足,实现教学空间的拓展。

此外,形式灵活、内容丰富的实践活动为尊重学生的个体差异提供了可能,轻松的氛围可以降低学习的焦虑感,提高学生的学习兴趣,最大限度地挖掘其内在潜力。

2. 融入社会环境,加深对文化的理解

第二语言教学的根本目标是培养学习者的跨交际能力,学习第二语言应同时学习第二文化。对于汉语作为第二语言学习者来说,掌握一定的中国文化知识可以促进语言能力的提升。因为文化知识越丰富,就越能从深层次上掌握汉语,发展高级的汉语交际能力。通常情况下,学习者在目的语环境中文化理解的程度最深。

开展语言实践活动,接触真实的社会环境,有利于加快留学生适应新环境新生活的速度,提高他们的跨文化适应能力。第二语言学习者一般在母语社会环境中生活多年,已经形成了一定的社会文化观念,习惯于母语文化的思维方式和交际方式,当他们进入目的语社会环境之后,面对陌生的环境、陌生的人群、不同的文化习俗、思维方式和行为

① 董玲:《英语课外活动:学习者的主动建构》,《外国中小学教育》,2010年第5期。

方式,往往会产生不适应感。不少学生一度会出现文化休克现象,变得敏感、孤僻、沮丧,对学习失去兴趣,影响正常的学习和生活。

精心设计的语言实践活动,可以多角度、多层次地向留学生展示丰富多彩的中国文化,由校园文化拓展到社会文化,由物质文化符号拓展到行为文化、精神文化,由书本上的文化知识点拓展到鲜活的、形形色色的文化现象。学习者在社会环境中感受真实的中国,进而逐步加深对目的语文化的了解和理解。

此外,语言实践活动增进了师生、同学之间的感情,对学习者适应新环境和新生活也有帮助。

二、语言实践活动的开展情况

北京是中国留学生数量最多的城市,来自世界各地的留学生在这里进行或短期或长期的汉语学习,在学习的过程中参加体验了不同形式的语言实践活动,收获良多。

不过,当前也有一些院校存在"重视课内环境而轻视课外环境"的问题,目的语环境的优势未得到充分的发挥,结果导致学生课外学习状况混乱,缺乏检查手段和制约机制,学生自主学习能力的发展也受到限制。

针对这个问题,我们认为有必要对语言实践活动开展较早、目前相对成熟并取得良好效果的学校进行介绍。本节我们选取北京大学、北京语言大学和北京外国语大学三所院校,因为这三所院校在中国开展留学生教学的历史最长,在校留学生数量始终排在国内高校前列,语言实践活动组织得相对成熟,其成功之处可以为其他学校开展语言实践活动提供经验,其不足也可以促使我们进一步思考如何更科学地组织语言实践活动的问题。

（一）北京大学的语言实践活动

辛平是国内汉语作为第二语言教学领域较早关注语言实践活动的学者之一。她认为，传统的文化课教学大多局限在课堂上进行，局限于书本知识的传授，但是脱离真实环境，单纯的课堂讲授会影响学生对文化知识的吸收和理解。出现的情况可能是学生在课堂上掌握了一些“书本上的文化”，在社会上又非自觉地感受、体会真实环境中的“文化碎片”（因为它们是缺乏系统性的、零散的），无法和课堂上学到的知识建立起联系。因此，她认为文化教学的最佳模式是利用文化大环境开设“文化实践课”，将实践活动与课堂教学内容有机结合起来。

在这一理念指导下，北京大学开展了内容丰富的语言实践活动。实施步骤如下：第一步是选择文化点，选择依据是侧重于有中国特色的“有生命力的”，即在今日还“活着”的文化上，如名胜古迹、名人故居、风俗礼仪、传统节日等文化系列；第二步是根据学习者的学习期限和语言水平，从每一个文化系列中选出不同的文化点，以“节日”为例：针对中级水平的留学生选取“春节”和“元宵节”，针对高级水平的留学生选取专业性更强的“节日与历法”。

值得我们借鉴的是，北京大学的语言实践活动不仅已纳入教学体系，成为专门的“文化实践课”，而且使用专门的教材（《汉语文化双向教程》，杨瑞、李泉编写）。也就是说，实践活动的安排主要依据课堂教学的内容，是课内学习的延伸。这样，实践活动在巩固课堂知识的同时，又补充了课堂学习内容，课堂教学与社会环境相结合，课内学习与课外学习相结合，从而构成了较为理想的学习环境。

在北京大学,留学生一个学期内需学习 16 个文化点,教师依据文化点安排 12 个实践活动项目,具体内容整理如下:

表 5-1-2　文化点与实践项目

单元	文 化 点	实 践 项 目
1	我们下星期就要去北京了	
2	读万卷书,行万里路	
3	九千间房子里只有一个男人	参观故宫
4	中国的阴阳和风水	游览万里长城
5	老北京的胡同	到小胡同与百姓人家座谈
6	天坛的建筑特别有意思	去天坛公园
7	我真想和苗族姑娘一起跳舞	参观中华民族博物馆
8	洋鬼子不怕鬼见愁	去香山和颐和园
9	道教是中国土生土长的宗教	去白云观
10	老北京讲究听戏	老戏楼听戏
11	听相声我成了傻帽儿	去老舍茶馆
12	我们赞成一家只生一个孩子	参观幼儿园
13	我这个女儿有福气	到北京人家做客
14	为什么要问我爸爸挣多少钱	
15	中国人的关系很有意思	和普通人座谈吃饭
16	山东人好客	

(来源:辛平,2000)

由上表内容可知,北京大学的语言实践活动更突出“向学习者传播中国文化”这一目标,具体操作程序是:教师课堂讲解文化知识 → 提示学生参观实践的要点 → 师生共同参加实践活动。以“天坛与中国的天人观”为例,课堂学习完成后,教师带领学生实地参观,学生在那里感到“天特别大，人特别渺小”，从而体会到古人在天面前无助的感觉，从中感受到中国人对天的崇拜，体会到天人合一的文化观念。如果没有实地参观，这种文化的感悟很难产生，而这种感悟对文化学习具有非常重要的作用。实践活动让学生体会到课堂讲解的内容，将课堂学习内容内化，从而实现从了解文化到理解文化的转变[①]。

① 辛平：《充分利用文化大环境开设文化实践课——文化课教学模式新探索》。

（二）北京语言大学的语言实践活动

北京语言大学是中国从事留学生教育历史最长、规模最大的学校，也是唯一一所以对来华留学生进行汉语、中华文化教育为主要任务的国际型大学[②]。

② 来源：北京语言大学官网 http://www.blcu.edu.cn/。

北京语言大学历来提倡语言教学与文化体验相结合的教学理念。早在20世纪80年代，学校就提出“将语言实践活动纳入教学轨道”的理念并积极付诸实践。孙瑞珍、吴叔平详细介绍了大学开展的实践活动[③]。这里，我们将其开展的有特色的实践活动总结出来：

③ 孙瑞珍、吴叔平：《积极开展多种形式的语言实践活动——把语言实践活动纳入教学轨道》，《语言教学与研究》，1983年第2期。

首先，是进行强化训练的汉语节目表演。这个特色活动每年组织一次，已纳入教学计划中，定期的汇报演出深受学生喜爱。节目内容多源于现代文学作品，如《雷雨》《日出》《龙须沟》等，这些作品在“文学选读”的教材中有节选部分，加上高年级开设了“老舍语言分析”“现代文学简史”等选修课，增加了学生参与活动的兴趣。该活动一般持续一个半月至两个月，基本程序是：选剧本、配演员 → 对台词、背台词 → 组织演出、巩固效果。

其次，是配合“文学选读”课教学内容的专题访问活动。学校曾经组织学生先后访问了茅盾、叶圣陶、丁玲、王蒙、茹志鹃等当年活跃在文坛上的作家。访问前，教师会引导学生阅读该作家的代表作，让学生带着问题去参加活动。这种和作家面对面的交流活动增加了学生们学习汉语的兴趣，有的学生因此立志将来从事汉语和中国学研究。

第三，是针对三、四年级学生和进修生每年组织的语言实习活动。比如四年级学生在浙江绍兴、杭州等地的实习，是围绕鲁迅的青少年时代、鲁迅小说所反映的社会生活展开的。参加活动的学生表示，实地参观了鲁迅少年时代生活过的地方，就更能理解《从百草园到三味书屋》的内容了。

可以看出，这些有特色的实践活动都目标明确，集知识性与趣味性于一体，活动组织者十分重视学生的感受和收获。对学生而言，这些活动无一例外都是宝贵的学习机会。

时至今日，北京语言大学的语言实践活动组织日趋完善，"语言实践课"已成为速成学院的特色课程[①]。该课每周2课时，固定在每周五下午，老师和学生共同参与，基本采用同水平班级集体活动的形式。活动内容既包括在校内完成的竞赛、演讲活动，也包括外出参观活动及为期一周的远途文化研修活动，即组织学生赴四川、陕西、河南、山东、上海、江苏、浙江等地考察，让他们在游学中提高汉语交际能力，亲身感受中国文化和中国社会的发展。

北语速成学院的语言实践活动包括熟悉校园、实地教学、学中国歌、参观长城、拼音比赛、语言调查、认识朋友、去植物园、汉字比赛、电影欣赏、诵读比赛、演讲比赛、知识竞赛、观看表演、参观博物馆、表演节目等16种。郭修敏将速成学院开展的语言实践总结为四种类型：外出参观、各种比赛、娱乐方式和完成任务。调查发现，最受学生欢迎的活动类型是"外出参观"，因为这类活动不受常规教学场所、方法和内容的限制，包含大量的社会和文化信息，最大程度地体现了语言文化实践活动的特点和优势，是一种寓教于乐的学习方式。

① 郭修敏：《来华留学生语言实践课研究》，《汉语学习》，2012年第6期。

总的来说,北京语言大学十分重视开展留学生语言实践活动,其实践活动类型丰富,形式多样。上文介绍的汉语节目表演、对现当代作家的访谈、文化研修活动都是学习者了解中国社会文化的重要渠道,体现了教学管理者对文化传播工作的重视。他们的成功之处值得我们借鉴。

(三) 北京外国语大学的语言实践活动

北京外国语大学历来重视留学生的语言实践活动,将跨文化交流及文化体验列为留学生培养的一项重要指标。下面,我们依据语言实践活动的内容和特点从三个方面介绍北外中文学院定期开展的实践活动[①]。

① 北京外国语大学中文学院留学生语言实践活动资料主要来源于2017年《来华留学质量认证自评报告》及支撑材料,感谢中文学院朱勇、王波、孟德宏、岳岚、赵茜、张京京等老师提供的帮助,感谢姜书君同学最后对报告及支撑材料的整理工作。

1. 提高学生跨文化素质,创建留学生特有文化活动品牌

跨文化素质培养是提高留学生综合素质的有效手段。中文学院以跨文化交流活动为切入点,积极提升留学生的跨文化理解能力,提高留学生综合素质和人文素养。

为丰富中外学生的课余生活,帮助留学生在实践中提高语言运用能力和跨文化交际能力,全院师生经多年实践和探索,精心打造了以留学生为主体的特有文化品牌活动。

(1) 国际“酷卖汇”

中文学院主办的首届国际“酷卖汇”于 2011 年秋季学期举行,至今已举办八届。“酷卖汇”面向全校师生,以留学生为主体,以班级为单位,由留学生亲手制作和推销自己国家的特色美食。为了推广本国的饮食文化,“酷卖汇”活动之前,学生们积极讨论活动方案,一起购买食材、制作食品,大家分工协作,齐心制作班级海报、布置展台;“酷卖汇”当天,学生们用各种办法吸引顾客,推销美食,即便是初级汉语水平的学生也努力尝试用汉语推销自己的商品。参加活动的师生都受到现场气氛的感染,积极与他们进行互动

交流。

“酷卖汇”自创办以来，吸引了众多学生踊跃参加，规模在不断扩大。学生们在与来自不同国家的顾客的交流过程中享受到用汉语沟通的乐趣。

(2) 留学生才艺大赛

中文学院每年春季学期举办的留学生才艺大赛充分展示了我院学生多才多艺、敢于创新的风采。2015 年，以“舞动的青春”为主题的留学生才艺大赛给中外学生留下深刻的印象。经过初审，近 150 名留学生参加表演的 14 个节目进入了决赛。参赛选手来自意大利、马来西亚、德国、韩国、澳大利亚等国家。决赛中，意大利学生融合中国元素的歌曲表演《男子汉》、艺术感十足的配乐朗诵《中秋辞》，马来西亚学生表演的具有民族特色的汉语短剧和舞台剧都令观众耳目一新。

每届留学生才艺大赛都吸引了许多中外学生、教师前来观看，留学生的表演为观众带来精彩绝伦的视听盛宴。

(3) 汉语角

中文学院的汉语角活动创办于 2011 年春季学期，每次活动均有近两百名学生参加。留学生按国籍和汉语水平分组，中国学生按所学语种和专业分组。首次活动以组为单位，通过自我介绍、游戏活动等使中外学生建立语伴关系，以帮助留学生更快适应新环境。

经过多年实践，汉语角已成为每周两次的常规活动。其突出的特色是：以集体形式呈现，除一对一交流之外，中外学生还进行集体讨论。学生们在这里收获了不同角度的观点，开拓了自己的眼界。中国学生作为志愿者在活动前进行精心准备，组织大家对特定话题展开深入探讨。如今，汉语角成为中文学院最有活力的地方，学生们在此处见证了思维的碰撞,语言的交流和友谊的增长。

(4) 留学生电影日

现代化教学技术和丰富的媒体资源为留学生学习汉语、了解中国文化提供了另一种途径。影视作品反映了中国社会的方方面面,展示了真实的语言交际环境,是帮助留学生了解中国社会文化和当代生活的重要窗口。

作为中文学院留学生特色品牌活动之一的电影日在每周五下午举行。该活动以留学生为主体,中国学生担任志愿者,采取介绍电影、集体观看、分段讨论等形式帮助留学生理解影片内容。每周选取一部电影,所选电影既有历史文化题材,又有都市情感题材。电影日活动丰富了留学生的课余生活,帮助他们通过影视作品进一步了解中国。

2. 鼓励学生走出校园,积极参加赛事及研讨活动

除了创建校园品牌文化活动之外,学院也鼓励留学生走出校园,参加全国各地举办的跨文化交流及竞赛研讨等活动。中文学院留学生以高素质、全面发展的积极形象,在诸多比赛中发挥出色,产生了良好的社会影响。下面列举几类留学生参加的实践活动:

(1) 华北地区留学生汉语辩论大赛

第二语言的学习,既是语言技能不断提高的过程,也是对目的语文化不断加深认识的过程,汉语辩论赛正是二者的结合。中文学院留学生于 2014 年、2016 年和 2018 年参加了华北地区留学生辩论大赛。在 2018 年,京津冀二十多所高校进行了预选赛、初赛、半决赛、决赛的激烈角逐。历时三个多月,最终,北外留学生代表队经过努力奋战获得华北地区留学生汉语辩论大赛冠军。参赛代表及现场观赛的学生都表示,辩论大赛是锻炼和提高自己汉语表达能力的大好机会,要以此为契机,努力提高汉语水平,不断加深对

中国文化的理解。

(2) 中国国际汉字大会

2015 年 10 月 20 日—22 日,中文学院留学生应邀参加了中国人民对外友好协会、河南省政府外办、安阳市政府、中国文字博物馆共同举办的首届中国国际汉字大会。留学生与国内外汉字学专家一起参观文字博物馆、殷墟宫殿宗庙遗址、大型书法活动以及汉学家进校园等互动活动。此次活动以汉字为载体,搭建了一个中外文化学习与交流的平台,对推动中华文化与世界文化交流有着特殊的意义和价值。

(3) 衡水迷你马拉松赛

为了提高留学生的健身意识,引导学生加强体育锻炼,中文学院每年都为留学生组织各类体育竞技比赛,如篮球赛、足球赛、羽毛球赛、乒乓球赛、排球赛等,同时也鼓励留学生积极走出校园,参加全国各地的体育邀请赛。

应河北省衡水市政府的邀请,中文学院留学生于 2012 年、2013 年和 2014 年秋季,三次赴衡水市参加国际迷你马拉松赛。中央电视台及地方电视台对比赛现场进行了全程直播。参赛学生在师生啦啦队的鼓励下,全部跑完了规定赛程。在为期两天的行程中,学生们还参观了衡水内画博物馆和衡水中学。在内画博物馆,大家兴致勃勃地学习绘制鼻烟壶,感受地方文化艺术的魅力;在衡水中学,与中国师生一起联欢、座谈、聚餐,交流互动。这次活动使留学生了解了中国的中学教育,增加了课外使用汉语的机会,学生们感觉收获很大。

除此之外,留学生还参加了校外其他竞赛及大型活动,如 2016 年,在第九届“中国——东盟教育交流周”演讲比赛中,中文学院留学生进入十强;同年 11 月,参加了“21 世纪领袖知识竞赛”活动并取得了优异的成绩;2018 年,中文学院 134 名留学生报名参加了北京市友好协会举办的“我与北京”征文大赛并取得了良好的成绩。

3. 课内与课外相结合,将语言实践活动常规化

中文学院不仅定期举办跨文化交流活动,同时力求将文化体验活动常规化。各部门根据学生的特点和需求,有针对性地组织了不同类型的语言实践活动。

(1) 对外汉语系活动

对外汉语系承担留学生本科教学工作。根据多样化的社会需求与学生的实际需要,留学生本科教育设立了五个专业方向:汉语言专业汉语方向、文学文化方向、经贸方向、汉外双语方向和汉语师资教育方向。其中,汉语师资教育方向的学生人数最多,他们主要是马来西亚汉语师资项目的留学生。马来项目学生在北外留学五年,第一年在汉语培训中心进修部进行预科学习,第二年开始在对外汉语系接受为期四年的本科教育。除了课堂学习以外,学院为马来项目学生专门制定了五年语言实践计划。每学期的语言实践活动包括北京市内参观、北京周边考察和外地语言实践活动。外地语言实践活动的区域涵盖了“东西南北中”最具特色的地点,特别是赴少数民族地区的语言实践,让学生们亲身体验到少数民族文化的别样魅力。这些活动为留学生了解中国社会文化提供了良好的机会,具体活动安排见附录 4。

(2) 汉语培训中心活动

汉语培训中心下设进修部和项目部,承担短期进修生和特殊项目学生的教学工作。

进修部每学期组织留学生赴外地进行以“语言、文化、社会”为主题的实践活动。活动地点有中国历史文化古城

西安、中原文化代表河南、山西平遥等。学生们在活动中不仅感受到中国自然风光之美，更能直观体验到中国历史文化的魅力。在与中国人接触的过程中，学生们结识了新朋友，锻炼了汉语交际能力。

除了部门组织的京外语言实践活动外，每个班的任课教师根据教学内容及班级情况会定期组织市内语言实践活动。活动内容包括与中国人交流，游览名胜古迹，观看各种文艺演出和展览等。班级语言实践活动增进了师生感情，使学生更快融入新集体，对课堂教学效果起到巩固作用。

项目部针对不同项目学生的特点组织了多样化的语言实践活动。以执法项目为例，学院组织项目学员先后参观了北京市公安局出入境管理局、云南大理州公安局、陕西省刑事技术研究所、云南警官学院等，并与各地交通指挥中心及禁毒大队等部门进行警务交流。

通过这些活动，项目学员能真切感受到中国基层警察的工作状态，了解中国民警的工作条件、办案流程，观摩中国公安机关治安管理的方式和处理突发事件与案件的流程。

（四）小结

形式多样、内容丰富的语言实践活动是文化传播的重要渠道，也是留学生了解中国社会文化的桥梁。语言实践活动培养了留学生对中国文化的浓厚兴趣，锻炼了他们的汉语实践能力。总体来看，很多高校越来越认识到开展语言实践活动的重要性，并逐步将语言实践活动纳入教学体系中。

另一方面，关于语言实践活动、课外学习的研究也逐渐引起学界的重视，学者们从不同角度探讨与此相关的问题。

其中比较有代表性的成果有[1]：李玉军尝试通过问卷调查了解留学生课外语言实践过程中存在的问题，发现最突出的问题是交际对象过于狭窄，未能充分利用语言环境增加可懂输入量；陈晓华对有效课外汉语学习进行了讨论，提出培养学习者的自学能力、充分利用环境优势获得交际能力的学习策略；沙宗元论述了课外语言环境对留学生习得的作用和影响，从教师、教学管理者和学习者两个方面说明如何营造良好的课外语言环境的问题；李同路重点讨论了以交际任务为核心的体验式教学活动，文章对语言实践的任务设计、实施和评估及教师在语言实践活动中的角色进行了分析；郭修敏论述了开设语言实践课的理论基础，并以调查问卷为基础，对语言实践课的相关内容作了实证分析；丁存越分析了基于实践社区的第二课堂语用教学的可行性和构成要素，并以“把”字句的语用教学为例进行说明；于淼提出利用北京社区平台引领留学生文化实践的新思路，等等。这些研究对语言实践活动的开展和创新均有重要启示。

通过对现有研究的梳理和总结，我们发现，当前从学习者需求角度出发考察语言实践活动内容及效果评估的个案研究相对较少。因此，下一节我们将对笔者组织并亲身参与的两次语言实践活动进行个案研究。

第二节　语言实践活动个案研究

一、校内文化交流活动

如前文所述，国际“酷卖汇”是北京外国语大学较有代表性的校内文化交流活动。该活动由北外中文学院主办，

① 参见李玉军：《留学生课外语言实践过程中的几个问题》，《暨南大学华文学院学报》，2006年第4期；陈晓桦：《目的语环境中有效课外汉语学习研究》，《云南师范大学学报（对外汉语教学与研究版）》，2007年第1期；沙宗元：《课外语言环境对留学生汉语习得的作用和影响》，《合肥师范学院学报》，2009年第4期；李同路：《语言实践：课堂学习与独立交际之间的接口》，《语言教学与研究》，2012年第3期；郭修敏：《来华留学生语言实践研究》，《汉语学习》，2012年第6期；丁存越：《基于实践社区的汉语第二课堂语用习得教学模型》，《语言教学与研究》，2015年第6期；于淼：《针对留学生的北京文化浸润式传播实践教学》，《继续教育研究》，2015年第11期。

以中文学院留学生为主体，自2011年举办以来，每年一届，至今已举办八届。

这项富有特色的国际文化交流活动以展示各国饮食文化为主题，面向全校师生，中文学院汉语留学生以班级为单位自愿报名参加。活动前两周，组织者专门召开班主任会和班长会进行活动介绍和宣传，以便让学生提前了解活动的具体安排和内容。报名参加的班级在班主任协助下一起制作班级宣传海报，用于活动宣传；活动前学生自主购买食材，制作特色食品。活动当天，每个班有一个固定的摊位，摊位的位置由班长提前抽签确定。

(一) 研究设计

本研究采用问卷调查和访谈相结合的方式。调查对象包括汉语培训中心A、B、C、D、E、、G共7个层级的国际班留学生(14个班)和对外汉语系的马来汉语师资培训项目留学生(1个班)①，共15个班级。调查时间为2017年11月，即第七届“酷卖汇”活动结束后。调查共发放196份问卷，回收196份，回收率100%。

问卷采用封闭式(选择、评分)和开放式(提出建议)相结合的方式。调查问卷包括以下三个部分：

问卷第一部分是受访者的基本情况，如性别、年龄、国籍等；

问卷第二部分是两个单选题：(1) 你是否参加了这次“酷卖汇”？(2) 如果没有参加，原因是什么？

问卷第三部分包括9个单选题(从问题3至问题11)和1个开放性问题。选择题围绕“酷卖汇”活动的内容(即活动前制作宣传海报、制作食品和活动中的销售活动等)及活动评价展开。问卷采用了从“完全同意” 到“完全不同意” 的

① 汉语培训中心进修部依据学生开学测试成绩(笔试＋口试)将学生分入不同级别，A、B、C为初级，D、E、F为中级，G、H、I为高级。由于每个学生学习时限不同(有的学习一个学期，有的学习一年，还有少数学生在进修部学习两年或三年)，不同级别的学生数量不一样。通常来说，初级和中级的学生较多。每个级别设置了平行班，如2017年秋季学期，A级有A1、A2和A3三个平行班。

里克特五度量表形式,“5”为最高,表示“完全同意”,“1”为最低,表示“完全不同意”,要求受访者根据实际情况作出选择。开放性问题是为了了解受访者对活动的建议。为了让受访者更好地理解问卷内容,问卷题目也翻译成英语(见附录5)。

(二) 结果与分析

1. 受访者基本情况分析

经初步统计,196 名受访者中,参加“酷卖汇”活动的人数为 183 名,占总数 93.4%,未参加活动的为 13 人,约占 6.6%,这一数据表明绝大部分受访者都参加了这项活动。受访者未参加活动的原因有:最近很忙(8 人),生病(2 人),对活动不感兴趣(2 人),其他(调料不好买,1 人)。参加“酷卖汇”活动的受访者需继续填写问卷第三部分,未参加的学生不需要填写。统计问卷结果时,我们仅对参加活动的受访者的问卷进行统计。

调查表明,参加活动的 183 名受访者来自 40 个国家(另有 5 人未填写国籍),基本信息如下:性别方面,男性 76 人,占 41.5%,女性 102 人,占 55.7%,另有 5 人未填写性别;年龄方面,受访者平均年龄为 24.41 岁,其中,20 岁以下为 31 人,占 16.9%,20—30 岁为 134 人,占 73.2%,30 岁以上为 18 人,占 9.84%;级别方面,初级班(A、B、C)共 8 个,中级班(D、E、F)共 5 个,高级班(G)为一个,马来西亚留学生为本科 2 年级;国别方面,依据每个国家受访者的数量进行排序,排在前五位国家是:马来西亚(24 人)、日本(21 人)、德国(19 人)、法国(15 人)和韩国(13 人),具体情况如下:

表 5-2-1 受访者国籍及人数统计

序号	国籍	人数	序号	国籍	人数
1	马来西亚	24 人	21	中国	2 人
2	法国	15 人	22	乌兹别克斯坦	2 人
3	日本	21 人	23	柬埔寨	5 人
4	韩国	13 人	24	英国	1 人
5	俄罗斯	11 人	25	瑞典	3 人
6	德国	19 人	26	西班牙	4 人
7	波兰	2 人	27	芬兰	2 人
8	塔吉克斯坦	1 人	28	阿尔巴尼亚	1 人
9	美国	2 人	29	土耳其	2 人
10	安哥拉	1 人	30	尼泊尔	2 人
11	乌克兰	1 人	31	突尼斯	1 人
12	印度尼西亚	3 人	32	荷兰	1 人
13	巴基斯坦	7 人	33	比利时	3 人
14	缅甸	10 人	34	格鲁吉亚	1 人
15	意大利	4 人	35	秘鲁	1 人
16	孟加拉	1 人	36	北马其顿	1 人
17	菲律宾	2 人	37	罗马尼亚	1 人
18	埃及	2 人	38	奥地利	1 人
19	澳大利亚	2 人	39	蒙古国	1 人
20	泰国	1 人	40	马耳他	1 人

2. 活动评价分析

(1) 整体评价

表 5-2-2 为 183 名受访者对活动评价的平均分，表 5-2-3 为每个班的平均分。由表 5-2-2 可知，总体来说，受访者对活动给予了积极评价(每题得分均超过理论平均分)。不少受访者表示："这是很好的活动，我非常喜欢"

表 5-2-2 受访者对"酷卖汇"活动的评价

题目		平均分
问题 3	我喜欢和同学一起做"酷卖汇"的宣传海报。	4.02
问题 4	我喜欢和同学一起准备"酷卖汇"的特色食品。	4.10
问题 5	我喜欢在"酷卖汇"上和同学一起卖我们的食品。	4.05
问题 6	我希望在"酷卖汇"上展示自己国家的饮食文化。	4.23
问题 7	我喜欢品尝其他国家的食品。	4.57
问题 8	"酷卖汇"让同学们有合作的机会,我们的关系更好了。	4.32
问题 9	"酷卖汇"对我了解其他国家的饮食文化有帮助。	4.26
问题 10	"酷卖汇"给我提供了更多说汉语的机会。	3.95
问题 11	我对学院组织的"酷卖汇"的评价。	4.19

"希望每个学期至少举办一次这个活动""我们可以有机会分享自己的文化""可以品尝其他国家的食物,非常好""希望继续办这样的活动,非常国际化",等等。

具体来说,"酷卖汇"活动让受访者品尝到其他国家的食品(4.57),有助于了解其他国家的文化(4.26),同时,受访者也希望通过这个活动展示自己国家的饮食文化(4.23)。因此虽然功课繁忙,绝大部分学生都参加了活动(见前文数据:93.4%)。为了制作自己国家的特色美食,很多学生购买了专门的调料和食材,不辞辛苦地做各种准备。

其次,"酷卖汇"促进了同学之间的交流(4.32),增加了受访者使用汉语的机会(3.95)。在我们调查的 15 个班级中,只有马来班是单一国别的班级,其他 14 个班都是国际班,因此,除了初级汉语水平的留学生日常交流中不得不用“汉语+英语”的方式外,中高级汉语水平的留学生课上、课下均尝试用汉语交流[①]。

这种情况与目的语环境的教学方式直接相关:课堂教学中,我们提倡任课教师在学习者理解的前提下,尽量用汉语授课。教师安排学生进行小组活动时,无论课堂活动还是课外语言实践活动,都尽量将不同国别的学生安排在一组,以便让他们用目的语进行交流。任课教师对学生的建议是“课堂上尽量都用汉语,课下多用汉语”,师生之间的交流也大多使用汉语。

“酷卖汇”活动的准备阶段,每个班经讨论确定好制作的食物后,便开始着手准备购买食材。在准备食材和制作食品的过程中,包含了问路(去超市、市场)、坐车、购物(就商品质量、种类、价格进行挑选)、制作(准备原料、了解做法、使用厨具)等活动内容。制作班级的宣传海报也是“酷卖汇”的准备工作之一[②]。在海报制作过程中,学生们集思广益,彩色的海报上有文字、图片、照片,还有自己国家的国旗等,各具特色。活动当天,学生们积极用汉语为每一个“顾客”介绍菜品,宣传美味,甚至讨价还价。大家学以致用,兴致盎然。

无论是活动前制作宣传海报、购买食材、制作食品,还是活动当天的推销,都需要同学之间的协商与合作。“酷卖汇”活动增加了他们课外使用汉语的机会,也使同学间的关系更亲密了。不少留学生在“酷卖汇”活动中交了新朋友,班级的气氛也更为融洽了。

(2) 存在的问题

尽管受访者对活动的总体评价较高,不过各班对活动的评价有一定差异。以第 11 题(“你对‘酷卖汇’的评价)为例,评价在 4 分以上的班级有 9 个,评价在 4 分以下的为 6

① 笔者发现,有些对自己要求较高、希望尽快提高汉语水平的学生,即便在课下与本国同学交流时也有意识地使用汉语,而且这种现象在中高级班中并不少见。

② 为了调动学生的积极性,我们组织了宣传海报的评比活动并设置了奖项。评比活动通过微信平台推送的方式进行,由师生投票选出最喜欢的海报。这种“预热”方式不仅点燃了学生的参与热情,海报上的菜单也方便参加者提前了解活动当天的美食种类。

个，班级平均分最高为4.66(D1班)，最低为3.66(B1班)，具体情况如下：

表5-2-3 各班级对活动的评价

班级	人数	问题3	问题4	问题5	问题6	问题7	问题8	问题9	问题10	问题11
A1	9	4.88	4.77	4.80	4.88	4.88	4.57	4.55	4.33	4.44
A2	13	4.30	4.33	3.92	4.00	4.61	4.58	4.53	4.00	4.23
A3	12	3.50	4.41	4.36	4.36	4.33	4.09	4.09	3.58	3.91
B1	8	3.25	3.55	3.55	4.00	4.44	4.22	4.00	3.44	3.66
B2	12	3.45	3.41	4.00	4.30	4.75	4.18	4.66	3.91	4.33
C1	11	3.70	3.27	3.81	3.81	4.72	4.27	4.18	3.81	4.45
C2	14	4.25	4.16	4.07	4.61	4.71	4.41	4.35	4.14	4.57
C3	12	3.91	4.33	4.41	4.41	4.75	4.54	4.00	4.08	3.91
D1	9	4.25	4.37	3.75	4.37	4.62	4.66	4.44	4.11	4.66
D2	11	3.55	3.70	3.50	4.09	4.81	3.90	4.18	4.00	3.90
E1	13	3.76	3.92	3.23	3.38	4.30	4.00	3.84	3.76	3.84
E2	15	3.93	3.80	3.53	3.93	4.33	4.00	4.13	3.53	4.13
F	10	4.54	4.54	4.72	4.54	4.63	4.54	4.36	4.09	4.50
G	13	4.28	4.21	4.21	3.92	4.35	4.28	4.14	3.57	3.92
马来	24	4.09	4.28	4.22	4.61	4.36	4.38	4.22	4.50	4.22

结合问卷第三部分内容(即受访者对活动的建议)进行分析，可以发现，受访者对活动不满意的地方主要是活动的场所和举办的时间。

"酷卖汇"自2011年举办以来，一直在学院一层大厅举行，最初参加活动的学生有200人左右，随着参加学生人数的不断增加(最多时400人以上)，师生都明显感觉大厅越来越拥挤。由于空间不够，无法给消费者提供座位，站着吃东西让不少学生感觉不方便。另外，从时间上看，每次活动均安排在秋季学期，北京的11月天气早已转凉，虽然室内有空调，但一层大厅的门始终是开放状态,保暖性不够。活动现场还是比较冷,有学生说"地方太冷了,我的脚冻坏了","我们做的食物很快就凉了,吃了好多凉的东西,对身体不好",等等。

此外,也有受访者建议进一步加大"酷卖汇"活动的宣传力度,让更多学院的学生参与进来。

3. 调查的启示

开展语言实践活动的根本目标是提高第二语言学习者的跨文化交际能力,加深他们对目的语文化的了解。为了实现这一目标,我们应将每一次活动视为一个整体,全方位考虑组织者和教师在活动前、活动中和活动后的任务。活动后的评估与反馈是语言实践活动中的一个重要环节,可以帮助我们了解学习者的需求和建议,以改进活动安排。因此,我们应注意以下两个问题:

第一,及时了解学生的反馈建议,吸收合理建议,优化活动安排。

根据受访者对"酷卖汇"活动提出的建议,我们对下一届活动安排进行了调整:

首先,是活动的时间,由秋季学期的 11 月改为春季学期的 4 月。第八届"酷卖汇"即在 2018 年春季学期举行。

其次,是活动的场所,解决方式是在场地不足的情况下,允许部分班级在学院外设置摊位。学院也将积极与校方沟通,进一步扩大活动场地。

另外,针对部分受访者提出制作食品的场地不足的问题,学院积极与留学生办公室和留学生公寓进行沟通,活动期间为学生租用厨房供大家使用。

第二,发挥学校资源优势,吸引更多类型的学生参与进来,促进文化交流。

在讨论语言实践活动如何利用资源优势时,以往研究多关注于地域资源的利用问题。我们认为,对“资源”的理解不应局限于此,活动参加者(教师、学生、当地民众)本身即是一种资源。以本次活动的参加者为例,留学生来自不同国家和地区,代表着不同国家和地区的文化,他们彼此之间近距离的接触、沟通,是不同文化之间的交流,因此是学习语言、了解文化的宝贵资源。在活动中,留学生要与目的语国家的人打交道,特别是有机会结识在北外学习的中国大学生、研究生。中国学生大都是第二语言学习者(学习英语、法语、日语等专业),他们的年龄大多与留学生相近,因此有不少共同话题,如学习第二语言的经历和体验,年轻一代面临的机遇和挑战,等等。有的留学生在活动中找到了互帮互助的“语伴”,建立起长期的联系,在互帮互助过程中,中外学生之间增加了了解和信任,跨文化交际能力都得到提高。

综上,国际“酷卖汇”活动为中外师生提供了良好的沟通平台,学生们通过饮食展示本国文化,并对其他国家的饮食文化有了初步了解,在与不同国家的人交流的过程中积极使用汉语,享受到用汉语沟通的乐趣。如能及时对活动内容和活动安排进行必要的总结和反思,及时吸收合理建议改进活动中存在的不足,使语言实践活动更符合学习者的需求,那么,语言实践活动的开展将更有实际意义。

二、京外文化体验活动

如前文所述,中文学院针对马来西亚汉语师资培训项目留学生设计了五年语言实践活动计划,并将其纳入教学计划中,定期举行。按照计划,每学期的活动包括北京市内参观、北京周边考察和京外语言实践活动。这里,我们将笔者组织并参加的一次京外实践活动——承德语言实践活动作为个案进行分析。

2016 年 10 月,马来师资项目的 25 名预科生在老师带领下赴河北承德进行了为期五天的语言实践活动。学生们游览了金山岭长城、避暑山庄、磬锤峰和双塔山等自然景观,参观了“小布达拉宫”、班禅行宫、普宁寺等寺庙,体验了与众不同的藏传佛教文化。这些活动让学生既领略了自然风光,又体验了传统文化。

除了参观游览以外,学生们先后到滦平职教中心和承德医学院两所学校,与中国学生进行了交流。为使语言实践活动开展得更好,更符合学生的需求,此次语言实践活动结束后,我们对活动内容和安排进行了调查。

(一) 研究设计

本研究采用问卷调查与访谈相结合的方式。调查对象为马来汉语师资项目 25 名预科生,调查时间为 2016 年。共发放问卷 25 份,回收 25 份,回收率 100%。

调查问卷包括四个部分:第一部分是受访者的基本信息(如性别、年龄、民族等);问卷第二部分是对承德语言实践活动内容的评价,共 11 个选择题(单选、多选),采用了从“非常喜欢”到“很不喜欢” 的里克特五度量表形式,“5”为最高,表示“非常喜欢”,“1”为最低,表示“很不喜欢”,要求受访者根据实际情况进行选择;问卷第三部分是对活动的安排和组织进行评价,有 14 个单选题,采用了从“完全同意”到“完全不同意”的里克特五度量表形式,“5”为最高,表示“完全同意”,“1”为最低,表示“完全不同意”,要求受访者根据实际情况作出选择;问卷第四部分有两个选择题(对活动的总体评价、收获)和一个开放性问题(对活动的建议)。为了让受访者更好地理解问卷内容，问卷题目也翻译成英文（见附录6）。

（二）结果与分析

1. 受访者基本情况分析

本研究的调查对象为马来师资项目2016级预科生，共计25人，他们分别在汉语培训中心进修部A1、A2、A3和A4四个班学习汉语。受访者基本如下：

表5-2-4 受访者基本信息

性别		年龄		民族		所在班级			
男	女	18岁	未知	马来族	华裔	A1	A2	A3	A4
5	20	23	2	23	2	6	8	5	6

调查显示，受访者在性别方面，男性占20%，女性占80%，女性明显多于男性，这与马来项目其他年级的情况一致；年龄方面，23名受访者均为18岁（另有两名未填写），也就是说，他们高中毕业之后，就来中国留学了；民族方面，92%的受访者为马来族，另外2名受访者为华裔；在宗教信仰方面，25名受访者均信仰伊斯兰教。

汉语水平方面，根据开学测试成绩判断，所有受访者的汉语水平均为初级，而且绝大部分是零起点，即之前没有学过汉语，仅有两名华裔学生有一定汉语基础，但由于之前使用普通话交流的机会很少，汉语听力和口语表达能力都很一般。

2. 受访者对活动项目的评价

（1）活动项目评价分析

在为期五天的语言实践活动中，安排的活动项目有8个，内容包括欣赏自然景观、参观名胜古迹、中外学生交流三个方面。下表为受访者对活动项目的具体评价：

表 5-2-5　受访者对活动项目的评价

活　动　项　目	平均值
1. 金山岭长城	4.60
2. 滦平职教中心的文化体验	4.40
3. 避暑山庄	4.44
4. “小布达拉宫”	4.33
5. 承德医学院交流	4.71
6. 磬锤峰	4.36
7. 普宁寺	4.08
8. 双塔山	4.24

调查显示,受访者对 8 个项目都给予了肯定,说明活动内容的总体设计较为合理。依据受访者对各项活动的评分,排在前三位的是承德医学院交流(4.71)、金山岭长城(4.60)和滦平职教中心的文化体验(4.40)。这三项活动中,有两项活动属于“人际互动类型”的,也就是说,受访者比较偏爱与汉语母语者进行面对面交流的活动。

以滦平职教中心的语言实践活动为例,该活动包含两个部分:

首先,是参观普通话体验馆。受访者在那里初步了解了普通话的发展,感受了中国几大方言区的语言特色,然后自己录制一段话,与普通话进行对比,在对比中纠正发音;

其次,是体验中国传统文化。受访者在滦平职教中心师生的带领下先后走进书法教室、茶艺教室、传统工艺品手工教室,与该校师生一起体验传统文化的魅力:他们亲手用毛笔写下自己的名字、一首诗、一幅字;跟着茶艺老师一步一步学泡功夫茶,了解茶文化;用心编织一个属于自己的中国结，剪出一幅幅别具特色的剪纸，等等。每项体验活动都令受访者兴奋不已，在动手实践中感受到中国传统文化带来的乐趣。

问卷第 9 题（"在承德语言实践活动中你最喜欢的是什么"）的调查结果显示，排在前三位的依次是承德医学院交流（20 人）、金山岭长城（7 人）和滦平职教中心的文化体验（7 人），验证了受访者对"人际互动型"活动的喜好；问卷第 10 题（"喜欢的原因是什么"，可多选）的调查结果表明，"能交到中国朋友""可以增进师生、同学间的感情"是受访者喜欢活动的原因。具体数据见下图：

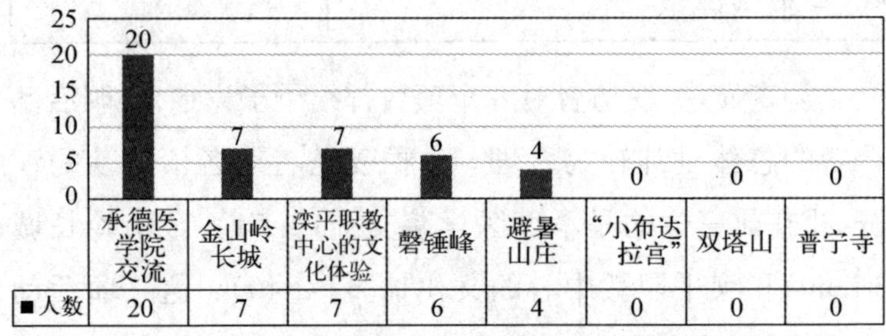

图 5-2-1　受访者最喜欢的活动选项

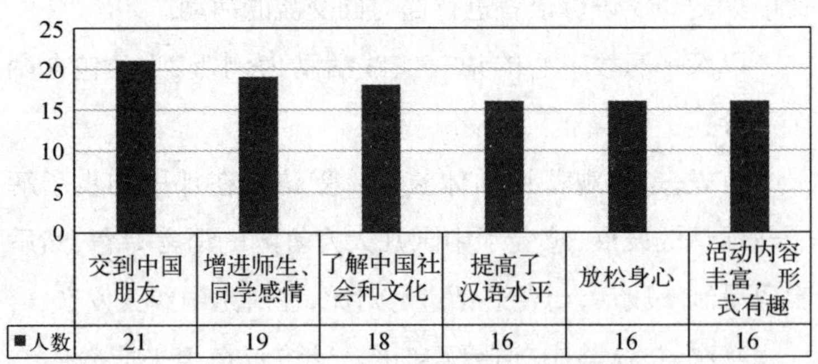

图 5-2-2　最喜欢这个活动的原因

由此可见，马来学生有较强的与人沟通的愿望，他们更喜欢和中国人交朋友，特别喜欢与自己年龄相当的中国学生交流。这一调查结果与刘慧的研究结果一致：留学生喜欢与汉语母语者进行真实的交流,在活动参与方式方面,与中国学生互动合作的参与方式最受欢迎,因为这种方式可以让双方就很多话题自由交换意见,让他们了解真正的中国社会和文化,而不是“书本上”的中国[①]。

① 刘慧:《基于项目教学的对外汉语第二课堂活动研究》,山东大学硕士毕业论文,2014 年。

虽然承德医学院和滦平职教中心的实践活动都有和中国学生交流的机会,但通过比较发现,针对问题 9(“你最喜欢的活动”),选择承德医学院的人数(20 人次)远远超过选择滦平职教中心的人数(7 人次)。据我们分析,这是因为受访者到中国留学仅有两个月左右,与中国学生交流时不得不使用“英语+汉语”的形式。承德医学院学生的英语水平相对较高,而且活动全程都采取了“一对一”的方式,即一名中国大学生陪伴一名马来学生,交流起来更为方便。

在承德医学院,马来学生在中国学生的陪伴下先后参观了承德医学院的校园、校史馆、教学楼和学生活动中心,观看了中国学生社团表演的精彩节目。在整个过程中,两人一组,自由交流。这样的安排使平日比较害羞、害怕和陌生人打交道的马来女学生倍感轻松,她们因此更愿意表达自己的想法。访谈中,一位马来学生说,在和中国学生交流的过程中,他们也可以介绍自己国家的文化,感觉非常有意思。这次交流活动使中马学生建立起友谊,离开医学院的时候,不少女学生忍不住流下眼泪,依依惜别的场景令人感动。在后续的访谈中,有受访者表示,她们一直和中国学生保持着联系,关系越来越好,彼此之间的信任和关心让她们感觉留学生活变得更加美好了。这一调查结果为我们日后安排中外学生交流活动提供了启示。

针对问题 9(“你最喜欢的活动”),有三个项目的选择人次为 0,即“小布达拉宫”、双塔山和普宁寺的活动。据我们分析,这应该与受访者的宗教背景有关,马来学生大都信仰伊斯兰教，而“小布达拉宫”和普宁寺是佛教建筑，对他们来说吸引力不大，再加上有部分受访者不能理解导游的英文讲解，也影响了他们的选择。而双塔山(4.24)的游览活动安排在最后一天，学生们已感觉有些疲惫，没有第一天到达金山岭长城(4.60)的新鲜感和兴奋感，因此对它的评价不高。

(2) 对活动安排的评价和建议

关于活动安排部分的问题主要考察三个方面：一是活动前组织者的准备工作；二是活动中的食宿安排、导游服务；三是受访者对学习任务的评价及收获。统计结果如下：

表5-2-6 受访者对活动安排的评价

评价及期待	平均值
1. 参加活动之前，希望老师先介绍那里的文化和特点。	4.32
2. 参加活动之前，老师应给学生提前布置在活动中的任务。	3.92
3. 我们应该带着一定的学习任务去参加活动。	3.88
4. 我对当地提供的饮食满意。	4.48
5. 我对当地的住宿条件满意。	4.24
6. 我对当地导游的服务满意，他们的讲解很清楚。	3.83
7. 我希望带队老师在活动中也能帮助我们介绍一下当地的文化。	4.04
8. 我希望能有机会跟当地人交流，练习口语，了解当地情况。	4.60
9. 跟当地人用汉语交流，我觉得很紧张。	3.24
10. 参加活动以后，因为能完成学习任务，我感到有成就感。	4.28
11. 学习任务(如描写一个地方、介绍朋友等)对我有帮助。	4.50
12. 老师布置的任务量不多不少，正合适。	4.08
13. 参加实践活动对我了解中国的历史与文化很有帮助。	4.20
14. 参加实践活动对提高我的汉语水平有帮助。	4.60

成功的语言实践活动既要有计划性,又要有整体性,活动前的准备工作不容小觑。基于这一认识,去承德实践活动之前,组织者制作了介绍承德实践活动内容的PPT,在班主任会和班长会上宣传活动的目的、特色和具体安排,然后请班主任和班长会后为本班学生进行说明。之后,又请旅行社导游为参加活动的学生介绍了承德活动的行程安排和注意事项。

参加承德语言实践活动之前,带队老师布置了五天的学习任务,具体内容包括:

(1) 认识一个新的中国朋友,和他一起拍照并介绍他(写下来);

(2) 介绍这次活动你去过的一个地方(写下来),拍一张照片;

(3) 用学过的生词和语法写一篇日记;

(4) 活动结束后,班级同学合作制作一张海报(用上面的内容)。

这些任务既有人物介绍(可以是当地学生、带队导游、司机),又有景物介绍(自然风景或名胜古迹),学习者要完成学习任务,就要在活动中积极与他人交流,认真听导游的讲解,并把自己感兴趣的地方随时记录下来。调查中,多数学生认为应该带着一定的学习任务去参加活动(3.88),希望老师提前布置活动中的任务(3.92)。事实证明,带着一定的学习任务参加活动,目标更为明确,对汉语学习帮助更大(4.50),完成任务也让学生们更有成就感(4.28)。另外,受访者明确表示希望老师在活动之前能提前介绍当地的文化和特点(4.32)。

在活动组织方面,受访者对住宿(4.24)和饮食(4.48)方面的安排都比较满意,这说明组织者充分考虑到马来学生的民族特点和生活习惯，有受访者表示特别感谢老师尊重他们的宗教信仰，为他们做礼拜做了细心的安排。大部分受访者认为导游的服务态度十分热情，不过也有受访者表示不能理解英文讲解，因此对导游服务的评价略低(3.83)。这从另一角度说明带队教师在活动中应积极发挥作用，随时关注学习者的需求，为他们进行适当的讲解是非常必要的。调查结果也显示受访者希望老师在活动中能介绍一下当地的文化(4.04)。

总体来说，受访者对承德语言实践活动的评价比较高(4.52)，在活动收获方面(1 人未填写)，84%的受访者(21 人)认为这次活动令师生之间、同学之间有了更多的接触和交流的机会，自己与老师、同学的关系更好了，相互之间的信任感也加强了；68%的受访者(17 人)认为参加活动提高了他们的汉语水平，也加深了对中国的了解；48%的受访者(12 人)表示自己更喜欢中国的生活了。这些数据表明活动的组织比较成功。

(三) 小结

目的语环境为第二语言学习者了解目的语文化提供了良好的条件。语言实践活动在第二语言学习过程中具有常规课堂教学不可替代的作用。语言实践活动的根本目标是提高第二语言学习者的跨文化交际能力，增加他们对目的语文化的了解。为实现这一目标，我们应将每一次活动视为一个整体，全方位考虑组织者和教师在活动前、活动中和活动后的任务。活动后的评估与反馈是语言实践活动中的一个重要环节，可以帮助我们了解学习者的需求和建议，以改进活动安排。为充分利用目的语环境优势，提高语言实践活动的有效性，我们应注意以下几个问题：

第一,教学管理者应改变传统观念,充分利用目的语环境,将语言实践活动正式纳入教学体系中,建立课堂教学与真实交际之间的联系;

第二,活动组织者应全面了解学习者的需求,注重他们对活动的评价和反馈,尽可能为他们创造与中国人交流、了解当地社会风土人情的机会;

第三,带队教师在活动前应为学习者安排适量的学习任务;在活动中要时刻关注学习者的需求,及时为他们提供帮助,适时以学习者可理解的方式传播当地风俗文化,使社会环境、人文景观、名胜古迹成为文化传播的渠道,引导学习者体验不同文化的差异性和丰富性,以期达到不同文化交流和融合的效果;活动后要及时对学习任务的完成情况进行评估,使学生更加明确实践活动的目标和未来努力的方向。

第四,第二语言学习者应以积极的态度参加不同形式的语言实践活动,认真对待并完成每一项学习任务,在实践中提高自己的交际能力和跨文化适应能力。

只有各方面共同努力,语言实践活动才能发挥作用,语言实践活动的根本目标方可实现。

第六章　文化传播对象研究

第一节　目的语环境中的汉语学习者

文化传播的过程是否顺利，文化传播的效果是否良好，不仅取决于传播者的态度和方法，还取决于传播对象的接受特点和需求。在汉语国际教育领域，文化传播对象即为汉语作为第二语言学习者。我们认为，确定文化传播的内容与方法，应建立在对不同群体的汉语学习者的特点和需求进行分析基础上。这是一项重要的工作，同时，也是一项艰巨的任务。

这是因为，汉语学习者不仅数量庞大，而且种类繁多①。从大的学习环境来说，可分为目的语环境中的学习者和非目的语环境的学习者两大类②。由于第二语言学习者所处环境不同，加之国籍、年龄、专业背景、学习性质、学习动机和学习时间等个体因素的影响，对学习者群体特点和需求分析的研究将变得更为复杂。相对于宏观研究而言，国别化研究更有利于深入了解某一群体的特点和需求。因此，本节我们从微观角度出发针对某一国别的汉语学习者进行研究。我们选取马来西亚留学生群体为研究对象，主要原因有两个：

第一，近年来马来西亚留学生数量增长显著，已成为重要的汉语学习群体，但目前国内对于马来西亚留学生群体的认识和研究尚且不足。

马来西亚是一个多民族、多元文化的国家，也是“一带一

① 据介绍，全世界有 109 个国家、3 000 多所高等学校开设了汉语课程，学习汉语的人数已经超过 4 000 万，特别是中小学开设汉语课的热情越来越高。参见吴应辉：《国际汉语教学学科建设及汉语国际传播研究探讨》，《语言文字应用》，2010 年第 3 期。

② 以目的语环境中的汉语学习者为例：根据教育部对 2018 年度来华留学生情况的统计，2018 年共有来自 196 个国家和地区的 492 185 名外国留学人员在全国 31 个省（区、市）的 1004 所高等院校学习，比 2017 年增加了 3 013 人，增长比例为 0.62%（数据均不含港、澳、台地区）。按国别排序前 15 名为：韩国、泰国、巴基斯坦、印度、美国、俄罗斯、印度尼西亚、老挝、日本、哈萨克斯坦、越南、孟加拉国、法国、蒙古、马来西亚。资料来源 http://www.moe.gov.cn/jyb_xwfb/gzdt_gzdt/s5987/201904/t20190412_377692.html

路”沿线重要国家之一。作为“21 世纪海上丝绸之路”的重要一环,对区域经济协同发展有着举足轻重的作用。自 1974 年中马两国建交以来,双方在政治、经济、文化等领域进行了友好的交流与合作,并取得丰硕的成果。近年来,随着两国经贸往来及文化交流日益频繁,马来西亚政府越来越重视汉语的经济价值,并开始考虑将汉语教学纳入其国民教育体系①。在这一背景下,马来西亚国民学习汉语的热情越来越高,来华留学人数与日俱增,逐渐成为一个重要的学习群体。据统计,至 2012 年,马来西亚来华留学生人数已稳居世界前 15 名,2018 年来华留学生已有 9 479 人②。遗憾的是,目前国内对马来西亚留学生群体的研究相对较少,以第二语言学习者跨文化适应研究为例,国别化研究仅有针对韩国留学生、俄罗斯留学生和日本留学生的研究。

第二,马来西亚留学生培养项目是笔者所在学院的重点项目之一,我们与马来西亚留学生交流的机会较多,加上担任教学和毕业论文指导等工作,为我们的研究提供了有利条件。

为促进汉语在马来西亚作为第二语言教育的发展,马来西亚政府已经开始着力建设专业化的本土教师队伍以期解决非华裔汉语师资不足的问题。为此,马来西亚教育部、玛拉集团与中国大学合作,多次派遣综合素质良好的非华裔马来学生到中国留学,作为未来师资的储备。2007 年 5 月 21 日马来西亚教育部与北京外国语大学联合启动了汉语师资培训项目(以下简称“马来师资项目”),目标是培养非华裔中小学汉语教师③。

马来师资项目的学生绝大多数是马来族,来中国以前基本没有学习汉语的经历,他们在北外留学时间为 5 年。第一年在中文学院汉语培训中心进行预科学习,第二年开

① 翟宜疆、华霄颖:《马来西亚本土华文师资合作培养模式初探》,《国际汉语教育(中英文)》,2012 年第 2 期。

② 数据来源同上。来源同前页注②。

③ 与其他来华留学生培养方式不同的是,马来师资项目设置了教育心理学、课堂观察与实践等教育教学类课程,学习内容还包含中小学教学观摩、实际课堂教学实习。同时,项目还定期开展了语言实践和文化考察活动,使马来西亚学生深入了解当代中国的民俗、民情及发展现状,在实践中应用语言,在考察中体验中国,在多元文化比较中提高语言综合运用的能力。

始在对外汉语系接受四年本科学历教育，即“1 年预科＋4 年本科”的培养方式，专业方向是汉语师资方向。

至 2018 年春，项目学习者共 396 名。其中，219 名学生已获得北外汉语师资方向学士学位，回国之后继续接受专业学习和培训，最终成为汉语教师。2018 年春季，该项目在读学生 177 名，2018 年 9 月，我们又迎来了一批马来留学生来我院学习。马来师资项目已持续十余年之久，是我院留学生教学工作的重点。

鉴于上述两方面原因，本文将马来西亚留学生群体作为文化传播的对象进行研究，通过问卷调查和访谈了解他们在目的语环境中的汉语学习情况、跨文化适应情况及对中国文化学习的态度和需求，在此基础上尝试建立起针对马来西亚留学生群体的文化传播模式。

一、马来汉语师资项目教学情况

（一）课程设置方面

马来汉语师资项目的目标是培养具备较扎实的汉语言专业知识基础和一定的教育学、心理学的相关知识，对中国文化有比较全面的了解，具有良好国际交流能力的高层次、复合型、实用性汉语师资人才。

马来西亚留学生与普通来华留学生既有相同之处，也有不同之处。相同之处在于都要通过汉语言知识、文化知识的学习及汉语技能的训练，提高自身的语言综合运用能力和跨文化交际能力；不同之处在于马来西亚留学生还要具备将所学知识转化为课堂教学的能力和素质，以胜任未来的中小学汉语教师工作。因此，在课程设置方面要考虑到学习者未来职业发展的需求。

针对马来西亚留学生的课程包括必修课、专业选修课(必选课)和普通选修课(普选课)三类,此外还有语言实践活动、毕业实习和论文写作等学习内容。下表为 2010 级马来师资项目的课程设置情况:

表 6-1-1　2010 级马来师资项目课程设置一览表

<table>
<tr><th>年级</th><th colspan="2">课程类型和名称</th></tr>
<tr><td>一年级
(总学分 42)</td><td>必修课
(共 42 学分)</td><td>初级汉语综合课(22)、初级阅读(4)、初级听力(8)、初级口语(8)</td></tr>
<tr><td rowspan="3">二年级
(总学分 40)</td><td>必修课
(共 28 学分)</td><td>中级汉语综合课(16)、中级听说(8)、中级阅读(4)</td></tr>
<tr><td>专业选修课</td><td>中国文化概论(2)、汉语概论(4)</td></tr>
<tr><td>普通选修课</td><td>中级汉语正音(2)、写作入门(2)、中级语法(上)(2)、习惯用语中级(2)、中国概况(2)、中国书法(2)、中国绘画欣赏(2)、经济学基础(2)、英语(2)</td></tr>
<tr><td rowspan="3">三年级
(总学分 46)</td><td>必修课
(共 32 学分)</td><td>高级汉语综合课(12)、高级视听说(8)、汉语写作(8)、中马翻译(4)</td></tr>
<tr><td>专业选修课</td><td>儒学经典启蒙(2)、语言要素教学(2)</td></tr>
<tr><td>普通选修课</td><td>中级语法(下)(2)、习惯用语高级(2)、中级汉字课(2)、中国历史(2)、电影中的中国文化(2)、中国风土人情(2)、京剧之美(2)、中文信息处理(2)、国际金融(2)、英语读写(2)</td></tr>
<tr><td rowspan="4">四年级
(总学分 26)</td><td>必修课
(共 16 学分)</td><td>高级汉语综合课(8)、高级口语(4)、论文写作(2)、中马翻译(2)</td></tr>
<tr><td>专业选修课</td><td>现代汉语词汇教学(2)、教育心理学(2)、中国传统文化与现代生活(2)</td></tr>
<tr><td>普通选修课</td><td>中国思想史(2)、中国民俗文化(2)、北京城市史(2)、京剧之美(2)、改革开放与中国外交(2)、英汉翻译(2)</td></tr>
<tr><td>其他</td><td>语言实践(4)、毕业实习(2)、毕业论文(2)</td></tr>
</table>

(来源:中文学院对外汉语系办公室)

根据上表内容可以看出,马来师资项目课程设置具有以下几个特点:

1. 必修课(共 14 门)主要以提高学习者专项语言技能为目的,课程安排突出了汉语听、说、读、写、译等各方面能力的培养和训练,“汉语综合课”教学贯穿学习过程的始终,体现出项目管理者对汉语知识系统性学习的重视。另外,不同阶段的侧重点有所不同:一、二年级侧重培养学习者的汉语听说和阅读能力;随着学习者汉语水平的提高,三、四年级增加了“中文写作”和“中马翻译”等难度相对较大的课程。这种课程设置符合第二语言学习规律,有一定科学性。

2. 专业选修课(共 7 门)是马来师资项目学习者的必选课程,包括汉语语言知识、语言教学及中国文化知识类课程。必选课从二年级开始开设,每学年有 2—3 门。“语言要素教学”“教育心理学”课程设置是为了满足学习者未来职业发展的需求,对如何“教汉语”给予了关注。文化类课程既有“中国文化概论”这样概论性课程,也有“儒家经典启蒙”这样专题性课程,四年级开设的“传统文化与现代生活”主要讲述了传统文化对当代中国社会生活的影响。

3. 普通选修课(共 22 门)种类比较丰富,可以为学习者提供多种选择。选修课包括汉语语言类课程、中国文化类课程和其他类课程(如“英汉翻译”“中文信息处理”等)。在普选课中,中国文化类课程内容尤为丰富,所占比例最高。据初步统计,普选课中,中国文化类课程为 11 门(占总数 50%),汉语语言类课程为 5 门(占 22.7%),其他类课程为 6 门(占 27.3%)。这种课程设置可以满足学习者对中国文化的学习兴趣。需要说明的是,普选课是马来师资项目学习者与本院其他专业方向(比如“经贸方向”“文学文化方向”

等)本科留学生的共享课程,所以这类课程中包含了“经济学基础”“国际金融”等课程。

(二) 教材使用方面

教材是引导学生循序渐进学习的主要参照和获取知识的源泉,在有序的课堂教学中起着关键的作用。一部好的教材应具有针对性、实用性、科学性、趣味性、系统性特征,教材编写和使用都应考虑学习者的特点和需求,包括学习者原来的社会环境、语言环境、年龄、汉语水平、学习目的和目标等因素。

杨庆华指出,我们现有的教材,几乎都是通用性的。这种情况难以满足学习者不同的要求,教材编写“要考虑国别、民族、文化、环境的特点,提倡中外专家合编教材。教材有了针对性,才有更好的适用性,才能有更高的实效性”①。

那么,马来西亚留学生使用哪些汉语教材,这些教材是否具有针对性?为方便讨论,我们列出 2010 级学生三年级使用的教材,并将其制成表格(见表 6-1-2)。

由该表可以看出,除了自编教材以外,汉语必修课和语言类普选课大都使用中国大陆出版的通用型教材,这种情况在其他年级也如此。一般来说,通用型教材主要考虑学习者的年龄(成人、儿童)、汉语水平(零起点、初级、中级、高级)和学习性质(短期速成、长期进修、学历教育)等因素,无法考虑学习者母语和目的语(汉语)、母语文化和目的语文化的关系,也就是说,难以针对某一国家学习者群体的特点进行编写。另外,通用型汉语教材普遍存在的一个问题是,编写者往往在潜意识里将母语为英语的汉语学习者作为教材的使用对象,教材注释语言几乎都是英语(当然这也和英语

① 杨庆华:《新一代对外汉语教材的初步设想——在全国对外汉语教学基础汉语推荐教材问题讨论会上的发言》,《语言教学与研究》,1995 年第 4 期。

表 6-1-2 2010 级马来师资项目三年级学生使用教材一览表

课 程 名 称	使 用 教 材
高级汉语(必修课)	《博雅汉语：中级冲刺篇》Ⅱ,李晓琪主编,北京大学出版社 《博雅汉语：高级飞翔篇》Ⅰ,李晓琪主编,北京大学出版社
汉语视听说(必修课)	《汉语视听说教程——家有儿女》1、2,刘立新、邓方编写,世界图书出版公司
汉语写作(必修课)	《汉语写作教程》,罗青松著,华语教学出版社
中马翻译(必修课)	自编教材
儒学经典启蒙(必选课)	自编教材
语言要素教学(必选课)	自编教材
中级语法(下)(普选课)	《实用汉语语法讲练》,张幼冬编写,北京大学出版社
习惯用语(高级)(普选课)	《汉语口语习惯用语教程》,沈建华编撰,北京语言大学出版社
中级汉字课(普选课)	《系统学汉字(中级本)》,李大遂编写,华语教学出版社
中国历史(普选课)	自编教材
电影中的中国文化(普选课)	自编教材
中国风土人情(普选课)	自编教材
中文信息处理(普选课)	自编教材

(来源：中文学院对外汉语系办公室)

在国际社会中的地位有关)；在文化内容编写方面,编写者也往往不自觉地从中西文化对比的视角讲述中国文化,希望学习者了解中西文化的差异。因此,通用型汉语教材未必是马来学习者的最佳选择。

二、汉语学习情况调查

(一) 研究设计

1. 调查对象

本研究的调查对象是北京外国语大学中文学院对外汉语系2010级马来师资项目汉语学习者,一共83名。他们于2009年由马来西亚教育部和玛拉集团派遣到北外学习汉语。

2. 调查手段

本调查采取问卷调查与访谈相结合的方式。此次调查于2014年春季学期进行,共发放83份调查问卷,回收83份,有效问卷为77份,有效率为92.7%。

3. 调查内容

希望通过对学习者汉语学习动机和学习情况的调查与访谈,了解学习者对课堂教学的看法(问卷见附录7),具体问题如下:

(1) 受访者学习汉语的动机是什么?

(2) 受访者对汉语学习的认识是什么?他们喜欢哪种学习方式?

(3) 受访者对任课教师的认识是什么?他们喜欢哪种类型的老师?

(二) 调查结果与分析

1. 受访者基本情况分析

调查显示,所有受访者均来自马来西亚,国籍是单一的,平均年龄为22.87岁,说明他们到中国留学时的平均年龄为18岁左右;从性别上看,受访者中男性占54.5%

表6-1-3 受访者基本信息(2014年调查)

性别		是否有华裔背景		宗教信仰	
男性	42(54.5%)	有	2(2.6%)	伊斯兰教	75(97.4%)
女性	31(40.2%)	否	75(97.4%)	其他	2(2.6%)

(注：4名受访者在问卷中未选择性别,故有5.3%数据缺失)

(42人),女性占40.2%(31人),另有5.3%数据缺失(有4人未标明性别);在是否为华裔的调查中,仅有2名受访者有华裔背景(母亲是华人,父亲不是),占调查人数的2.6%,97.4%的受访者都不是华裔,这符合马来政府培养本土教师的需求;在宗教信仰方面,97.4%(75名)的受访者信仰伊斯兰教,另外,信仰天主教和东正教的学生各1名,对学习者宗教信仰和文化禁忌的了解,有利于师生交往,可以使语言教学和文化交流更加顺利。

2. 受访者学习汉语的动机

在学习动机的调查中,83.1%的受访者学习汉语是为了找工作或工作需要,5.2%是为了了解中国文化,出于兴趣的有3.9%,为了去中国旅游和增长知识各为2.6%,为了修学分的有1.3%,其他占1.3%。这一结果表明,受访者基于职业需求的工具性动机(instrumental motivation)特别明显,融入性动机(integrative motivation)较少。

具有融入性动机的学习者对目的语和目的语人群具有浓厚的兴趣,喜欢并欣赏这种语言及其所代表的文化,希望自己能成为目的语社团中的一员,并能为目的语社团所接受;具有工具性动机的学习者将目的语看成一种工具,希望掌握目的语后能给自己带来实际收益,如能够找到一份好工作或提高自己的社会地位等[①]。这一调查结果符合学习者来中国留学的目的,即为了未来职业发展的需要。通过

① 丁安琪:《汉语作为第二语言学习者研究》,世界图书出版公司,2010年,第3页。

与任课教师的沟通,我们了解到,相对于其他专业方向的留学生而言,马来师资项目的学习者大都具有良好的学习习惯,求知欲更强,学习态度更为积极,能够认真完成老师布置的各项学习任务。我们认为,这与他们未来将担任汉语教师工作的责任感和紧迫感直接有关。

3. 受访者对汉语学习的认识

在对汉语学习的认识上,受访者普遍觉得学习汉语比较难,任课教师直接影响他们的学习动力和学习效果。

由于受访者大都是非华裔马来族,即便学习汉语的时间都在四年以上(目前是四年级学生,之前在预科学习了一年),在他们看来,汉语依然是比较难学的语言,汉字的认读和书写、汉语的语法结构和声调是他们学习过程中的主要难点。调查结果显示,有 85.7%的受访者认为汉语是较难掌握的语言(其中,认为汉语比较难学的占 54.5%,认为难学的占 31.2%)。

那么,学习者希望任课教师在课堂上用哪种语言讲授汉语呢?通过调查,46.8%的受访者希望老师完全用汉语教学,31.2%的受访者希望用自己的母语和汉语,20.8%希望用英语和汉语,其他为 1.3%。也就是说,尽管他们是四年级的学生,但希望老师完全用汉语授课的学生不到一半,这一方面是因为他们对汉语有一定的畏难情绪,另一方面是因为年级越高,课程的专业性越强,学习难度也在增大。

关于最喜欢的学习方式的调查,39%的受访者选择"老师讲课",33.8%的受访者选择"对话、辩论",13%的受访者选择"做游戏学习",13%的受访者选择"通过举办民俗活动等方式学习",1.3%的受访者选择"其他"。这一调查结果说明,学习者随着汉语水平的提高已具有自己用汉语表达的愿望和信心,希望直接参与课堂活动。这一结果提醒我们，在课堂教学中教师要建立以学习者为中心的意识，尽可能为他们创造使用目的语交流的机会。

4. 受访者对任课教师的认识

什么样的教师更受学生的欢迎呢？在“你喜欢什么样的汉语老师（可多选）？”的调查中，依据顺序，受访者最多选择的是“热情开朗的老师”（83.1%），其次是“文化知识渊博的老师”（54.5%），接下来依次是“会和我交朋友”（49.4%）、“语言水平高”（27.3%）、“严肃认真”（10.4%）。这一结果说明，相对于教师的知识水平，学习者更看重的是教师的态度和性格。

与来自其他国家和地区的留学生相比，马来师资项目的学生在情感上对老师的依赖性更强，他们希望老师不仅在学业上帮助他们，在生活中也能像家长或朋友一样关心他们。访谈中，有学生表示，他们喜欢性格温柔的老师，希望和老师的关系亲密一些，能像朋友一样交往。

马来师资项目的学生最初到中国时，大都刚刚高中毕业，年龄在18岁左右。很多学生独立性不强，加上语言不通，对老师的依赖性较强，特别是女生。很多马来学生对自己的第一位汉语老师感情特别深厚，在作文中常常会出现“她（指老师）像妈妈一样关心我们”之类的句子，有的学生甚至因此难以接受新的老师。

因为有些学生不成熟，独立性差，也有任课老师反映教马来班学生真是“喜忧参半”，“喜”的是，马来学生好学，积极性高，课堂气氛好，而且特别尊重老师；“忧”的是，个别学生总像没长大的孩子，事事依赖老师，让老师很操心。

几乎所有受访者都表示，对教师的喜好直接影响他们的学习热情和学习效果。这提醒我们，作为一名汉语教师，仅仅把课程内容讲清楚是不够的，还要与学生建立良好的关系,多关心他们,课余时间多和他们沟通。

三、启示与建议

(一) 增设培养教学能力的课程

依据受访者工具性学习动机的特点,在课程设置上我们应考虑他们的需求,突出专业性和实用性。在选修课中应增加开设与培养汉语教学能力相关的课程,如汉语作为第二语言教学方法、汉语作为第二语言教材分析与使用、汉语教学案例分析、现代化技术与汉语教学、课堂教学管理等方面的课程,使学习者通过这类课程的学习掌握一定的教学技能和课堂管理能力。其实,这些课程目前在我院均已开设,教学对象是国际汉语教育专业硕士研究生(包括中国学生和外国学生)。我们可以请担任这些课程的教师在原有教学内容的基础上针对马来学习者的实际水平开设相应的选修课程。

除了增加与培养能力相关的选修课外,还应为学习者适当增加教学实习和教学实践(观摩教学、模拟教学)的机会,通过教师指导,使学习者掌握如何确定教学重点和难点、如何设计教学环节、如何编写教案、如何设计练习和课堂活动等技能。另外,教师可以结合本科毕业论文指导,鼓励并指导他们进行与汉语教学和文化教学相关的研究。这些措施将有利于他们胜任未来的教学工作。

(二) 编写国别化汉语文化教材

依据受访者汉语学习的特点和需求,我们应重视国别化汉语文化教材的编写工作。不同国家的汉语学习者的学习难点不同,对马来西亚汉语学习者而言,完全使用通用型教材显然不是理想的选择。有研究表明,马来汉语学习者认为最难掌握的是汉字的认知和书写(占调查人数的42%),其次是汉语句子的结构和理解(占29%),而认为汉语语音和声调不易掌握的分别只占15%和14%[1]。我们应了解学生的这些难点,探索解决问题的方法,尝试将研究成果反映到教材编写和教学实践中。这样,教学才能有的放矢,提高效率。

① 洪丽芬:《马来西亚博特拉大学非华裔生汉语学习情况调查与分析》,《海外华文教育》,2008年第1期。

当然,严格来讲,编写一部真正意义上的国别化教材,要以语言对比研究和跨文化研究为基础,需要中外学者和一线教师的通力合作,教材编写前的调研、编写后的试用、评估、修订等环节缺一不可,需要投入大量时间和精力,也需要管理者的全力支持。

那么,在现阶段,如何解决马来师资项目教材的针对性问题呢?我们认为,一个可行的方法是与我校亚非学院教师进行合作。亚非学院有一批通晓马来语和马来文化的优秀教师,他们正担任马来学生的中马翻译课教学工作。一线汉语教师在备课和教学过程中可多积累素材,积极尝试新的教学方法和教学材料的运用,加强双方合作,发挥各自的专业优势,最终为马来师资项目学习者编写出汉语综合课和文化课的主干教材。

(三) 进一步改进语言实践活动

依据受访者对汉语学习的态度和学习方式的喜好,我们应进一步加强第二语言课堂的建设,有计划、分阶段地进行语言实践活动,使课堂教学与课外实践活动有机结合起来。为了保证课外活动的有效性,设计活动之前我们应考虑学习者的实际水平和兴趣,制定行之有效的计划;活动结束之后应及时回顾总结,如活动目标是否具体明确,活动内容是否有利于激发学习兴趣,活动环节设计是否合理,活动形式是否丰富等。简言之,要尽可能使学习者融入真实的社会生活环境中,增加其使用目的语交流的机会,确保他们在第二课堂中有实际收获。事实证明,我院开展的文化参观、文化考察、文化节活动、辩论比赛、汉语角等语言实践活动受到学习者的普遍欢迎,对学习者语言综合能力的提高起到了积极作用。

此外,受访者对教师认识的调查让我们意识到教师不仅要传道授业解惑,平时也要关心每一位学生,帮助他们降低语言学习中的焦虑感和挫折感,鼓励他们开口表达,设法保持他们学习汉语和中国文化的兴趣,将来乐于从事汉语教学工作。

第二节　非目的语环境中的汉语学习者

随着中国经济的发展和国际交往的日益广泛,世界各国对汉语学习的需求不断增长。教育部及国家语言文字工作委员会在京发布的《中国语言文字事业发展报告(2017)》白皮书指出,目前共有 67 个国家和地区,通过颁布法令、政令等形式,将汉语教学纳入国民教育体系。随着“一带一路”建设的不断推进,越来越多中资企业走出国门,在沿线城市投资建厂,这使汉语国际化迎来新的契机。据 BBC 中文网报道,英国工业联合会发布的一项调查结果显示,拥有外语技能的员工大受欢迎,而在最受欢迎的外语中,汉语成为非欧洲语系语言中最受青睐的外语①。

为满足海外民众日益增长的汉语学习需求,2004 年开始,中国在借鉴英、法、德、西等国推广本民族语言经验的基

① 来源:http://edu.sina.com.cn,2019 年 04 月 14 日。

础上,探索在海外设立以教授汉语和传播中国文化为宗旨的教育机构——孔子学院。十五年来,孔子学院建设发展迅速,截至 2019 年 6 月,全球已有 155 国家(地区)设立了 530 所孔子学院和 1 129 个孔子课堂。各地孔子学院利用自身优势,开展丰富多彩的教学和文化活动,逐步形成了各具特色的办学模式,成为各国学习汉语言文化和了解当代中国的重要平台①。

无论是孔子学院/孔子课堂的汉语学习者,还是海外高校、中小学或教育结构的学习者,其共同点是在非目的语环境中学习汉语。由于所处环境不同,他们与来华留学生在学习时间、学习需求等方面存在一定差异。那么,非目的语环境中的汉语学习者有哪些特点?在学习过程中遇到的主要困难是什么?他们通过哪些渠道了解中国?针对学习者的特点和需求,我们可以采取哪些有效地策略提高他们的语言综合运用能力?要回答这些问题,需要我们通过实地调查获取第一手资料,在学习者需求分析基础上提出改进方案②。本节我们将选取意大利汉语学习者为代表进行个案研究,通过调查和访谈了解其汉语学习特点和需求,进而对海外汉语学习者可能面临的共性问题提出解决策略③。

中国和意大利文化交流的历史十分悠久。早在东汉时期,班超便派遣甘英出使大秦(当时的罗马帝国),后者历尽艰难而未竟,成为史家一憾;七百多年前,马可·波罗游历中国后,第一次较为全面地向欧洲介绍了这一东方古国,在随后的几个世纪里,《马可·波罗游记》一直是欧洲人了解中国的窗口④。著名汉学家白佐良和马西尼在记载中意文化交流历史的重要著作《意大利与中国》中曾不无夸张地指出:“自古代罗马帝国与汉朝开始接触以来,在这漫长的历史长河中,中国跟西方国家的往来,可以说就是中国跟意大

① 其中,亚洲 35 国(地区),孔子学院 126 所,孔子课堂 112 个;非洲 44 国,孔子学院 59 所,孔子课堂 41 个;欧洲 43 国(地区),孔子学院 184 所,孔子课堂 322 个;美洲 26 国,孔子学院 143 所,孔子课堂 559 个;大洋洲 7 国,孔子学院 20 所,孔子课堂 95 个。来源:http://www.hanban.org/confuciousinstitutes,2019 年 9 月 1 日。

② 为考察非目的语环境中的汉语教学和中国文化对外传播情况,2017 年我们专门成立了研究小组开展系列调查。两年来,在当地师生的积极配合下,先后调查了西班牙、匈牙利、韩国、意大利、捷克等国的孔子学院/孔子课堂的汉语学习者。笔者的研究生朱梦萩、郑仝仝、李喜珍、李嫣楠、钟雨帆在调查问卷的设计、发放和数据统计中均做了大量工作,正是她们的辛苦付出,我们才得到宝贵的一手材料,特此声明并致谢。同时,再次感谢所有参与调查和访谈的孔院教师和学习者。

③ 选择意大利作为代表的原因是意大利第一所孔子学院——罗马大学孔子学院是北京外国语大学与意大利罗马大学合作建立的,十几年来双方一直保持着密切的合作关系,我校多位教师先后赴罗马孔院担任中方院长,为我们这项研究提供了便利。

④ 来源:http://cul.sohu.com/20110322/n279945802.shtml,2011 年 3 月 22 日。

利的往来。”

自1970年两国建交以来，中意双方在文化、经济、教育、科技等领域进行了友好的交流与合作，并取得了丰硕的成果。正如时任中国驻意大利大使李瑞宇所说，中意两国的关系正处于历史最好时期，两国关系的不断增进为学生的发展提供了更广阔的舞台①。随着两国贸易往来及文化交流的日益频繁，意大利民众对学习汉语的兴趣与日俱增。2006年9月29日，意大利第一所孔子学院——罗马大学孔子学院正式成立，成为意大利民众学习汉语、了解中国文化的重要场所。至2019年3月，意大利已开设12所孔子学院和41个孔子课堂。十余年来，孔院累计学员近23万人，文化活动参与人数逾133万人次②。

罗马大学孔子学院成立后，不仅开展了丰富多彩的教学和文化活动，还积极与意大利高校及中学合作建立孔子课堂。截至2016年5月，罗马大学孔子学院建立了6所孔子课堂：罗马国立住读学校孔子课堂、乌尔比诺大学孔子课堂、蒂沃利奥斯塔公爵国立住读学校孔子课堂、维泰博图西亚大学孔子课堂、卡佩切国立中学孔子课堂和卡利亚里大学孔子课堂，“至此，罗马孔院的辐射范围已经扩展到从北部马尔凯地区到南部撒丁岛大区的整个意大利中南部”③。孔子课堂在所在地区的汉语教学和中国文化传播中扮演着重要角色。但是，当前一些孔子课堂面临人手少、任务重等困难，在汉语教学和文化活动开展方面也存在有待解决的问题。遗憾的是，目前针对孔子课堂现状及学习者群体特点的研究尚且不足。鉴于此，本节以卡利亚里大学孔子课堂汉语学习者为考察对象，通过调查与访谈了解学习者的特点和需求，进而针对当前孔子课堂存在的问题提出解决策略。

① 来源：孔子学院总部/国家汉办官网 http://www.hanban.org/article/2019-03/04/content_764777.htm

② 来源：孔子学院总部/国家汉办官网 http://www.hanban.org/article/2019-03/18/content_766318.htm

③ 来源：意大利罗马孔院微信公众号，2016年5月7日。

一、卡利亚里大学孔子课堂现状

(一) 教师情况

2016年4月29日,卡利亚里大学孔子课堂正式揭牌成立[①]。该孔子课堂的汉语教师包括意大利本土教师和中方汉语教师。本土教师均具有博士学位,主要从事与中国政治相关的研究,且都有在中国留学或工作的经历,从事汉语教学工作均在10年以上,教学经验十分丰富。中方教师包括专职教师和志愿者教师,专职教师一般具有硕士学位,而且都曾在两个以上的国家从事汉语教学工作,志愿者教师多为汉语国际教育专业在读研究生[②],一般没有海外教学经验,由于没有学过意大利语,教学语言为汉语和英语。

(二) 课程安排

卡利亚里大学孔子课堂汉语学习者包括成人(大学生与社会人士)、高中生及儿童。课程类型由成立之初单一的汉语综合课发展为针对不同层级的11种课型：A1、A2、B1、B2汉语综合课、A1、A2、B1、B2汉字课、B2口语课、HSK辅导课、儿童汉语兴趣课[③]。汉语综合课使用的教材是罗马大学马西尼教授与北京外国语大学的对外汉语教师合作编写的《意大利人学汉语》(初级、中级)。

孔子课堂的成人教学班有固定教室,为了营造中国文化气息,老师们用中国结、书法作品、剪纸作品、红灯笼、毛笔等具有中国传统文化特色的物品装饰教室,学生们亲手绘制的水墨画、剪纸作品、汉字作品也张贴在教室里。

① 该孔子课堂由罗马孔院与卡利亚里大学合作建立。卡利亚里大学是意大利最古老的大学之一,有400多年的历史,其汉语教学始于2001年,走在了意大利汉语教育的前沿。卡利亚里大学孔子课堂还分别在五所不同的高中开设了汉语课程,并取得了热烈反响。来源：意大利罗马孔院微信公众号,2016年5月2日。

② 本研究合作者李嫣楠同学曾在卡利亚里大学孔子课堂实习一年,她在调查问卷的设计、发放和统计中做了大量工作。

③ 意大利汉语教学主要参考欧盟统一使用的《欧洲语言共同参考框架：学习、教学、评估》。该框架详细地描述了语言学习者进行有效交流时所必须掌握的技能和达到的标准,将语言水平分为3个等级：A—基础水平、B—独立运用、C—熟练运用,每个等级又分为2个级别：A1,A2,B1,B2,C1和C2。《欧洲语言共同参考框架》对意大利外语教学影响深远,2016年意大利教育部颁布的《意大利高中汉语教学大纲》在教学理念、语言能力分级标准等方面都充分参考了《欧框》的标准。卡利亚里大学孔子课堂的汉语课程也据此标准设定。

二、研究设计

(一) 调查对象

本研究的调查对象为卡利亚里大学孔子课堂的汉语学习者,包括高中生、大学生和社会人士[①]。

① 卡利亚里大学孔子课堂的学习者包括四个群体:国立住读高中的高中生、卡利亚里大学的大学生、社会人士以及当地幼儿园儿童。由于当地民众对儿童参与问卷调查比较敏感,加上儿童学习者人数较少且不固定,故调查对象不包括儿童。

(二) 调查手段

本研究采用问卷调查与访谈相结合的方式,调查于 2018 年春季学期进行,共发放 84 份问卷,回收 84 份,有效率 100%。

(三) 调查内容

调查问卷参考了吴瑛《孔子学院与中国文化的国际传播》一书中的《中国文化在海外调查问卷》,同时,结合卡利亚里大学孔子课堂的实际情况作了修改(中文问卷见附录 8)。为便于受访者更好地理解问卷内容,问卷翻译为意大利语。问卷包括以下三个部分:

第一部分为受访者的基本情况,如性别、年龄、宗教信仰、家庭背景等;

第二部分为受访者的汉语学习情况,如学习汉语的动机、对汉语的态度等;

第三部分为受访者了解中国文化的渠道。

三、研究结果

(一) 受访者基本情况分析

本次研究的受访者均为卡利亚里大学孔子课堂汉语学习者。在性别上,女性占 67%(56 人),男性占 33%(28 人);

家庭背景上,所有受访者均来自非华裔家庭,都没有中国亲属;在学历上,高中学历占27%(23人),本科学历占50%(42人),硕士学历占17%(14人),博士学历占6%(5人),数据表明受访者受教育程度较高,大学及以上学历共占73%;在信仰方面,70%(59人)的受访者信仰天主教,7%(6人)信仰基督教,其他(含无信仰)占23%(19人)。

在学习汉语时间上,绝大部分受访者学习时间均在3年以下,学习1—6个月的人数最多,占39%(33人),7—12个月的占31%(26人),1—3年的占23%(19人),学习3年以上的只有7%(6人)①。在年龄上,受访者最小年龄为15岁,最大年龄为56岁,平均年龄26.05岁,中位数是22岁,标准差较大,数据离散度高,群体的年龄差异比较大。受访者年龄集中在三个阶段:15—18岁的高中生、18—24的大学生和平均年龄在30岁左右的社会人士,具体数据见表6-2-1和表6-2-2:

表6-2-1 受访者基本情况(N=84)

	性别		华裔背景		学历				宗教信仰			学习汉语时间			
	男	女	有	无	高中	大学	硕士	博士	天主教	基督教	其他信仰	1至6个月	7至12个月	1至3年	3年以上
人数	28	56	0	84	23	42	14	5	59	6	10	33	26	19	6

表6-2-2 受访者的年龄、学历、汉语水平的群体特征②(N=84)

	均值	标准差	说明
年龄	26.05	10.172 43	定距变量。学习者最小15岁,最大56岁,中位数是22岁。
学历	2.011 9	0.828 62	定序变量。1为高中及以下学历,2为本科,3为硕士,4为博士。
汉语水平	2.190 5	1.135 16	定序变量。1为A1,2为A2,3为B1,4为B2,5为C1,6为C2。

① 学习汉语时间是受访者从初次学习汉语到本次调查的时间,其中也包含了中间停止学习的时间,所以并不能完全反映出他们的汉语水平。因此,我们统计了受访者目前所处的班级层次,结果是三分之二的受访者处于A1—A2阶段,三分之一处于B1—B2阶段,这说明受访者的汉语水平以初级为主。

② 说明中最接近均值的数字代表平均水平,比如:受访者学历均值为2.0119,数字2最接近,这说明受访者的平均学历接近本科,受教育程度较高;标准差代表离散度,离散度为0.828 6,说明受访者内部学历差异相对较大。

在职业上，受访者主要以学生为主体(58 人，69.05%)，说明卡利亚里孔子课堂的生源主要以校内人群为主，对校外人群的吸引力有待进一步增强；其次是专业技术人员(10.71%)，因为成年学习者不少是当地学校的教师；其他职业人数较少且占比均衡，数据见表 6-2-3：

表 6-2-3　受访者的职业(N=84)

职　业	人数	占比
学生	58	69.05%
商人	2	2.38%
公司职员	3	3.57%
专业技术人员(包括教师、律师、医生等)	9	10.71%
公务员	2	2.38%
管理人员	2	2.38%
服务人员(导购、服务员等)	1	1.19%
导游	0	0.00%
自由职业者	5	5.95%
家庭主妇、退休人员	2	2.38%
其他	0	0.00%

总体来看，受访者在年龄分布上差异较大，主要集中在青年和中年两个群体；他们大多接受过良好的教育，学历多在大学本科及以上；职业以学生和专业技术人员为主；受访者大多信仰天主教，都没有华裔背景；他们学习汉语的时间虽然长短不一，但整体上汉语水平以初级为主。

(二) 受访者对汉语的态度和学习动机

1. 受访者对汉语的态度

语言态度是来自某一语言文化背景的人对另一种语言

文化背景下的语言所具有的带有倾向性的看法，也就是人们在学习和使用第二语言过程中对该语言的认识和评价。一般来说，个体对某种语言的态度也能反映出其对某种文化的态度。语言态度包括认知性因素、情感因素和行为倾向因素。认知性因素是指个体对某种语言的感知和理解，情感因素是指个体对某种语言的情感态度，行为倾向因素表示个体对某种语言的使用倾向[1]。本文主要是从认知性因素和行为倾向因素两个维度考察受访者者对汉语的态度。从认识性因素角度出发，问卷中设计了“你认为汉语难学吗?”一题，采用五度量表法进行调查，我们将难度按照1—5 赋值，均值越高则表示难度也大。受访者对汉语难度认知情况如下：

[1] 林绿萍：《来华留学生汉语使用情况及语言态度调查研究》，华侨大学硕士学位论文，2016 年。

表 6－2－4　受访对汉语难度的认知情况

汉语很难	汉语比较难	汉语不太难	汉语不难	说不清
21.4％	36.9％	28.6％	8％	5％

调查显示，36.9％(31 人)的受访者认为“汉语比较难”，所占比例最高，21.4％(18 人)的受访者认为“汉语很难”，认为“汉语不太难”的人数占 28.6％(24 人)。我们利用 SPSS 计算出平均值为 2.750 0(标准差：0.907 07)，然后将“学习者对汉语难度的认知情况”与“汉语学习时长”进行交叉分析，发现二者具有较强的相关性：认为“汉语比较难”的多是学习时间不到一年的受访者，因为汉语属汉藏语系，与属于印欧语系的意大利语无论在书写、语法规则还是发音习惯上都相差较远，所以初学者普遍认为汉语比较难学；而学习汉语一年以上的受访者则认为汉语并不难，他们认为相比意大利语复杂的语法规则，汉语的语法比较简单，因此更容易掌握。

那么,受访者在课堂之外使用汉语的情况如何呢?我们对此进行了调查并与吴瑛、朱梦萩的研究结果进行对比[①],数据如下:

① 参见吴瑛:《孔子学院与中国文化的国际传播》,浙江大学出版社,2013 年,第 60—87 页;朱梦萩:《中国文化对外传播效果研究——以巴塞罗那孔子学院为例》,北京外国语大学硕士学位论文,2017 年。

表 6-2-5　非目的语环境中的汉语学习者课外使用汉语情况

	美国	泰国	俄罗斯	西班牙	意大利
每天使用	8.9%	14.7%	10%	4.2%	6.0%
经常使用	12.2%	31.3%	27%	10%	13.1%
偶尔使用	62.2%	50%	54%	70%	60.7%
从来不用	16.7%	4%	9%	15.8%	20.2%

数据显示,意大利汉语学习者在课外使用汉语的情况不太乐观,仅有 13.1%(11 人)的受访者“经常使用”,大部分“偶尔使用”(60.7%,51 人),“从来不用”的占 20.2%(17 人)。卡利亚里地区华裔不足千人,而且较为分散,加上他们大多使用温州话,很少说普通话,这是受访者课外很少使用目的语的重要原因。一位受访者表示“我去中国人开的商店,我跟他们用汉语打招呼,但他们却跟我说意大利语。他们的汉语我常常听不懂”。本次调查的结果与吴瑛和朱梦萩的调查结果基本一致:美国、俄罗斯和西班牙的汉语学习者在课外“经常使用汉语”的人所占比例都不高。相对来说,针对泰国孔子学院汉语学习者的调查结果较为乐观,接近一半(46%)的受访者经常或每天使用汉语,这与部分受访者来自华裔家庭有关,他们在日常交流中使用汉语,但也有一部分来自非华裔家庭的学习者在工作或与其他学习者交流时刻意使用汉语。由此可知,语言环境直接影响了学习者是否在课外使用汉语。而如何保持非目的语环境中的学习者对汉语的学习热情是需要思考的问题。

2. 受访者的学习动机

学习动机是影响学习效果的一个因素。20 世纪 80 年代,Deci 和 Ryan 提出了"自我决定理论"(Self-Determination Theory,简称 SDT),将动机分为内部动机(intristic motivation)、外部动机(Extrinsic motivation)和无动机(Amotivation)。内部动机是由学习者自身的兴趣爱好引起,与个体的内部因素密切相关;外部动机则是由于外部诱因所引起的。为了解受访者最初学习汉语的动机,我们设计了"您学习汉语的想法最初来自哪里?"这个问题。调查显示,受内部动机驱动学汉语的受访者占大多数,71%(60 人)的受访者出于"个人兴趣"选择学习汉语,这应该与意大利的教育体制有关:意大利学生从高中阶段便可以依据个人兴趣选择课程,而且这种以兴趣为导向的习惯贯穿于其学习生涯。受外部动机驱动学汉语的受访者占 26%(22 人),其中,选择"老师、同学、家人、朋友推荐"的占 17%(14 人),选择"学校要求"的占 6%(5 人),选择"媒体影响"的占 4%(3 人),这说明受访者更容易受到周围人的影响。访谈中,一位来自 A1 班的受访者表示:"我的女儿在孔子课堂学习汉语,她觉得很有意思,就建议我来试试。"这说明口碑很重要,如果我们能做好孔子课堂建设工作,将会吸引更多学习者加入进来。

以上调查说明了受访者最初选择学汉语的动机,那么,他们学习汉语的主要目的有哪些呢?我们设计了 9 个选项供受访者选择(限选 3 项),统计数据见图 6-2-1。

该图显示,排在前三位的是"出于兴趣"(77%,65 人)、"了解中国文化"(55%,46 人)和"修学分"(33%,28 人),再次说明意大利汉语学习者主要以兴趣为导向;另外,受访者对了解中国文化的态度比较积极。选择"修学分"的人数排

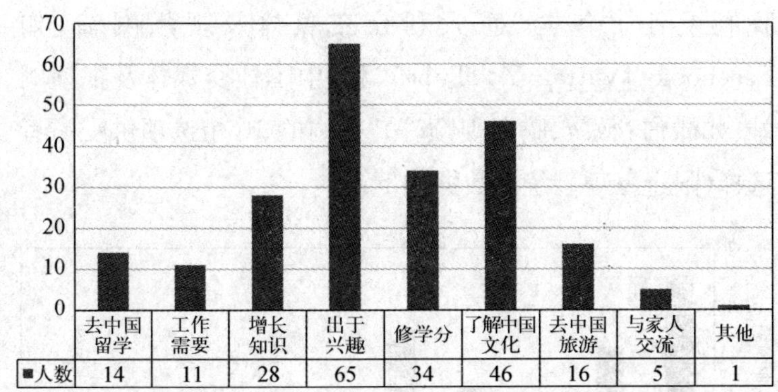

	去中国留学	工作需要	增长知识	出于兴趣	修学分	了解中国文化	去中国旅游	与家人交流	其他
■人数	14	11	28	65	34	46	16	5	1

图 6-2-1　受访者学习汉语的主要目的

在第三位,是因为受访者大多来自卡利亚里大学和卡利亚里国立住读高中,而这两所学校均将汉语列入选修课,因此很多学生既出于兴趣选择了汉语选修课,同时也有修学分的目的,这从侧面反映出汉语在意大利课程体系中的地位越来越重要。选择“去中国留学”的受访者多为高中生,2017 年暑假他们曾参加了“我和你 在北京”夏令营,对北京印象颇为深刻,因此产生了去中国留学的想法。调查中,选择“找工作或目前工作需要”的人数较少(13%,11 人),因为撒丁岛地区中国企业和中国游客很少,学习汉语的现实价值尚不明显。

总体而言,意大利汉语学习者主要以兴趣为导向,了解中国文化和增长知识的愿望比较强烈,学习态度很积极。但由于缺乏使用汉语的环境,学习者虽然有较强的用汉语交际的意愿,但在课堂外使用汉语的机会极少。

3. 受访者了解中国文化的渠道

在“5W 模式”下,传播渠道是信息传递所必须经过的中介或者借助的物质载体。随着科技的发展,社交媒体已成为当今世界人们相互沟通及获取信息的重要工具,因此,在“你了解中国文化的主要渠道有哪些?”这个问题的调查中我们设计了包含"意大利社交媒体及视频网站(如Facebook、Twitter、YouTube)"和"中国社交媒体及视频网站(如微信、微博、腾讯视频等)"在内的10个选项供受访者选择(限选三项),统计数据如下:

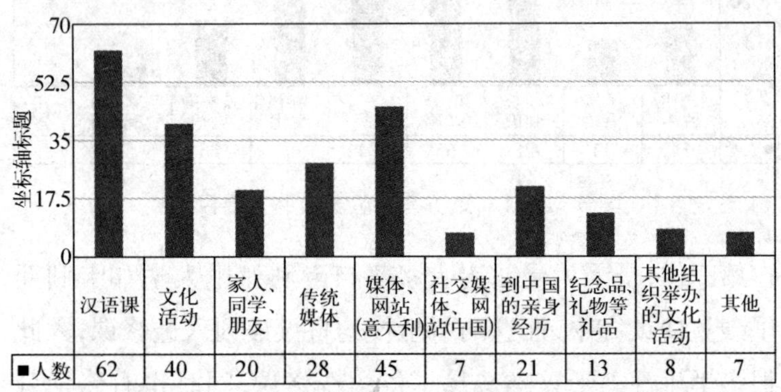

	汉语课	文化活动	家人、同学、朋友	传统媒体	媒体、网站(意大利)	社交媒体、网站(中国)	到中国的亲身经历	纪念品、礼物等礼品	其他组织举办的文化活动	其他
■人数	62	40	20	28	45	7	21	13	8	7

图6-2-2 受访者了解中国文化的主要渠道

调查发现,"汉语课"是受访者了解中国文化最重要的渠道(73.81%,62人),这说明孔子课堂的汉语老师有一定的文化教学意识,能够将文化因素教学融入语言教学,及时为学习者介绍中国文化相关内容。

那么,受访者希望教师在课堂上使用哪种语言授课呢?调查显示,大部分受访者均倾向于"老师可以使用意大利语",这应该与受访者的汉语水平直接相关:因为大部分学习者的汉语水平是初级,对他们而言,教师用意大利语授课更容易理解。不过,遗憾的是,孔子课堂的志愿者教师基本没有学过意大利语,而有些意大利学生的英语水平也有限,导致部分学生与老师的沟通存在困难,影响了学习。这一调查结果再次提醒我们,赴国外任教的汉语教师应努力学习当地语言,掌握学习者母语不仅有利于提高自身的跨文化适应能力,更重要的是能够与零起点汉语水平的学习者进行有效的沟通,便于开展各方面工作。

通常来说,教师的个人魅力直接影响学生的学习热情。那么什么类型的汉语老师更受意大利学习者的欢迎呢？在“你喜欢什么样的汉语老师？(多选)”这项调查中,排在前三位的是“热情开朗”(75%)、“文化知识渊博”(71.43%)和“语言水平高”(58.33%),而“严肃认真”(23.81%)则排在最后。由此可见,汉语教师不仅要重视提高自身的文化修养,还要热情开朗,善于沟通,注重课堂教学的趣味性。良好的师生关系是保持学习者学习热情的重要因素。

关于“最喜欢的学习方式”的调查显示,“老师讲课”几乎是所有受访者最喜欢的方式,进一步研究发现,不同教育背景、不同年龄阶段的群体在学习方式的选择上有明显的差异:高中生更喜欢游戏和文化体验式教学,大学生更喜欢讲课及对话的形式,而硕士生、博士生则更喜欢老师讲课的形式。具体数据如下:

表6-2-6　不同群体的受访者对教学方式的选择

	老师讲课		对话、辩论		游戏		文化体验式教学		受访人数
	频次	占比	频次	占比	频次	占比	频次	占比	
高中	5	21.74%	4	17.39%	6	26.09%	8	34.78%	23
本科	18	42.86%	12	28.57%	2	4.76%	10	23.81%	42
硕士生	8	57.14%	3	21.43%	0	0.00%	3	21.43%	14
博士生	3	60.00%	2	40.00%	0	0.00%	0	0.00%	5

通常来说,孔子学院/孔子课堂的每一位老师均承担多种类型的教学任务,面对不同的教学对象时,应针对学习者

的特点及时调整教学方式。比如,对受教育水平较高的学习者而言,做课堂游戏不仅显得有些“幼稚”,而且浪费了宝贵的课堂时间,得不偿失,教师要尽量避免使用;可采取辩论、讨论或课堂演讲等方式提高学习者的参与度。

除了“汉语课”之外,“意大利的社交媒体和视频网站”是受访者了解中国文化的主要渠道(53.57%,45 人)。不少受访者表示会关注 Facebook 或者 YouTube 上有关中国的内容,特别是高中生,有 69.57%的学生选择了这个选项。相比之下,受访者通过“中国社交媒体或视频网站”了解中国文化的较少[①],以在中国广泛使用的社交媒体“微信”为例:卡利亚里大学孔子课堂使用罗马孔院的微信公众号,2018 年我们在微信公众号上推送了 23 篇文章,内容包括中国传统节日习俗、“一带一路”沿线重要城市介绍等。但本次调查显示,仅有 2%(2 人)的受访者“知道并且浏览过”该微信公众号的文章,70%(59 人)的受访者“不知道”这个平台。当然,造成这一结果的主要原因是“微信”在意大利普及率较低,使用人数较少。因此,我们认为,当前是否要以微信平台作为主要传播媒介以及今后如何发挥微信平台的传播作用,都是有待探讨的问题。鉴于受访者更多选择关注意大利社交媒体和视频网站,在选择传播渠道时,我们主张遵循因地制宜的原则,现阶段重点维护孔子课堂的 Facebook 账号,条件允许时在 YouTube 开设专栏,将“每日学汉语”的视频利用 YouTube 播放,换言之,传播渠道本土化效果会更好。

那么,受访者经常使用哪些中文媒体呢?调查显示,排在前三位的是“中文书籍”(60%,50 人)、“中文电影”(57%,48 人)和“中文歌曲”(26%,22 人),具体数据如下:

需要说明的是,受访者所选择的“中文书籍”并不是严

① 为更准确地了解媒体的传播作用,在问卷中我们将媒体分为“意大利社交媒体及视频网站(如 Facebook、Twitter、YouTube)”“中国社交媒体及视频网站(如微信、微博、腾讯视频等)”和“传统媒体(报纸、杂志、书籍等)”三类。

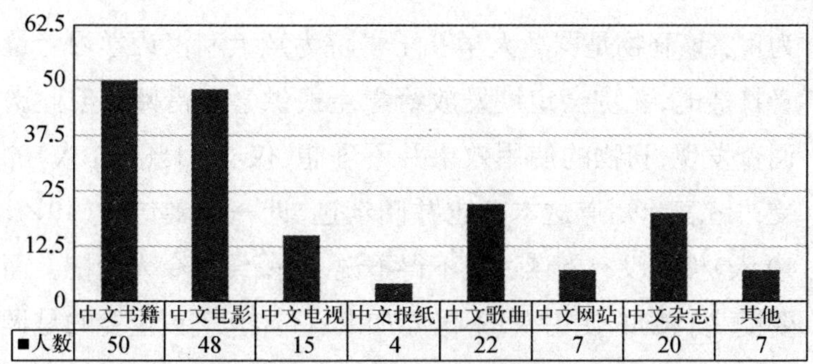

图6-2-3 受访者经常使用的中文媒体

格意义的中文书籍,通常是翻译版本,虽然有不少意大利人喜欢阅读当代作家余华、莫言的作品,但极少有人直接阅读原著。接下来我们调查了受访者对哪些中文书籍更感兴趣,结果显示,排在前三位的是"中国文化"(80%,67 人)、"中国历史"(56%,47 人)和"中国旅游"(36%,30 人),具体数据如下:

表6-2-7 受访者感兴趣的中文书籍种类

类　型	选择人数	类　型	选择人数
中国政治	11	中国地理	8
中国经济	6	中国旅游	30
中国文化	67	中国的体育和娱乐	18
中国历史	47	其　他	4
中国社会	26		

泛读是学好汉语的一个不可或缺的方式,特别是在外语环境中。意大利汉语学习者大都有良好的阅读习惯,教师平时应多鼓励学生进行课外阅读,依据学生的实际汉语水平和兴趣,推荐合适的阅读材料,以增加目的语输入量。

需要特别指出的是,孔子学院/孔子课堂应充分利用现有资源并使其价值最大化,以中意双语版《孔子学院》杂志为例：该刊物是罗马大学孔子学院为意大利汉语学习者量身打造的，孔院会定期发放给学生或供学生借阅。但此次调查发现，刊物的使用效果并不理想，仅有 51%（43 人）的受访者表示知道这本杂志并阅读过，近一半受访者（49%，40 人）根本没有阅读过。不得不说，这一结果令人遗憾。而要提高刊物的使用率，不仅要加大宣传力度，更重要的是调整刊物的使用方法，我们将刊物作为任务型阅读材料，由发放或借阅转变为让学生完成适当的课外阅读任务，教师可以在课堂教学中引导学生就刊物内容进行学习和讨论，使课外阅读与课堂教学内容成为有机的整体，从而最大限度地发挥其价值。

除了“中文书籍”外，“中国电影”也是受访者比较喜欢的媒体形式，孔子课堂不定期举办观影活动，像《大圣归来》《花木兰》等影片都深受学生们的喜爱。另外，有受访者表示很喜欢看中国的综艺节目，因为做得很有趣：“《偶像练习生》是我最近很喜欢的综艺。对了，还有《蒙面歌王》，这个节目太酷了。”他们希望通过综艺节目了解中国当代流行文化。依据这一结果，我们可以将中文电影和电视节目纳入课堂教学和课外活动计划中，使其成为学习者了解中国文化的媒介。

四、启示与建议

卡利亚里大学孔子课堂自成立以来建立了从 A1 到 B2 的综合汉语课程体系。通过调查，我们了解到，目前孔子课堂的汉语学习者主要是青年和中年两个群体，以学生及专业技术人员为主，学习者普遍接受过良好的教育，汉语水平多集中在初级阶段。学习者主要以兴趣为导向，学习汉语的主要目的是了解中国文化和增长知识，而汉语课、意大利社交媒体及网站、孔子课堂组织的文化活动是他们了解中国文化的主要渠道[①]。虽然受访者认为学习汉语有一定难度，但学习态度都比较积极，他们使用汉语交际的意愿较强，遗憾的是，由于没有机会，他们在课堂外使用汉语的情况并不理想，这是当前存在的主要问题。而这一问题是非目的语环境中普遍存在的，即便在汉语教学发展迅速的意大利首都罗马，学习者同样面临着缺少使用目的语的机会。在对罗马大学中文专业大学生进行访谈时，两位受访者都表示希望与中国人交流但没有机会[②]：

> S1：在罗马大学，我们有很好的老师，可以听他们的发音。但是中国学生不太多，不能聊天。在意大利有一些中国餐馆和中国商店，我会去那里试一试跟他们说中文，但是很多次我听不懂。我不认识能帮助我练习口语的中国人，所以我只能去那里。
>
> S2：我不认识很多中国人，就认识我们的中国老师，但是下课以后我不能跟他聊天，所以我下课以后从来不说汉语，但是我家附近有很多中国商店，我会去找他们说，但是很多时候我听不懂。

缺少使用目的语交流的机会是非目的语环境中的汉语学习者共同面临的问题。针对这一问题及受访者对文化的学习兴趣和需求，我们提出以下建议：

第一，组织建立课外学习兴趣小组，为学习者创造使用目的语环境。

依据受访者对中文书籍、中国电影及中国歌曲的兴趣，孔子课堂可组织师生建立课外学习小组，如中文电影赏析

① 关于卡利亚里大学孔子课堂的文化活动研究我们将专门论述。

② 对罗马大学学生的采访资料来源于笔者的研究生丁潼飞。

小组、中文阅读小组、中文表演小组等。课外小组利用课余时间定期活动,以学生为主体,教师加以适当的引导和帮助,条件允许的话,可以邀请当地中国留学生参加。我们以中文表演小组为例:中文表演小组可以将学汉语、学唱中文歌和中文节目表演结合起来。许多意大利学生性格开朗、能歌善舞,具有一定的表演才能。据报道,在罗马国立住读学校孔子课堂举办 2019 年春节联欢会上,意大利学生表演了小品《世界上最伟大的航海家》,通过哥伦布与郑和跨越时空的对话,鼓励大家勇敢探索世界,了解不同文化;小品《差不多》从饮食文化、家庭观念、艺术文化等方面讲述了中意两个文明古国之间的异同[①],这些节目充分展现出意大利学生的表演才能和创作才能。建立课外学习兴趣小组不仅有利于培养他们学习的主动性和积极性,更有利于提高他们的汉语交际能力及合作沟通能力。

① 来源:孔子学院总部/国家汉办官网 http://www.hanban.org/article/2019-03/04/content_764777.htm

第二,通过网络平台与中国学生建立长期的语伴关系,互助互利。

孔子学院一般是国内外大学合作建立的,与国内大学保持着长期紧密的联系。以卡利亚里大学孔子课堂为例,该课堂由罗马孔院与卡利亚里大学合作建立,而罗马孔院是意大利罗马大学和中国北京外国语大学共同建立的。十几年来,罗马大学和北京外国语大学一直保持着密切的合作关系,派往罗马孔院及下设孔子课堂的中方院长和教师(包括专职教师及志愿者教师)大多来自北京外国语大学。中方教师可以发挥北外的资源优势,帮助意大利汉语学习者与北外意大利语专业的学生建立联系。双方都是第二语言学习者,可以就彼此感兴趣的话题进行讨论,交流学习第二语言的经历和体会,互相学习,共同进步。学习者汉语水平达到一定程度后,可以扩大交际范围,结识更多专业、不同领域的人。利用网络平台建立语伴关系,可以拉近学习者与目的语国家的距离,有利于他们了解当代中国社会与文化。

第三,整合媒体资源,实现中国文化多渠道传播。

当今社会,各种媒体层出不穷,将广播、电影、电视、互联网、社交媒体等应用到文化传播是大势所趋。新兴媒体对年轻人有不可估量的影响力,调查显示,意大利学生最喜欢通过 Facebook 和 YouTube 这两个渠道获取有关中国的信息,依据这一特点,孔子课堂应进一步加强维护 Facebook 账号,定期更新内容,提高账号的活跃度,在内容上应多转载或者创作关于中国社会文化方面的文章或视频。针对中国广泛使用的新媒体微信,教师可以引导学生接触和使用,首先在班级建立微信群,使其成为师生沟通、学习汉语的媒介,并定期在班级微信群及孔院微信公众号发布内容有趣、通俗易懂的文章。教师还可以向学生介绍不同的网络学习资源平台、影视节目,从而打造多维度的文化传播渠道。

正如中国驻英国大使刘晓明在第 18 届"汉语桥"世界大学生中文比赛全英大区总决赛上所说,在世界多极化、经济全球化、文化多样化深入发展的今天,人与人之间的沟通尤为重要,文明与文明之间的交流互鉴愈显必要。语言是我们沟通交流的工具,是帮助我们理解差异性、坚守共同性,相互尊重、平等相待的基石。只有不断跨越语言的障碍,才能达到增进了解、凝聚共识的新境界[①]。孔子学院/孔子课堂是语言教学与文化交流的重要平台,在今后的发展中如何利用自身优势因地制宜,逐步形成可持续性发展模式,在汉语教学和文化传播中发挥更为积极的作用,是需要我们探索的问题。

① 来源:http://edu.sina.com.cn/a/2019-04-14/doc-ihvhiewr5265295.shtml。

第三节　以学习者为中心的文化教学模式

一、学习者文化学习需求调查

(一) 研究方法[①]

1. 调查对象

本研究的调查对象是 83 名马来西亚师资项目留学生，他们是 2009 年由马来西亚教育部和玛拉集团派遣到北外留学的，调查时他们处于本科学习阶段的最后一年。

2. 调查手段

本调查采取问卷调查与访谈相结合的方式。共发放 83 份问卷，回收 83 份，有效问卷为 77 份，有效率为 92.7%。问卷形式以多选题为主。

3. 调查目的

通过调查与访谈，我们希望了解马来师资项目留学生对中国文化的学习态度和需求，具体包括以下几个问题：

(1) 马来师资项目留学生了解中国文化的途径有哪些？

(2) 在学习内容方面，他们对中国文化的哪些方面更感兴趣？

(3) 在学习形式方面，他们倾向选择哪种类型的学习方式？

(二) 调查结果与分析

1. 受访者了解中国文化的途径

在“你来中国之前通过哪些途径了解中国文化？”的调

① 本节的调查对象和调查手段与本章第一节相同，但调查内容不同，为方便阅读，这里重复说明主要信息。

查中,排在前三位的选项依次是大众媒体(71 人, 92.2%)、家人或朋友介绍(32 人,41.6%)和纪念品、礼物等(22 人,28.6%)。在“你来中国之后通过哪些途径了解中国文化?”的调查中,排在前三位的是上汉语课(59 人 ,76.6%)、上文化课(58 人,75.3%)和大众媒体(50 人, 64.9%)。

通过对两个问题的调查结果的对比,我们可以看出,关于了解中国文化的途径问题,受访者留学前后的选择发生了变化: 留学后,受访者了解中国文化的途径以课堂学习(汉语课和文化课)为主,这说明教师在课堂教学中有意识地进行文化教学是非常必要的。

通过调查,我们还可以看到,“大众媒体”一直是受访者了解中国的主要途径,那么,受访者经常使用哪些中文媒体呢? 调查显示,排在前三位的是中文电影(65 人,84.4%)、中文电视(43 人,55.8%)和中文网站(35 人,45.5%)。在最常使用的中文媒体中,选择最多的是中文电影和电视节目,这说明受访者对中文电影和电视节目具有较高的兴趣。这提示教师可以多借助影视作品帮助学习者了解文化。

关于了解中国文化的途径,受访者在留学前后的选择不同,到中国之后他们更注重课堂学习,而大众媒体始终是受访者了解中国的一个主要途径。

2. 受访者对文化教学内容的需求

调查显示,所有受访者对中国文化学习都非常重视。他们表示,希望不仅在文化课上系统学习文化知识,在语言课上也能了解与教材内容相关的文化背景知识。正如国外学者所说,现在学生们已不仅仅满足于汉语言知识的学习和言语技能的训练,而需要多侧面、多角度、多方位地了解中国的历史文化及当代中国社会的方方面面[①]。马来师资项目留学生对中国文化的学习兴趣比较高,他们表示特别

① 这段话出自笔者对韩国外国语大学中文系教授、中国研究所所长朴宰雨教授的访谈,参见《国外汉语教学动态》,2004年第1期。

喜欢有文化教学意识、文化知识丰富的老师，他们对文化学习的兴趣也体现在毕业论文选题上[①]。

在文化内容需求调查中，受访者对传统文化和当代国情文化都有一定的学习兴趣，而与其生活密切相关的文化内容受到更多的关注。受访者最希望了解的内容依次是风俗习惯(56 人,72.7%)、历史发展 (51 人,66.2%)、宗教信仰 (48 人,62.3%)、中国教育(43 人,55.8%)和少数民族文化(38 人,49.4%)等。具体数据见图 6-3-1:

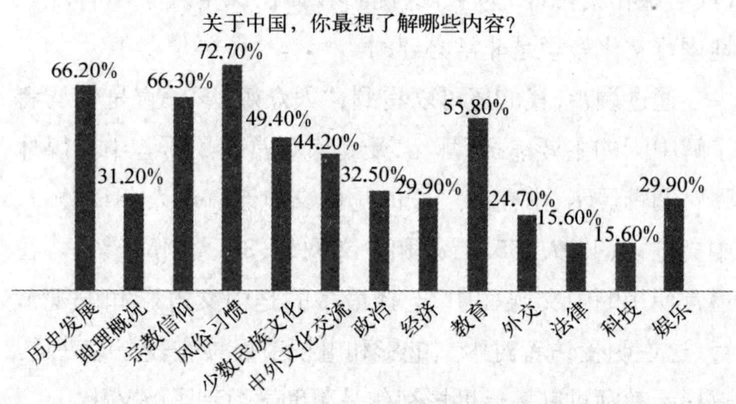

图 6-3-1　关于文化内容的学习需求调查

风俗习惯与人们日常生活息息相关，与其他来华留学生一样[②]，马来项目留学生对风俗习惯的学习兴趣最高。

那么，他们对哪些风俗内容更感兴趣呢？

调查表明，绝大多数受访者选择了传统节日(56 人,72.7%)、饮食习俗(56 人,72.7%)、婚姻习俗(50 人,64.9%)，半数以上的受访者选择了十二生肖(44 人,57.1%)、信仰与禁忌(43 人,55.8%)。由此可见，马来西亚留学生对“传统节日”和“饮食习俗”的学习兴趣是最高的，对“婚姻习俗”“信仰与禁忌”“生肖文化”的学习兴趣也比较高。我们选择文化教学内容时，这几个方面应优先选取。见图 6-3-2:

① 我们以 2008 级和 2009 级马来项目学生本科论文的选题为例，37 篇论文中，文化研究类选题有 22 篇，占总数 59.5%，选题包括中国社会生活文化研究、马来文化研究和中外文化对比研究。

② 我们曾对 205 名来华留学生做过一次“中国文化学习需求调查”，他们主要来自韩国、日本、俄罗斯、美国、德国、意大利、西班牙等。结果显示，中国民俗文化(包括饮食文化、节日习俗、人生礼仪等)是受访者最感兴趣的文化学习内容；其次，受访者对中国艺术(书法、绘画等)、中外文化交流和当代中国人生活等方面也表现出较高的兴趣。参见刘继红：《汉语国际推广背景下的中国文化传播》，《人文丛刊》，2014 年第 8 辑。

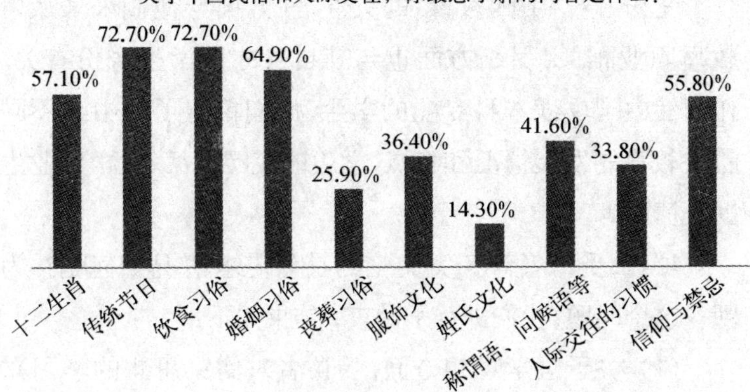

图 6-3-2　关于中国民俗和人际交往的学习需求调查

与其他国家留学生不同的是，受访者对“宗教文化”“少数民族文化”和“中国教育”的学习兴趣比较高。

受访者对“宗教文化”的兴趣应该与他们本身有宗教信仰有关。有数据表明，截至 2015 年，马来西亚总人口约为 3 000 万，其中，马来族占 69%，华裔占 23%，印度族占 7.3%，其他种族占 0.7%。马来族是马来西亚人口最多的民族，马来族都信仰伊斯兰教。而马来项目留学生绝大多数是马来族。在“你最想了解哪种宗教?”的进一步调查中，97.4%的受访者(75 人)表示希望了解伊斯兰教。通过访谈得知，受访者希望了解伊斯兰教在中国的情况、中国人对伊斯兰教的看法等。这一结果表明，受访者特别关注与其生活密切相关的文化内容，因为这些内容对他们而言更有实用性。

同理，受访者对“少数民族文化”的兴趣，一是因为马来西亚本身是一个多民族国家，受访者对不同民族的生活状况、民族之间的交往有一定兴趣，因而希望了解中国的少数民族文化；二是因为他们关注与其宗教信仰相同的中国人——穆斯林的生活情况。

受访者对“中国教育”的关注,一方面与他们未来从事教师职业相关,另一方面也与其自身的留学生身份有关。作为在中国攻读本科专业的学生,他们希望了解中国不同阶段教育的发展情况和特点、学生的校园生活、大学毕业生就业情况等。

那么,受访者对各类文化的具体需求情况如何呢?为回答这个问题,我们进行了调查,结果如下:

(1) 关于哲学思想方面,受访者对儒家思想的学习兴趣最高(74 人,96.1%),其次是道家思想(45 人,58.4%),对二者的学习兴趣远远超过了墨家思想(6 人,7.8%)和法家思想(6 人,7.8%);

(2) 关于宗教文化,受访者最感兴趣的是伊斯兰教(75 人,97.6%),之后依次为佛教(23 人,29.9%)、多神信仰和崇拜(22 人,28.6%)、道教(21 人,27.3%)、基督教(14 人,18.2%);

(3) 关于中国建筑文化,受访者最感兴趣的是传统民居(68 人,88.3%),其次是园林(48 人,62.3%),再次为宫殿建筑(38 人,49.4%)和宗教建筑(28 人,36.4%);

(4) 关于中国风景名胜和旅游文化,受访者最希望了解中国城市风情,如北京、上海(60 人,77.9%),超过了文化遗址,如长城、兵马俑(50 人,64.9%)和自然风景,如泰山、黄山(48 人,62.3%)这两个选项。这说明他们更关注与当代生活关系更为密切的文化;

(5) 关于中国艺术,受访者对书法(52 人,67.5%)和绘画(52 人,67.5%)的兴趣最高,其次是音乐(50 人,64.9%),而对中国戏剧(21 人,27.3%)的兴趣不大高。

(6) 关于中国文学,受访者最感兴趣的是小说(49 人,63.6%),然后为散文(34 人,44.2%)、诗歌(26 人,33.8%)和戏曲(17 人,22.1%)。

此外,受访者对中国传统工艺和民间艺术也有一定的学习兴趣。在物产方面,受访者希望了解中国茶叶、常用中药,但对酒的兴趣很低,这与伊斯兰教禁止饮酒有关。

通过这项调查,我们可以得知,马来师资项目留学生对中国传统文化和当代文化都有一定的学习兴趣,而与他们生活密切相关的文化,如风俗习惯(特别是传统节日和饮食习俗)、宗教信仰、少数民族文化和教育等内容则更受关注。因此,教师在选取文化教学内容时,应优先考虑这些内容。

3. 受访者对文化教学形式的需求

在"你希望通过哪些方法了解中国文化?"的调查中,受访者最喜欢的学习方式是"文化课上老师通过 PPT、图片及视频资料讲解文化知识"。通常来说,针对高年级马来西亚留学生文化课教学一般使用汉语授课,每一节课的信息量都比较大,对学习者的汉语水平和理解能力的要求也比较高。教师讲解时,如果通过直观生动的图片、视频资料进行辅助,可以有效降低学习难度,也不会令学生感到枯燥。因此这种方式最受学生欢迎。

在文化学习形式方面,排在第二位的是"老师通过有代表性的中国影视作品来介绍中国文化"。如前文所述,大众媒体是受访者了解中国的主要途径。因为受访者对中文影视节目比较感兴趣,教学中我们可以适当借助影视作品介绍中国文化,选择影视作品的依据是影片内容是否有助于学习者了解中国社会生活和主流文化,作品的难易程度是否有助于提高学习者的语言综合运用能力。

在文化学习形式的喜好方面,排在第三位的是"采取马来西亚文化与中国文化对比的方式讲解文化知识"。受访者的这一需求给任课教师提出了更高的要求和挑战,教师不仅要对中国文化有深刻的理解,同时对学习者的母语文化也要有所了解。

从对以上三种最受学习者欢迎的文化学习形式的分析中,我们不难发现,与当前学界广泛提倡的体验型学习法(如角色扮演、案例分析、小组活动等)相比,以教师“讲”文化为主的认知学习法更受马来项目留学生的喜爱。换言之,受访者更倾向于传统的教学方法,希望教师主导课堂,通过教师的讲解系统学习文化知识。

虽然受访者倾向于传统的教学方法,但他们同时也表示希望通过参加语言文化实践活动了解中国。另外,“老师就某一文化主题让学生分组查资料,然后由学生做 PPT 和课堂报告”的学习方式也得到受访者的认同。

在文化学习形式的调查中,受访者最不喜欢的方式是“老师在课上提问关于中国文化方面的知识”。这是因为,文化知识方面的问题通常比语言技能课上老师提出的问题专业性强,难度更大,学生因此有一定畏难情绪[①],加上有些学生性格比较内向,特别是女生容易害羞,教师进行课堂提问时,他们因为担心自己会说错,很少主动回答老师的问题,往往以微笑委婉地表达拒绝。因此他们更希望教师提前布置任务,就某一文化主题让学生分组查阅资料,以小组合作的方式做课堂报告。在针对高年级马来西亚留学生文化课教学中,我们设计了学生分组模拟文化教学实践这一环节。事实证明,这种合作的学习方式取得了良好的效果,对他们日后在中小学从事教学工作也有一定帮助。

通过这项调查可以得知,在文化学习形式方面,受访者倾向于采用教师讲解的方式,也愿意参加语言文化实践活动,喜欢就某一文化主题做小组报告的形式。由此可知,针对马来项目留学生的文化教学应采用认知学习和体验学习相结合的模式。

① 2016 年我们对马来项目留学生跨文化适应情况进行调查,结果显示,在学术适应方面,受访者认为自己遇到的最大困难是“课堂发言”,原因是他们害怕说错话,发言时很紧张。详见张杰、刘继红:《在京马来西亚留学生跨文化适应调查分析》,《人文丛刊》第十辑,2016 年。

二、针对项目学习者的文化教学模式

（一）关于教学模式的讨论

教学模式的研究一直是学界关注的问题。率先将“教学模式”概念引进教学理论研究领域的是美国学者乔伊斯(Bruce Joyce)和威尔(Marsha Well)，他们认为“教学模式是构成课程、选择教材、指导在教室和其他环境中教学活动的一种计划或范型”。国内学者一般把教学模式理解为开展教学活动的一整套方法论体系，是在一定教学思想或教学理论指导下建立起来的、较为稳定的教学活动框架和活动程序。作为结构框架，突出了教学模式从宏观上把握教学活动整体及各要素之间内部的关系和功能；作为活动程序则突出了教学模式的有序性和可操作性[①]。

① 曹贤文：《国际汉语有效教学研究》，第 77—78 页。

在汉语作为第二语言教学领域，也有学者对教学模式做了深入的理论性探讨。在教学模式建立方面，学者主要以第二语言教学理论为指导，针对汉语作为第二语言的独特性，从学习者特点和学习需求出发，结合课程的特点和教学目标探索出各具特色的教学模式，如“语文分开、集中识字教学模式”“汉语交际任务教学模式”等。此外，美国 AP 汉语与文化教学模式和明德模式的研究进一步丰富了汉语作为外语教学模式的研究内容。

通过对以上文献的梳理可以发现，这些研究的关注点主要集中在语言教学本身，学者们着力探索有利于提高学习者听、说、读、写技能的教学模式，而且经过不断实践，这些模式已相对成熟有效，影响至今。

至今为止，由于各种原因，针对汉语学习者文化教学模式的研究成果较少。较早关注这一问题的是学者辛平，她针对专门的文化课教学方式的局限性提出开放式文化教学模式，主张充分利用目的语文化环境，将课堂讲授与学生在中国社会各方面的实际参与、感悟结合起来。在文化教学模式方面，影响较大的是学者陈申的研究，他在《语言文化教学策略研究》一书中，回顾了第二语言文化教学在不同历史阶段的特点，总结出文化教学的三种基本模式：地域文化学习兼并模式、模拟交际实践融合模式和多元文化互动综合式，并从实际应用的角度讨论了以三种模式为基础的多种教学策略[①]。这些研究对我们进一步探讨文化教学模式和教学方法具有重要意义。

赵金铭认为，不同的教学模式各有优缺点，关键是符合特定的教学情境，能够满足学习者的语言学习需求，适应师资条件、资源设备、教学管理等方面的现实状况，能够运用得宜[②]。刘颂浩也指出"比较正式的语言教学都有自己的教学模式。因此，在教学模式上，问题的关键不是模式的有无，而是模式的质量和效果如何，能否称得上优秀模式"[③]。综合两位学者的观点，可以说，符合学习者的特点和需求是判断教学模式有效的一个标准。

(二) 针对项目学习者的文化教学模式

根据对马来汉语师资项目留学生文化学习需求调查和相关研究成果，本文提出建立以学习者为中心的文化教学模式。"以学习者为中心"的理论基础是建构主义认知论，核心理念是教学活动要充分考虑学习者的特点和需求，尽可能发挥学习者的积极性和能动性。因此，在文化教学内容选择方面，我们以学习者需求和兴趣为出发点，激发他们目的语文化学习的热情和动机，加强他们对文化的理解力；在教学形式方面，要让学生最大限度地参与

① 地域文化学习兼并模式是一种传统的教学模式，它强调在外语教学课程中增加明晰化的文化学习内容，将文化作为知识来处理；模拟交际实践融合模式是在交际教学法盛行背景下出现的，它强调语言的实际使用，将语言教学和文化教学融合起来，将文化作为行为来处理；多元文化互动综合模式起源于跨文化交际研究，教学的范围包括本民族文化和目的文化，将文化作为意义来处理。参见陈申：《语言文化教学策略研究》，语言文化大学出版社，2001 年。

② 赵金铭：《何为国家汉语教育"国际化""本土化"》，《云南师范大学学报（对外汉语教学与研究版）》，2014 年第 2 期。

③ 刘颂浩：《中国对外汉语教学模式的创建问题》，《华文教学与研究》，2014 年第 2 期。

到文化学习过程中，使其成为学习的主体，在学习过程中培养他们的文化理解力和跨文化交际能力。下面，我们从文化教学的目标、教学内容和教学形式三个方面进行阐述。

1. 针对项目学习者的文化教学目标

《国际汉语教学通用课程大纲》(以下简称《大纲》)是目前指导汉语作为第二语言教学的重要纲领性文件。《大纲》指出，国际汉语教学课程的总目标是，使学习者在学习汉语语言知识与技能的同时，进一步强化学习目的，培养自主学习与合作学习的能力，形成有效的学习策略，最终具备语言综合运用能力。《大纲》将语言综合运用能力分为“语言知识”“语言技能”“策略”和“文化能力”四个板块，四个板块相对独立、相互影响又交叉渗透，对以往只重视语言技能的教学理念做出了突破性的改变。关于“文化能力”的含义，《大纲》从文化知识、文化理解、跨文化能力与国际视野四个维度做了详细的阐释，再次强调培养第二语言学习者文化素质、沟通能力和国际视野的重要性。

制定针对马来项目留学生的文化教学目标应以《大纲》为指导，同时结合该项目学生的特点和需求。与普通来华留学生相比，马来汉语师资项目留学生具有一定的特殊性：他们一方面要系统学习汉语语言知识和文化知识，培养和提高自身的跨文化交际能力，另一方面要具备将所学知识转化为课堂教学的能力和素质，以胜任未来的汉语教师工作。据此，我们制定的文化教学目标是：其一，帮助学生了解必备的中国传统文化知识和当代国情文化，培养他们跨文化交际能力和国际视野；其二，帮助学生掌握文化教学的基本方法，使他们通过模拟教学实践具备一定的文化教学实践能力。

2. 针对项目学习者的文化教学内容

确定文化教学内容要遵循一个基本原则，针对马来项目学习者文化内容选取的原则是“突出项目特点，满足学习者的需求”。通过对马来项目留学生对文化内容需求的调查可以得知，马来项目留学生对中国传统文化和当代文化都有一定的学习兴趣，而与他们生活密切相关的文化更受到普遍关注。

依据调查结果，我们优先选择的教学内容包括传统节日（春节、中秋节）、饮食习俗、人生礼仪（婚礼）、生肖文化（动物词语）、中国教育、儒家思想（仁、礼）、少数民族文化、传统民居（四合院）、中国艺术（书法、绘画）等。结合《国际汉语教学通用课程大纲》对汉语学习者文化能力的要求及马来西亚汉语师资项目留学生的需求，我们提出建立“多维的立体化文化教学内容体系”。具体内容如下：

第一，文化教学内容既要包含中国传统文化，也要包含当代国情文化，教学的重点是关注传统文化对当代生活的影响；既要包含显性的文化产物、文化习俗，也要包含隐性的文化观念，教学的重点在于挖掘文化产物、文化习俗背后的文化观念。

我们以中国传统节日中秋节为例，中秋节的形成与变迁反映了中国人心态的变化。中秋节与月亮有关，在中国传统文化中，月是阴的象征，对月亮的祭祀是神圣的皇家祭祀，普通人是不能参加的；以拜月赏月为中心的节日直至唐宋才开始，宋代以后在民间普及。到明清时期，“团圆”成为中秋节最重要的主题，这与民间社会家族观念的增强有关。中秋节的习俗也随之发生了变化，出现了“男不拜月，女不祭灶”的习俗，女性成为中秋节的主角，祈求婚嫁子嗣成为拜月的特定愿望。“月饼”在这个时期成为重要的祭品与节令食品，直到今天仍作为中国人加强亲族关系和联系情感的象征[1]。我们从文化定义的角度来分析，中秋节的月饼属于文化产物，一家人团圆赏月、分食月饼是文化习俗，中国人重视家族则是文化观念。而中国人浓厚的家族观念是如何反映在文化习俗和文化产物中的，则是我们重点关注的内容。换言之，文化教学不应仅停留在表层的物质文化介绍上，要由表层文化介绍过渡到深层文化的阐释方面，让学习者通过表层的文化成就而了解进而理解中国、中国人的思想观念、思维方式、交际规约以及行为模式等。

① 陈莹：《国际汉语文化与文化教学》，高等教育出版社，2013年，第55页。

第二，教学内容以目的语文化为主，同时关注学习者的母语文化。教师应具有双文化意识，避免文化内容的单向性问题。

《大纲》对学习者跨文化能力的培养目标是这样描述的：

> 了解有关中国文化和所在国文化的共性和差异；通过学习中国文化，培养跨文化能力；通过对所在国文化与中国文化的对比，加深对所在国文化习俗和思维习惯的客观认识；能积极地为所在国文化与中国文化的相互理解、相互学习、相互促进、相互欣赏、相互提高做出贡献。

在教学中，教师应有意识地培养高年级留学生用目的语介绍母语文化的能力，比如学习中国传统节日习俗之后，我们给学生布置的任务是分组介绍马来西亚重要的传统节日，引导他们通过分析、对比和讨论发现两国节日文化的共性与差异，从而加深对两种文化的理解。

我们仍以传统节日为例：我们知道，中马两国传统节日的起源有着根本的不同，中国传统节日的产生与远古农业生产、祖先崇拜和原始禁忌密切相关，节日本身反映了农业社会的生活规律，如春节、中秋节；而马来西亚的传统节日则源于宗教，与宗教信仰密切相关，如开斋节、古尔邦节[①]。

那么，如何引导马来西亚留学生通过文化对比和分析寻找两种文化的共性和差异呢？

在高年级文化课教学中，教师介绍中国传统节日春节的文化习俗之后，安排留学生分组在课上介绍马来西亚重要的传统节日。其中有一个小组介绍了"开斋节"的习俗：按照伊斯兰教历，每年9月为斋戒月，成年的穆斯林从太阳升起到黄昏日落都不允许进食。真主希望信徒体验生活的困苦，懂得体谅他人的艰难。斋月结束之后是开斋节，它是马来西亚最重要的传统节日。节日前夕，在外地的人纷纷回来与家人团聚，家家户户准备丰盛的食物。节日清晨，人们换上新衣去清真寺做礼拜。隆重的祷告仪式之后，人们互相视贺并请求对方原谅自己在过去一年内所犯下的过失。节日期间人们为增进感情，相互登门拜访，大人给孩子红包。在欢乐的节日中人们同样不会忘记已逝的亲人，要去墓地为亲人诵经。

教学中，通过春节和开斋节的讲解和比较，学生们会发现这两个节日虽然在起源、时间和仪式方面不同，但蕴含的文化观念却有一定相通之处，比如中国人和马来西亚人的家庭观念都很强，在重要的日子(春节、开斋节)都要与家人团聚，悼念已故的亲人，长辈给晚辈发红包(注：中国的"红包"也叫压岁钱，寓意辟邪驱鬼，保佑平安；马来西亚的"红包"不含此义)。再如，两个国家的人都重视人际关系的和谐，春节时中国人有拜年的习俗；马来西亚人在开斋节也相

① 程裕祯：《中国文化要略》，第395页。

互登门拜访。这些相似、相通的元素让拥有不同文化的群体彼此产生亲近感,成为不同文化群体之间能够相互沟通和理解的原动力。

第三,文化教学内容应与课外实践活动相呼应,使课外活动与课内教学有机结合起来,相辅相成。

有研究表明,学习外语与外国文化最好的途径是沉浸在那种文化环境中“习得”语言和文化。释拉姆(Michael Byram, 1989)特别倡导在外语教学中借鉴人类学的“田野工作”(fieldwork),即让学生在目的语文化中进行观察、参与和交流[①]。因为目的语环境能让学生获得真实的文化体验,让他们切身感受到目的语文化的丰富性和动态性,也为他们提供了用目的语进行交际的机会。

为了让马来项目学习者更好地了解中国社会,融入真实的交际环境,学院非常重视第二语言课堂的建设,并组织了一系列课外语言实践活动,既有在北京的参观体验活动,比如去老舍茶馆、欣赏传统表演、和中小学师生交流等,也有去京外的文化考察活动,比如参观游览承德避暑山庄、杜甫草堂、曲阜孔庙等。我们主张将文化教学内容与文化实践活动相结合,目的是帮助学习者将课堂上学到的文化知识在课外实践活动中得到更直观的体验和验证,以加深他们对深层文化的理解。比如,在学习中国传统民居后,我们带领学生参观北京四合院,让他们亲眼看一看传统四合院的布局和居住形式,更利于帮助他们理解这种建筑形式背后的“内外有别”“长幼有序”的传统观念。活动中,我们鼓励学生与老北京胡同中的居民进行交流,了解他们的日常生活和行为方式。

综上,在文化教学内容上,我们提倡建构以学习者为中心的多维立体式教学内容体系,文化教学内容体现表层文

① 祖晓梅:《跨文化交际》,第 253 页。

化和深层文化的结合、目的语文化与学习者母语文化的结合、课内学习与课外活动内容相结合的原则。

3. 针对项目学习者的文化教学形式

依据文化学习形式的调查结果，我们主张采取认知学习法和体验学习法相结合的教学形式。

(1) 认知学习法

第二语言教学的目的是培养学生的语言综合运用能力，学习者对目的语社会文化的了解对其学习效果和交际能力的提高都起着关键作用。有研究表明，以"讲"文化为主的认知型模式(如文化讲座)，可以赋予教师较大的主动权，教师可以依据学习者特点和需求对教学内容进行合理的安排，能突出重点，将支离破碎的文化信息重新整合构造，使教学内容更完整、系统，让学生产生"听君一席话，胜读十年书"之感，有利于学习者高效而系统地了解文化知识[①]。认知型学习的这些特点受到项目学习者的欢迎，因此是文化教学的重要形式。

当然，"讲"文化并不是单纯的"灌输"，教师在讲授过程中应采取灵活多样的方法进行启发式教学。有研究表明，图片、照片、音频材料、电视纪录片、中文电影、文学作品、报刊文章等都可以成为文化教学的资源，但要注意资源的使用原则[②]。其中，借助中国影视作品介绍文化是一个很好的选择。如前文所述，看电影是学习者了解中国的主要途径之一。针对他们的兴趣，在讲解中国教育主题时，我们以电影《一个都不能少》介绍中国农村教育情况，以电影《中国合伙人》介绍传统教育观念的转变和八十年代的"留学热"等，取得良好的效果。在影视材料的选择问题上，要注意综合考虑题材的广度、内容的深浅、语言的难易度等因素，尽量做到多样性和经典性相统一。简言之，选择作品的依据是

① 陈申：《语言文化教学策略研究》，第107页。

② 笔者曾提出"有效的文化学资源"这一概念，认为有效的文化教学资源可以让学习者乐于学习和了解目的语文化，并在相对短的时间内理解教师所讲的文化内容，是"有效果""有效用""有效率"的资源。文章提出利用资源应注意适时与适量、准确与契合的原则，也要注意针对性和可接受性问题。参见刘继红：《有效的文化教学资源：选择与利用——兼谈教师的文化传播意识》，《海外华文教育》，2017年第8期。

影片内容是否有助于学习者了解中国社会生活和主流文化,作品的难易程度是否有助于循序渐进地提高学习者言语交际能力。

(2) 体验学习法

体验学习法强调以学生为中心,包括角色扮演、小组活动、案例分析、跨文化比较与互动、实地考察等多种学习形式,注重培养学生的能力。本节从课内体验和课外体验两个方面加以论述。

第一,课内体验。

针对马来项目学生的文化课教学,课内体验可以采用文化比较和师生互动等方式,比如,我们讲解中国最重要的节日春节习俗后,鼓励学生与自己国家最重要的节日进行了比较。

课内体验的重要方式是学习者模拟文化教学实践。马来项目学习者既是第二语言文化的习得者和体验者,未来也是第二语言文化的传授者和输出者,因此他们要具备将所学知识转变为教学内容的能力。基于这种考虑,开学初我们将模拟教学计划告诉学生,让他们分小组就某一文化主题来准备。小组合作学习的效果比学生单独学习或处于高度竞争状态下的学习要好,这种方式也在一定程度上弥补了以教师为中心的传统讲授式学习的不足。具体操作步骤如下:

第一阶段:课前准备(依据主题讨论 → 搜集材料 → 编写教案、制作 PPT → 小组内试讲)

第二阶段:课堂实践(在课堂上为同学们讲解 → 对实际教学效果进行交流)

第三阶段:课后反思(依据老师和同学们的建议进一步完善 → 撰写教学总结)

考虑到文化教学内容的双向性问题，我们布置的模拟教学任务以学习者的母语文化为主，如介绍马来西亚传统节日、饮食习俗、传统民居、动物词语的含义等。小组成员分工合作，通过查阅材料 → 小组讨论 → 课堂试讲 → 交流和反思等环节掌握文化教学的基本方法。学习和讨论这些文化主题的过程，可以培养学生独立思考和沟通合作的能力，可以提高他们听说汉语的技能，也可以训练他们描述文化现象、概括文化特点和比较文化差异的能力，为他们未来从事教学工作奠定基础。

第二，课外体验。

课外文化体验主要指参加各类语言文化活动。依据受访者对汉语学习的态度和学习方式的喜好，我们应充分利用目的语文化环境，进一步丰富第二语言课堂活动，有计划、分阶段地开展课外语言实践活动，使课堂教学与课外实践活动有机结合起来。如前文所述，我院为马来项目学习者组织了丰富多彩的实践活动。比如，针对他们对中国教育的兴趣，我们组织了去中小学参观交流的活动。学生们分小组进入中国学生的课堂。通过听课观摩，切身感受到中小学教育特点、教学形式和师生关系。体验活动有助于学习者了解中国普通义务教育现状，思考教师角色和责任。目前我院已开展的文化参观体验活动受到学习者的普遍欢迎，有利于提高他们的跨文化交际能力。

认知学习法和体验学习法倡导的理念虽然不同，但二者并不矛盾。在实际教学过程中，针对不同的学习内容，为实现不同的教学目标，在某一阶段会侧重选择不同的学习方法。总的来说，认知学习和体验学习应有机结合、相辅相成，共同构成针对马来项目学习者的文化教学模式，见图 6－3－3：

前期调研

↓

学习形式	实施方法		学习内容	学习目标
认知学习法	以教师讲解为主→师生互动		目的语文化为主	使学习者了解目的语文化知识
体验学习法	课内体验	学生分组做报告→文化比较	学习者母语文化为主	提高学习者的汉语表达能力和文化教学实践能力,促进对两种文化的思考
	课外体验	师生共同参与→活动总结	参与体验目的语文化	深化课堂学习内容,加深对目的语文化的理解,提高跨文化交际能力

↓

后期调整

图6-3-3　针对马来项目学习者的文化教学模式

(三) 小结

文化教学是第二语言教学的重要组成部分。本节我们根据马来师资项目留学生的特点和需求,在针对高年级学生文化课教学实践的基础上,提出建立以学习者为中心的多维立体化教学内容体系,即中国传统文化与当代社会文化并重、目的语文化与学习者母语文化并重的原则,依据学习者的兴趣和需求确定文化教学内容;在教学形式上,我们主张采取认知学习和体验学习相结合、课内与课外相结合的模式,帮助学习者系统了解目的语文化知识,提高他们的跨文化交际能力,掌握文化教学的基本方法。希望我们的讨论能引起学界对留学生群体文化学习需求的关注,对探索针对不同学习群体的文化教学模式有所启示。

第七章　文化传播效果研究

在汉语国际教育领域，相对于文化传播内容和传播方法的研究而言，针对文化传播效果的研究并不多见。汉语作为第二语言学习者数量的增减，学习者对中国文化的了解程度，对中国社会、中国人的评价和看法等因素，都是检验文化传播效果的指标。而汉语学习者对中国文化的认知与态度，是衡量文化传播效果的重要因素，也是反映当前汉语文化教学质量的标志。本章将分设两节，从第二语言学习者的文化认知和文化态度两个方面对文化传播效果问题加以讨论。我们以马来西亚留学生群体为主要考察对象，通过调查和访谈全面了解这一群体对中国文化的认知与态度，为改进文化传播效果提出建议。

第一节　学习者对中国文化的认知情况

一、研究回顾

（一）关于认知的定义

认知是个体对客观事件及其关系进行信息处理从而认识世界的过程，也是人们对环境、他人及自身行为的看法、信念、知识和态度的总和[①]。世界上任何一个国家或民族的文化都具有自身独有的内涵与特质，对文化的认知不仅是对表层文化

① 孙春英：《跨文化传播学》，第 276 页。

符号的感知,更为重要的是对其内涵与特质的了解和把握。

(二) 文化认知相关研究

当前对文化认知的研究主要有两个方面:第一是探讨认知规律和特点的理论性研究,第二是针对海外民众和国内外汉语学习者的文化认知情况调查。前者代表性研究有:孙琳总结了二语习得领域中的文化认知的持续性和非持续性特点,同时指出认知的灵活性特点,即学习者可以通过多种方式构建自己的知识体系,并在不同情境下做出不同的反应[①];陈映戎探讨了文化认知差异背后隐含着的价值冲突及认知模式差异[②]。

针对学习者群体的文化认知调查,依据调查对象所处环境,可分为针对非目的语环境学习者和目的语环境学习者研究两大类。前者多见于中国文化影响力或国家形象方面的研究,其中最有代表性的成果是吴瑛的系列研究,从2008年到2011年她先后调查了美国、俄罗斯、泰国、日本和黎巴嫩五个国家16所孔子学院(孔子课堂)的学习者,评估了孔子学院(孔子课堂)汉语推广和中国文化传播的总体效果,调查内容包括受访者对中国文化的认识与态度,她的研究设计对本文有重要启示。针对目的语环境学习者文化认知的研究为数不多,依据调查对象可分为对华裔留学生、国际学校留学生和高校留学生的研究。

总体来看,当前关于中国文化的认知调查主要是针对海外民众及孔子学院(孔子课堂)汉语学习者进行的,针对目的语环境的学习者的研究相对较少,特别是专门针对某一国家留学生群体的实证性研究更为薄弱。鉴于此,本文将以在京马来西亚留学生群体为研究对象,依据“受访者了解中国文化的渠道 → 对中国文化的认知 → 汉语水平对文化认知的影响”这一思路,针对非华裔马来西亚留学

① 孙琳:《论二语习得中的文化认知模式》,《科技创新导报》,2010年第33期。

② 陈映戎:《文化认知:价值冲突与认知模式——以“愚公移山”为例》,《浙江社会科学》,2011年第4期。

生群体的中国文化认知情况进行考察，通过对不同年级学习者认知情况的比较，分析汉语水平对认知效果的影响，在此基础上尝试提出针对马来西亚留学生群体的文化传播策略，丰富学习者对中国文化认知情况的国别化研究。

已有研究表明，课堂教学是留学生了解中国文化的窗口，目的语环境为他们亲身感受中国文化提供了契机。这两方面因素都会影响留学生对中国文化的整体认知。而留学生的文化认知又是影响他们跨文化适应和语言综合能力的关键因素。从另一角度看，学习者对中国文化的认知情况是检验第二语言教学效果的重要指标，对其进行研究不仅有助于思考不同文化间的交流和沟通策略，对促进第二语言教学和跨文化传播都有重要的启示。

二、研究设计[①]

（一）研究对象

本文的研究对象是北京外国语大学马来西亚汉语师资培训项目留学生。受访者包括从预科到本科四年级的学生，共发放纸质问卷 200 份，收回问卷 181 份，有效问卷为 172 份，有效率为 95%。除少部分调查问卷之外[②]，其余问卷均当场发放，当场收回。受访者基本信息如下：

表 7-1-1　调查对象基本信息

	年级					性别		宗教信仰		华裔背景		合计
	预科	一年级	二年级	三年级	四年级	男	女	伊斯兰教	其他	无	有	
数量	21	49	35	46	21	40	132	172	0	169	3	172

① 本研究获北京外国语大学世界亚洲研究信息中心资助，笔者的硕士研究生孙晓梅同学在调查问卷的设计、发放及数据分析中做了大量工作，在此一并感谢！

② 发放问卷时，四年级已停课，故四年级留学生的问卷由学生在课堂之外作答，之后统一收回。

数据显示,受访者性别方面,男性占 23.3%,女性占 76.7%;年龄方面,最小为 18 岁,最大为 24 岁,平均年龄 21 岁。受访者都是在高中毕业后被选派到中国留学,因此年龄分布较平均,他们来中国留学时平均年龄为 18 岁左右;关于学习汉语的时间,由于受访者来中国之前基本没有学习汉语的经历,所以汉语学习时间和来中国时间基本一致:预科班学生学习汉语约为 7—12 个月,一年级学生约为 1—2 年,二年级学生约为 2—3 年,三年级学生约为 3—4 年,四年级学生为 4 年以上。

本文依据受访者学习汉语的时间将其分为初、中、高三个等级。其中,初级水平学生共 70 人(40.7%),中级水平学生共 81 人(47.1%),高级水平学生共 21 人(12.2%);宗教信仰方面,所有受访者均信仰伊斯兰教,因此可以排除宗教因素对本研究结果的影响;是否有华裔背景方面,无华裔背景的受访者共 169 人(98.2%),有华裔背景的受访者共 3 人(1.8%),因此,也基本可以排除家庭背景对文化认知的影响。

(二) 研究方法

本研究使用的问卷主要参考了吴瑛《孔子学院与中国文化的国际传播》和关世杰《中华文化国际影响力调查研究》中的问卷[①]。问卷由三个部分组成:第一部分是关于学习者基本情况的调查,包含可能会对结果产生影响的性别、年级、宗教信仰等;第二部分考察受访者对中国文化的认知情况;第三部分考察受访者了解中国文化的渠道。在预调研之后,我们根据学生反馈,对预科班及一年级学生采用英文版问卷,其他年级采用中文版问卷。

问卷数据使用 Excel 软件进行录入后,通过 SPSS 软件(18.0 版)对数据进行了频率分析、描述分析(均值、方差),

① 关世杰就海外民众如何看待中华文化这一问题先后对美国、德国、俄罗斯、印度、日本、韩国、越南、印度尼西亚等八个国家的民众进行了大规模调查,分析了八国受访者对中华文化的认知、态度和行为,并指出这实质上是国际传播学中的效果研究。

并在定量分析结果的基础上，从每个年级中选择一至两名学生进行访谈，对问卷结果进行补充①。访谈全程录音，后期通过人工转写的方式，将访谈内容转为文字，共四万余字。访谈对象基本信息如下：

① 由于访谈时四年级学生已回国，最终仅联系到一位学生，我们通过微信进一步了解到她对中国文化的认知情况。

表 7-1-2　访谈者基本信息

	S1	S2	S3	S4	S5	S6	S7	S8	S9
年级	预科	预科	一	一	二	二	三	三	四
性别	女	男	女	男	女	男	女	女	女
年龄	19	19	20	20	21	20	22	22	22
是否华裔	否	否	否	否	否	否	否	否	否

(三) 研究问题

本调查拟讨论以下三个方面的问题：

1. 非华裔马来西亚留学生学生了解中国文化的主要渠道有哪些？

2. 受访者对中国文化的认知情况如何？对不同层面的文化认知是否存在差异？

3. 受访者的汉语水平对文化认知是否有影响？

三、结果与分析

(一) 受访者了解中国文化的途径

为了解受访者文化认知的途径，问卷设置了“现在，你主要通过什么途径了解中国文化”这一问题，选项包括“上汉语课”“学校的文化讲座”“大众媒体”“学校组织的留学生文化活动”“同学、朋友介绍”及“其他”，受访者最多可选三项，结果如下：

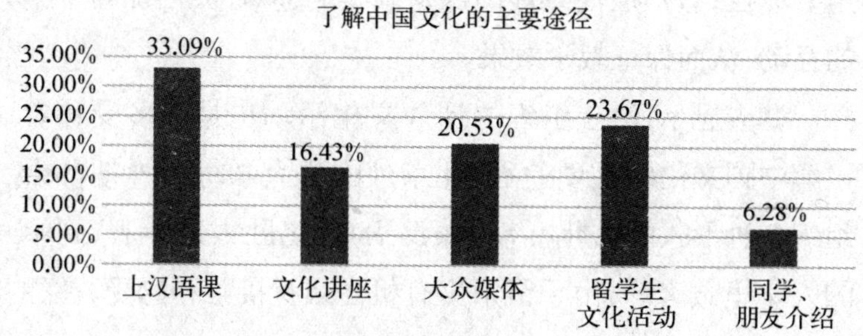

图 7-1-1　受访者了解中国文化的途径

由上图可知,“上汉语课”(33.09%)是受访者了解中国文化最重要的途径,其次为“学校组织的留学生文化活动”(23.67%),排在第三位的是“大众媒体”(20.53%),这一结果验证了笔者前期的研究[①]。由此可见,课堂教学和学校组织的文化活动对受访者的文化认知起了决定作用,在访谈时,学生表示:

> 我觉得 80%(的文化)都是老师讲的,我也喜欢看电视,不过看电视虽然可以帮助了解,却不会和你详细地讲。(S6)
>
> 好多知识我们老师都讲过,但是我左耳朵进,右耳朵出来,很多已经忘记,不过我知道老师讲过。(S7)

在考察受访者对不同层面的中国文化认知情况时,我们也发现,不少学生存在与 S7 相似的情况,即对文化的认知主要来源于教师的课堂讲解,虽然对具体内容记不大清楚了,但有一定的印象。在访谈中,学生还提到了学院开设的文化选修课,比如中国文化概况,认为文化课老师能比较系统地介绍中国文化知识,学生在专门的文化课上了解的文化会更多一些。鉴于课堂教学是受访者了解中国文化的

① 在 2014 年我们对 83 名马来师资项目学习者的调查中,针对“你来中国之后通过哪些途径了解中国文化”这一问题的结果显示,排在前三位的是“上汉语课”“上文化课”和“大众媒体”。与本次调查结果比较相近。

主要途径，教师应注意提高课堂教学的趣味性，增加与学生的互动，从而保证教学效果。

调查显示，学校组织的课外文化活动也是很多受访者了解中国文化的重要途径，北京外国语大学每个学期都会组织各种形式的文化活动，如汉语角、名胜古迹参观、到中国人家里做客等，由于留学生有机会亲身接触和感受，往往会留下更深的印象。

除了通过汉语课及文化活动，许多受访者也经常使用大众媒体了解中国文化。在问卷中我们就“你最常使用哪几种中文媒体”做了调查，该题共有 9 个选项，限选 3 项。调查结果如下：

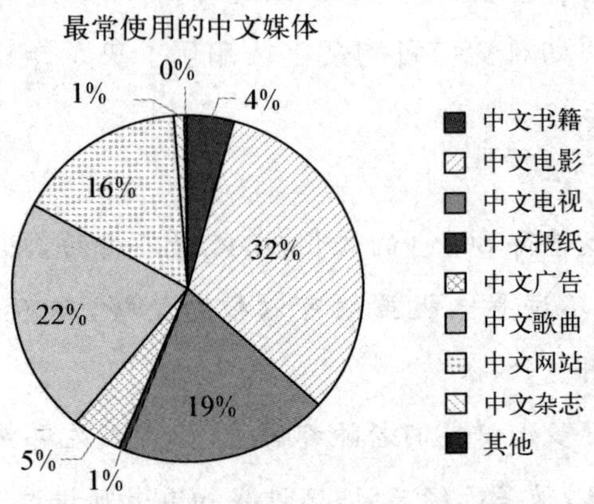

图 7－1－2　经常使用的中文媒体

由图 7－1－2 可知，受访者经常使用的中文媒体排在前三位的是中文电影（32％）、中文歌曲（22％）和中文电视节目（19％）的同学选择了。访谈时不少学生谈到了自己喜欢的中文媒体：

> 我现在喜欢看电视剧，我觉得一些中国古代的文化很有意思，比如我喜欢《楚乔传》、林更新的电视剧。

> 武术文化我感觉也很有意思，我和朋友经常一起看动作电影，我对武术文化也很感兴趣。(S1)
>
> 我喜欢看电影，如果有时间，有兴趣，我会自己查一查。看汉语书我试一试，但是(看的)不多，不能坚持，可能有时很有兴趣，那就看看。(S5)

从访谈中我们可以看出，受访者会根据自己的兴趣选择不同类型的电影或电视节目，虽然通过中文媒体有针对性地了解中国文化的学生比较少，但不可否认，中文媒体可以帮助留学生了解中国。

(二) 受访者文化认知情况分析

学界对文化有不同的分类方式，本研究采取将文化分为物质文化、行为文化、精神文化的三分法，并选取每种文化中较有代表性的文化符号，考察受访者对不同层面的中国文化的认知情况。由于受访者对各类文化符号的接触或体验经历会影响认知情况，所以问卷中对“有没有接触或体验过”一项也进行了考察。

参考吴瑛的问卷，我们选择了中国茶叶、长城、兵马俑、饺子作为物质文化的代表符号，因受访者为在京留学生，我们删除了吴瑛问卷中“中国菜”一项，增加了故宫、胡同及四合院两项北京建筑文化符号；选择太极拳、中医、中国功夫、舞龙舞狮及剪纸作为行为文化的代表；选择中国书法、中国诗词和京剧作为精神文化的代表[①]。

为方便统计，我们将受访者对各类文化符号的认知情况分为“知道”及“不知道”两项，分别赋值“1”和“2”，分值越低，认知情况越好；同时，“接触或体验过”及“未接触或体验过”也分别赋值“1”和“2”。为了解受访者的认知情况及个体差异，我们用

① 价值观是精神文化的核心部分，受访者对中国人的价值观念的认知情况我们将专门进行讨论。

SPSS软件对数据做了均值及标准差分析,结果如下[①]:

表7-1-3 受访者对中国文化的认知情况

	知道		接触或体验过	
	均值	标准差	均值	标准差
中国茶叶	1.04	.199	1.06	.247
长城	1.01	.108	1.00	.000
兵马俑	1.02	.132	1.01	.108
饺子	1.02	.152	1.11	.314
故宫	1.05	.224	1.12	.328
胡同四合院	1.09	.293	1.22	.418
太极拳	1.06	.245	1.47	.500
中医	1.18	.386	1.68	.468
中国功夫	1.11	.309	1.48	.500
舞龙舞狮	1.22	.421	1.66	.473
剪纸	1.09	.293	1.23	.337
京剧	1.08	.267	1.49	.501
中国书法	1.01	.108	1.07	.256
中国诗词	1.19	.396	1.36	.480

统计结果显示,总体而言,受访者对各个层面的中国文化的认知度都比较高,均值均处于1—1.22之间,偏于“知道”。为比较不同环境中受访者的文化认知情况,我们与吴瑛的研究结果进行对比[②],结果见表7-1-4。

总体而言,在京马来西亚留学生对不同层面的文化认知情况普遍优于吴瑛调查中的海外汉语学习者,根本原因在于我们的研究对象身处目的语环境,有更多机会接触各种层面的中国文化。

在物质文化方面,依据受访者认知情况,排在前三位的是长城(均值为1.01)、兵马俑和饺子(均为1.02)。饺子作为中国特色的饮食文化代表,受访者在学校清真食堂就可以品尝到,因此,认知度高不足为奇;受访者对长城和兵马俑的认知度

① 本章均值均保留小数点后两位,标准差保留小数点后三位。

② 数据引自吴瑛:《孔子学院与中国文化的国际传播》,2013年,第138—139页。

表 7-1-4　不同环境中的受访者对中国文化的认知情况

		美国		泰国		黎巴嫩		俄罗斯		日本		马来西亚	
		均值	标准差	均值	标准差	均值	标准差	均值	标准差	均值	标准差	均值	标准差
知道	中国茶叶	1.18	.388	1.04	.209	1.26	.440	1.00	.000	1.02	.132	1.04	.199
	长城	1.01	.108	1.00	.067	1.15	.360	1.01	.102	1.00	.000	1.01	.108
	兵马俑	1.44	.499	1.10	.346	1.65	.478	1.26	.440	1.04	.194	1.02	.132
	太极拳	1.71	.454	1.04	.238	1.78	.415	1.04	.199	1.00	.000	1.06	.245
	中医	1.62	.489	1.15	.406	1.34	.477	1.04	.199	1.09	.288	1.18	.386
	中国功夫	1.16	.366	1.01	.177	1.14	.349	1.03	.174	1.02	.141	1.11	.309
	饺子	1.19	.391	1.26	.508	1.70	.462	1.03	.173	1.05	.223	1.02	.152
	舞龙舞狮	1.52	.503	1.04	.228	1.59	.494	1.24	.431	1.10	.306	1.22	.421
	中国书法	1.14	.347	1.03	.210	1.41	.494	1.00	.000	1.05	.216	1.01	.108
	中国诗词	1.59	.495	1.21	.457	1.76	.427	1.09	.290	1.27	.447	1.19	.396
接触或体验过	中国茶叶	1.18	.389	1.04	.279	1.12	.329	1.02	.143	1.04	.187	1.06	.247
	长城	1.77	.424	1.70	.530	1.80	.403	1.55	.500	1.63	.487	1.00	.000
	兵马俑	1.93	.255	1.79	.499	1.82	.390	1.84	.367	1.74	.443	1.01	.108
	太极拳	1.48	.512	1.33	.528	1.53	.514	1.70	.459	1.45	.502	1.47	.500
	中医	1.69	.471	1.48	.581	1.71	.456	1.61	.491	1.86	.354	1.68	.468
	中国功夫	1.52	.504	1.44	.541	1.61	.492	1.80	.405	1.88	.331	1.48	.500
	饺子	1.19	.395	1.23	.540	1.48	.510	1.34	.476	1.17	.376	1.11	.314
	舞龙舞狮	1.58	.500	1.17	.449	1.91	.288	1.81	.394	1.31	.468	1.66	.473
	中国书法	1.21	.408	1.13	.392	1.48	.505	1.29	.455	1.51	.504	1.07	.256
	中国诗词	1.33	.547	1.22	.504	1.43	.507	1.29	.456	1.97	.177	1.36	.480

高，是因为学院组织的课外活动。总的来说，留学生对各类物质文化形态均有较多的认识，大部分人都亲身接触或体验过。

在行为文化方面，受访者对太极拳(均值为 1.06)和剪纸(1.09)的认知度最高，对舞龙舞狮(1.22)和中医(1.18)的认知度及体验度最低。访谈中学生表示，这两种文化老师在课堂上都提到过，但做调查时忘记了，由此可见，通过亲身接触或体验获得的文化认知比单纯听教师讲解效果更好。

在精神文化方面，受访者的认知情况存在较大差异，他们对中国书法的认知率（均值为 1.01）最高，虽然大多数学生表示在来中国之前对书法并不了解，但因为学院开设了书法选修课，很多学生接触过，表示书法虽然难，但非常喜欢：

我觉得我写得很难看，如果我们紧张，就乱了。但是我觉得如果我们每天练习，会有进步的。我喜欢有时在房间写书法，我喜欢书法。

受访者对精神文化的中国诗词的认知率（1.19）不高，且标准差较大，认知差异显著，这应该与个体兴趣有关。

由调查结果（表 7-1-3）可以看出，在三个层面的文化中，受访者对长城、兵马俑、饺子和故宫等物质文化的认知度最高，接触或体验率也非常高，且标准差值较小，说明受访者对其认知程度基本一致；受访者对行为文化及精神文化认知情况及体验情况较为复杂：认知度最低的既有属于行为文化的舞龙舞狮、中医，又有精神文化中的中国诗词，且从标准差来看，三者离散度均比较高，说明受访者对这些文化的认知存在较大差异。

由调查数据对比（表 7-1-4）可以看出，非华裔马来西亚留学生对物质文化、行为文化及精神文化的认知情况均优于吴瑛调查中的海外汉语学习者，说明目的语环境有利于学习者的文化认知。但不容乐观的是，我们在进一步访谈中发现，许多马来西亚留学生对中国文化的认知仍停留在表层，仅仅是“知道”或“接触/体验过”，而谈不上了解或理解，对深层观念文化缺少思考和了解。因此，汉语教师在进行文化知识讲解或组织文化活动时，除了让学习者了解基本文化知识外，更重要的是引导他们思考物质文化、行为文化背后隐含的深层文化精神。

(三) 汉语水平对文化认知的影响

由于受访者在文化背景和宗教信仰方面基本一致,所以这里我们主要考察汉语水平对文化认知的影响。调查结果如下:

表 7-1-5 汉语水平对受访者文化认知的影响

		初 级	中 级	高 级
中国茶叶	均 值	1.04	1.02	1.10
	标准差	.205	.156	.300
长 城	均 值	1.03	1.00	1.00
	标准差	.169	.000	.000
兵 马 俑	均 值	1.03	1.01	1.00
	标准差	.169	.111	.000
饺 子	均 值	1.04	1.01	1.00
	标准差	.205	.111	.000
故 宫	均 值	1.09	1.03	1.00
	标准差	.284	.190	.000
胡同、四合院	均 值	1.19	1.03	1.00
	标准差	.396	.190	.000
太 极 拳	均 值	1.07	1.06	1.05
	标准差	.259	.242	.218
中 医	均 值	1.20	1.19	1.10
	标准差	.403	.391	.301
中国功夫	均 值	1.07	1.14	1.10
	标准差	.261	.348	.301
舞龙舞狮	均 值	1.17	1.29	1.20
	标准差	.382	.455	.402
剪 纸	均 值	1.13	1.08	1.05
	标准差	.341	.265	.218
京 剧	均 值	1.07	1.09	1.05
	标准差	.263	.283	.218
中国书法	均 值	1.03	1.00	1.00
	标准差	.168	.000	.000
中国诗词	均 值	1.30	1.11	1.14
	标准差	.462	.318	.359

统计数据显示,除个别选项(中国茶叶、舞龙舞狮)外,无论是物质文化、行为文化还是精神文化,都表现出受访者的汉语水平越高,认知度越好的倾向,且从标准差来看,中高级水平的受访者认知离散度很低,学生认知水平整体趋向一致,这说明当前的文化传播对受访者的文化认知起到了一定的积极作用。

在访谈中,我们也发现,受访者随着汉语水平的提高,对中国文化的认知情况会相应变好,与调查数据显示结果一致。以受访者对“兵马俑”的认知为例,下面是访谈中不同水平的受访者对“说说你对兵马俑的了解”这一问题的回答[①]:

1. 初级阶段的受访者:

兵马俑是很有名的建筑,它在西安。

2. 高级阶段的受访者:

秦始皇希望他去世的时候,周围的人也能陪他一起生活,所以他要觉得要变强,因为有人可以听他的。看兵马俑的时候我感觉秦始皇非常厉害,他会(能)做好多事让七个国家(的人)一起来修筑长城。

由此可以看出,高级阶段的受访者对兵马俑的了解更为全面,明显多于初级阶段的学生。且从访谈结果来看,这一情况具有普遍性。这再次说明文化传播应适应不同阶段的汉语学习者,结合他们的实际水平选取传播内容,而对于初级阶段的汉语学习者而言,教师如何深入浅出地为学习者介绍文化非常重要[②]。

(四) 结论与启示

汉语学习者对中国文化的认知情况是当前中国文化对外传播效果的客观反映,也是检验汉语作为第二语言教学

① 访谈时为避免学生受汉语水平的限制,我们允许初级阶段的学生在不能用汉语表达时可以使用英语。

② 学院专门组织马来西亚留学生去西安参观秦始皇兵马俑。我们曾对2016年参加这一活动的预科班学生进行过调查,有学生表示当地导游的英文讲解不够清楚,影响他们对兵马俑的了解,许多学生表示希望带队老师能帮助他们讲解。

质量的重要指标。

本文采用问卷调查与访谈相结合的方法考察了马来西亚非华裔留学生对中国文化的认知情况。研究发现,汉语课及学校组织的文化活动是受访者了解中国文化主要的渠道;整体来看,受访者对不同层面的中国文化认知率均比较高,认知情况优于非目的语环境中的学习者;受访者对不同层面的文化认知存在差异,对物质文化认知度最高,接触或体验率较高,且离散度小,内部趋于一致;对行为文化和精神文化的认知率略低于物质文化;受访者的汉语水平对文化认知有一定影响,基本趋势是水平越高,认知情况越好,但差异并不显著。

上述研究结果为针对汉语学习者的文化传播带来一定启示,我们应注意以下几个方面:

第一,注意传播内容的阶段性与层次性问题。

所谓阶段性是教师在文化传播过程中,应立足于受众水平,把握受众所处的阶段特征,即文化传播应与学生的语言水平和交际需要相适应。教师要根据学生的汉语水平及对中国文化的了解程度,为学生“量身定制”,有针对性地对传播内容进行调整。

以中国传统手工工艺品中国结为例:中国结因对称精致的外观、团圆幸福平安的寓意,深受汉语学习者的喜爱。教师在介绍中国结时,应针对学生的实际水平选择教学内容。对初级水平的学习者而言,兴趣是第一位的,教学时可先让学生亲身体验中国结的做法,再为他们介绍较有代表性的吉祥结、十字结,及其背后蕴含的团圆、幸福、平安等寓意,还可以从“中国红”拓展开来,介绍中国人喜欢“红色”的原因是它代表着喜庆、祥和等意义;对中高级水平的学习者而言,教学重点是介绍不同种类的中国结所代表的含义,可从中国传统装饰习俗和审美观念着手,讲解中国结在日常生活中的作用,还可以对“红色”进行深入讲解,让学生了解中国人喜欢“红色”的深层原因,如古代人喜欢用红色驱邪,保佑平安等。

所谓层次性是教师在文化传播过程中应避免停留于表层文化,还要注意对深层文化内涵的挖掘。本次调查发现,虽然马来西亚留学生对不同层面的中国文化的认知情况较好,选择“知道”或“接触/体验”的比例很高,但从访谈结果来看,大部分学生仅限于“知道”而谈不上了解或理解,即便是中高级阶段的学生对深层观念文化也缺少思考和了解。由此可知,文化传播尚未达到理想的效果。

以传统手工艺术剪纸为例:花样百出的剪裁手法,样式各异的剪纸形状只是其外在形式,而剪纸图案及色彩所寄托的人们对美好生活的期望,对避灾纳福的祈求等精神追求才是剪纸艺术流传至今的原因。教师如果仅仅介绍剪纸的操作步骤而忽略其中的文化内涵,无异于舍本逐末,不能让学习者理解剪纸存在的真正意义。可以说,任何一种文化,在传播过程中如果脱离了背后的文化内涵,都不过是一种简单的手工或一项活动,难以长久保持他者的兴趣和关注。

第二,注意传播方式的多样化。

随着互联网的普及,依托网络兴起的社交媒体、可视化教学设备层出不穷。教师应学会发挥各种媒介的不同优势,整合资源,利用中文报纸、杂志、电影、电视、歌曲等多种媒介传播文化,努力实现传播方式的多样化。

许多研究表明,电影可以展现真实而丰富的社会文化和生活,可以为学生创造轻松的语言环境,是文化传播的有效途径。此外,程洁莹尝试利用中国风歌曲进行文化传播,因为中国风歌曲既继承了中国优秀的传统文化,也彰显了当代的多元文化,具备朗朗上口、简单易学的特点,容易被留学生接受并喜欢,这种新颖的方式也值得我们尝试①。

传播方式的多样化不仅为课堂教学带来便利,对学习者课外学习也能起到积极作用。本次调查显示,中文媒体是受访者了解中国文化的主要渠道之一,访谈时也有不少学生表示课余时间很喜欢在宿舍看电视节目。为了发挥中文媒体对文化认知的作用,教师应有意识地针对学生的兴趣和特点推荐合适的内容,以电视节目为例,《世界青年说》《见字为面》《朗读者》《国家宝藏》《如果国宝会说话》等节目都非常适合中高级水平的汉语学习者,教师可鼓励学生观看并从中获取文化知识。此外,官方微博、微信公众平台、网上学习资源平台等新媒体传播方式也可以成为学习者了解中国文化的途径。如何发挥新媒体在文化传播中的优势,是需要探索的问题。

① 程洁莹:《中华文化传播的新形式——中国风歌曲》,《第七届北京地区对外汉语教学研究生论坛文集》,2014 年。

第二节　学习者对中国文化的态度调查

一、研究回顾

(一) 关于态度的定义

克特 · W. 巴克认为,态度是对待任何人、观念或事物的一种心理倾向,它包括认知、情感和行为三个成份。态度的形成,会受到个体所在社会的影响,正所谓“近朱者赤,近墨者黑”,某一群体的世界观、价值观和社会环境会直接影响个体的态度,而且这种影响往往是潜移默化的。

对某一国家或民族文化的态度，是个人或文化群体对其文化的心理倾向、判断倾向，也是对该文化的正面或负面评价。态度一旦形成，人们便会倾向于采用某种特定的态度看待世界并解释世界的意义，通过已有的观念体系对外界事物进行评价。

(二) 文化态度相关研究

在第二语言习得领域，人们更加关注学习者对目的语文化的态度同学习效果之间的关系。持有社会心理观(a socio-structural view)的学者兰伯特(Lambert)和加德纳(Gardner)认为，学习者对目的语文化的看法对其学习态度和学习效果具有重要影响：凡是对目的语文化持肯定态度的学习者，其外语学习态度通常更为积极，而学习效果也更好。埃利斯(Ellis)也认同这一观点[①]。

对文化态度的研究主要是针对海外民众及孔子学院(孔子课堂)汉语学习者的考察。最有代表性的研究是关世杰先生带领的研究团队，通过构建中华文化国际影响力评估体系，测量具有中国特色的文化要素在国际上的影响力及对海外民众的思想或行动所起的作用。关世杰在《中国文化国际影响力调查研究》一书中就海外民众如何看待中华文化这一问题先后对美国、德国、俄罗斯、印度、日本、韩国、越南、印度尼西亚八个国家的民众进行了大规模调查，分析了受访者对中华文化的认知、态度和行为，并明确指出这是国际传播学中的效果研究，其研究方法对本文具有重要启示。

杨越明、藤依舒选取了 18 个代表性中国文化符号，对英国、法国、德国、美国、澳大利亚、韩国、俄罗斯、土耳其、以色列、南非十个国家的民众进行了调研，考察了普通民众对

① 转引自陈萍：《印尼学生对中国文化态度的调查与分析》，《八桂侨刊》，2004 年第 6 期。

中国文化符号的认知和偏好。调查发现,大多数受访者对中国文化的整体认知水平处于初级阶段,对观念文化中的“和谐”与“仁爱”的认同度普遍较高[①]。

在汉语国际教育领域,较早对海外汉语学习者的文化态度进行研究的学者是吴瑛,她在《孔子学院与中国文化的国际传播》一书中对美国、俄罗斯、泰国、日本和黎巴嫩五个国家16所孔子学院(孔子课堂)的学习者进行了调查。研究发现,受访者对物质文化的喜爱度高于行为文化;对精神文化层面的“礼”认同度最高,对“讲面子”的认同度最低;美国、俄罗斯等国家在地理和文化形态上与中国有一定距离,但对中国的喜爱度反而比日本和泰国更高。吴瑛的问卷设计为本文研究提供了重要参考。

目前,针对目的语环境学习者文化态度的研究很少,较早关注这一问题的有陈萍,她对35名印度尼西亚学生对中国文化的态度进行了调查,结果发现,受访者对中国文化的态度与其学习成就之间并无显著关系[②]。但由于调查人数偏少,其研究存在一定局限性,结论有待进一步验证。

总体来看,当前针对汉语学习者对中国文化态度的研究主要是面向海外孔子学院(孔子课堂)的学习者进行的,针对目的语环境的学习者的研究较少,特别是专门针对某一国家留学生群体的实证性研究更为薄弱。鉴于此,本文将以在京马来西亚留学生群体为研究对象,依据“对中国文化的整体态度 → 对不同层面的中国文化的态度 → 汉语水平对文化态度的影响”这一思路,对马来西亚非华裔留学生群体进行考察,以此丰富关于文化态度的国别化研究,为针对马来西亚留学生的文化传播提供建议。

① 杨越明、藤依舒:《十国民众对中国文化符号的认知与偏好研究——〈外国人对中国文化认知与意愿〉年度大型跨国调查系列报告之一》,《对外传播》,2017年第4期。

② 陈萍:《印尼学生对中国文化态度的调查与分析》。

二、研究设计[①]

(一) 研究对象

本文的研究对象是北京外国语大学马来西亚汉语师资培训项目留学生，包括从预科到本科四年级的学生。调查共发放纸质问卷 200 份，收回问卷 181 份，有效问卷为 172 份，有效率 95％。

受访者基本信息如下：性别方面，男性占 23.3％，女性占 76.7％；年龄方面，最小为 18 岁，最大为 24 岁，平均年龄 21 岁；学习汉语时间方面，预科班学生学习汉语约为 7—12 个月，一年级学生约为 1—2 年，二年级学生约为 2—3 年，三年级学生约为 3—4 年，四年级学生为 4 年以上。本文依据受访者学习汉语的时间将其分为初、中、高三个等级。其中，初级水平学生共 70 人(40.7％)，中级水平学生共 81 人(47.1％)，高级水平学生共 21 人(12.2％)；宗教信仰方面，所有受访者均信仰伊斯兰教，可以排除宗教因素对研究结果的影响；是否有华裔背景方面，无华裔背景的受访者共 169 人(98.2％)，有华裔背景的受访者共 3 人(1.8％)，因此，基本可以排除家庭背景对文化态度的影响。

(二) 研究方法

本研究使用的问卷主要参考了吴瑛和关世杰的研究。问卷由三个部分组成：第一部分是关于学习者基本情况的调查，包含可能会对结果产生影响的性别、年级、宗教信仰等；第二部分主要考察受访者对中国文化的整体态度；第三部分考察受访者对不同层面的文化的态度。预调研之后，我们根据学生反馈，对预科班及一年级学生采用英文版问

① 本研究为北京外国语大学一流学科建设项目成果，笔者的硕士研究生孙晓梅同学在调查问卷的设计、发放及数据分析中做了大量工作，在此一并致谢。另：本文的调查对象和调查手段与本章第一节相同，但调查内容不同，为方便读者阅读，这里重复说明主要信息。

卷,其他年级采用中文版问卷。

问卷数据使用 Excel 软件进行录入后,通过 SPSS 软件(18.0 版)对数据进行了频率分析、描述分析(均值、方差),并在定量分析基础上,从每个年级选择一至两名学生进行访谈,对问卷结果进行补充。访谈全程录音,后期通过人工转写,内容共四万余字。

(三) 研究问题

本调查拟讨论以下三个方面的问题:

1. 非华裔马来西亚留学生对中国文化的整体评价如何?

2. 受访者对中国物质文化、行为文化和精神文化的态度如何?

3. 受访者的汉语水平对他们的文化态度是否有影响?

三、结果与分析

(一) 对中国文化的整体态度分析

为考察受访者对中国文化的整体评价,我们参考关世杰的研究,设计了“总体来说,你如何评价中国文化”一题,选项共九个:“中国文化具有吸引力”“中国文化具有包容性”“中国文化具有活力”“中国文化是灿烂的”“中国文化具有多元性”“中国文化是爱好和平的”“中国文化是有价值的”“中国文化具有创新性”“中国文化具有和谐性”[①]。我们采用“非常不同意”“不太同意”“中立”“比较同意”“非常同意”五度量表的形式进行考察,分别赋值 1 到 5,之后计算均值,均值越大,说明受访者对这一选项的认同度越高。调查结果如下:

① 下表中分别用“吸引力”“包容性”“活力”“灿烂”“多元性”“爱和平”“有价值”“创新性”“和谐性”代替这九个选项。

表 7-2-1 受访者对中国文化的整体评价

	吸引力	包容性	活力	灿烂	多元性	爱和平	有价值	创新性	和谐性	平均
均值	4.21	4.63	3.89	3.32	3.49	4.26	3.87	3.65	4.70	4.00

由上表可知，受访者对九个选项的认同度都比较高，总均值为4.00，说明受访者对中国文化的整体态度良好。排在前三位的依次是“中国文化具有和谐性”(4.70)，“中国文化具有包容性”(4.63)，“中国文化是爱好和平的”(4.26)。

我们将这一研究结果与关世杰在《中国文化国际影响力调查研究》中对日本、韩国、越南及印尼国家所做的调查进行对比，结果如下：

表 7-2-2 不同国家对中国文化的整体评价

评价维度＼国家	日本	韩国	越南	印尼	马来西亚
有活力的	2.90	3.11	3.36	3.66	3.89
有吸引力的	2.76	2.97	3.43	3.73	4.21
多元的	2.84	2.96	3.10	3.82	3.49
灿烂的	2.68	3.16	3.18	3.66	3.32
有价值的	2.67	3.08	3.25	3.65	3.87
创新的	2.46	2.76	3.39	3.81	3.65
和谐的	2.22	2.70	3.08	3.69	4.70
包容的	2.16	2.68	3.13	3.46	4.63
爱好和平的	2.02	2.49	2.50	3.65	4.26
均值	2.52	2.88	3.16	3.68	4.00

对比数据显示，五个国家虽同处亚洲，自古以来就与中

国有着较为频繁的交往和交流,但五个国家对中国文化的整体评价存在较大的差异。其中,均值最低的国家为日本(2.52),最高的是马来西亚(4.00)。本研究的受访者(即非华裔马来西亚留学生)目前都在中国学习汉语,这可能意味着生活在目的语国家或学习这个国家的语言对了解进而喜欢这个国家的文化有积极影响,而只有真正了解某一国家或民族的文化,才能做出相对客观的评价。五个国家受访者对中国文化的整体评价除了均值有差异外,每个国家认同度最高的选项也不同:如日本对“中国文化具有活力”最为认同,韩国对“中国文化是灿烂的”最为认同,而本研究的受访者对“中国文化是和谐的”最为认同。

通常来说,人们对某一国家的印象与对其文化的态度是密切相关的。因为“国家本来就是一个文化性组织,国家间的外交关系中理应含有文化成分,文化上的联系是外交的根本和基础”[1]。可以说,对某一国家的态度能折射出对其文化的态度。鉴于此,我们对受访者对中国的看法也进行了调查。

针对“总体上说,你喜欢中国吗?”这一问题,大部分受访者给予了肯定的回答(3%选择“很喜欢”,53%选择“喜欢”),9%受访者选择“说不清”,35%受访者选择“不喜欢”。通过访谈,我们了解到,受访者对中国便利的交通条件和丰富多样的美食很满意,而两个国家在气候、生活方式和某些习俗上的差异是令他们感到不适的主要原因:

S1:在马来西亚不太有雾霾,来中国以后,雾霾很多,我不太喜欢,而且现在也很冷。

S4:在马来西亚,机场有很大的卫生间,每个卫生间里面都有水,但是中国的机场一般没有,只是在外面

① 转引自吴友福:《对外文化传播与中国国家形象塑造》,《国际观察》,2009年第1期。

① 伊斯兰教教法规定：穆斯林每日要在不同时段做五次礼拜（五时拜功），每次礼拜前要做小净。所以在马来西亚的洗手间里都配有专门的设施供人使用。

有洗手的水[①]。

S9：比如说送礼物的时候，中国有很多不能送的东西。在马来西亚，我们想送什么礼物就送什么礼物，我觉得东西不重要，重要的是心意。

那么，受访者对中国的评价会不会是动态发展的呢？为回答这一问题，我们设计了"你来中国之后，对中国的看法跟没来之前比，有什么变化？"（选项为"变好了""没变""变差了"和"说不清"四个选项），"如果有变化，这种变化主要是在什么方面？"（选项包括"对中国人的印象""对中国民间社会的印象"及"对中国政府的印象"三个选项），这两个问题均为单选题，结果如下：

表 7-2-3 受访者对中国的看法

对中国的看法			
有变化 118 人(68.6%)		没变化 17 人(9.9%)	说不清 37 人(21.5%)
变好	变差		
97 人(82.2%)	21 人(17.8%)		

数据显示，17 名受访者(9.9%)选择了来中国前后对中国的看法没有变化，37 名受访者(21.5%)觉得"说不清"，超过三分之二的受访者(118 人，68.6%)选择"有变化"。其中，97 人(82.2%)选择"变好了"，21 人(17.8%)选择"变差了"。对中国的看法有变化主要体现在："对中国人的印象"(58 人，49.2%)、"对中国民间社会的印象"(41 人，34.7%)、"对中国政府的印象"(5 人，4.2%)和其他(14 人，11.9%)。以下为访谈中了解的信息：

S1：我觉得中国人很热情，在马来西亚，人们不太喜欢聊天儿。

S5：因为中国是一个共产的国家[①]，我以前以为国家在管理的时候不会听百姓的，政府要做什么就做什么，但是，我现在觉得政府也会听大家的想法，还是挺好的，不是我们以前想的那样。

① 受访者实际想表达的是“中国是一个社会主义国家”。

S2：变好了，因为微信，如果我不来中国，我不知道这个是最重要的 APP……来中国以后，我知道用这个更方便。然后我听说中国有很多地铁，所以我觉得中国比马来西亚更发达，公共汽车也更发达，中国的公共汽车很多，我觉得是好的开发。中国饭馆的服务员很勤快，如果你要点菜，他们会微笑着问你要什么，没有生气。

S8：中国的老人和我想的不一样，他们不是在家里带孙子孙女，而是跳广场舞之类的，他们很健康，不像我们那里，人老了退休了，就待在家里，看看电视报纸，而这里的老人都很浪漫，手拉着手在公园一起散步，马来西亚是没有的。

S9：我觉得中国人特别急，我去红叶林，有一辆大巴，我们都是排队，可是大巴来了以后，中国人会挤。

S7：我去过很多地方，比如在旅游的地方，他们会让孩子在垃圾桶边小便，我觉得不好。然后中国比较老的人会随便吐痰，说话也很大声音，好像要吵架。

概括起来，受访者到中国之后对中国印象变好的原因主要有中国人比他们想象中更热情，更热爱生活；中国科技的发展给人们生活带来了诸多便利；也有受访者表示到中国之后改变了以往因国家制度而对中国产生的偏见。通过访谈我们了解到，一些受访者对中国印象变差主要是一些中国人的不良行为引起的。

(二) 对不同层面的中国文化的态度分析

学界对文化有不同的分类方式,本研究采取将文化分为物质文化、行为文化、精神文化的"三分法"。参考吴瑛的问卷,我们选择了中国茶叶、长城、兵马俑、饺子作为物质文化的代表符号,因受访者为在京留学生,我们删除了吴瑛问卷中"中国菜"一项,增加了故宫、胡同及四合院两项北京建筑文化符号;选择太极拳、中医、中国功夫、舞龙舞狮及剪纸作为行为文化的代表;选择中国书法、中国诗词和京剧三种艺术形式作为精神文化的代表。

为方便统计,我们将受访者对各类文化符号的态度分为"喜欢"和"不喜欢",分别赋值"1"和"2",分值越低,说明受访者的喜爱度越高。为了解受访者的态度及个体差异,我们用 SPSS 软件对数据做均值及标准差分析,统计结果如下:

表 7-2-4　对不同层面中国文化的态度

喜欢吗		
	均　值	标准差
中国茶叶	1.26	.441
长城	1.02	.151
兵马俑	1.08	.265
饺子	1.06	.235
故宫	1.18	.386
胡同及四合院	1.16	.366
太极拳	1.32	.467
中医	1.43	.497
中国功夫	1.15	.359
舞龙舞狮	1.35	.479
剪纸	1.26	.440
京剧	1.47	.500
中国书法	1.22	.412
中国诗词	1.41	.494

由表中数据计算可知,受访者对物质文化的喜爱度最高,均值为 1.13 ,排在前三位的依次是长城(1.02)、饺子(1.06)和兵马俑(1.08);受访者对行为文化的喜爱度次之,均值为 1.30,他们对中医(1.43)的评价最低,但比较喜欢中国功夫(1.15);受访者对以艺术为代表的精神文化的喜爱度均指为 1.37,对京剧(1.47)的评价最低,这一点与关世杰的研究结果一致。

价值观是精神文化的核心,是文化中处于核心地位的要素之一,是决定人的行为的心理基础[①]。也就是说,价值观是决定人们行为的心理基础,不同民族文化交流过程中产生误解和冲突往往与价值观上的差异相关。那么,受访者对中国传统价值观的认同度如何呢?为考察这一问题,我们选取了 16 种有代表性的价值观(见表 7－2－5),设置了“非常同意”“比较同意”“说不清”“不太同意”“非常不同意”五个选项,分别赋值“1”“2”“3”“4”“5”,分值越低,说明受访者对该选项的认同度越高。结果如下:

数据表明,受访者对中国传统文化价值观的认同度都非常高,均值均在 1—2 之间,即处于“非常同意”与“比较同意”之间。其中,认同度最高的是“要尊敬孝顺父母”“对别人要礼貌相待”,这两个选项标准差也非常小,说明这两项价值观得到受访者的普遍认同。这一结果与吴瑛的研究结果一致[②]。另外,本研究受访者对“人与人之间要相互友爱、同情互助”及“国与国之间和平相处,彼此尊重,共同发展”的认同度也很高,均值同为 1.232 6。

关世杰曾对 11 项中华核心价值观是否具有共享性做过研究[③],结果显示,“礼、孝、以人为本、义、和而不同”具有较高的共享性,“仁、恕”具有基本共享性。从表 7－2－5 数据来看,本文受访者对“孝、礼、仁”的认同度也非常高,再次

① 关世杰:《中国文化国际影响力调查研究》,第 277 页。

② 吴瑛的研究发现,五个国家的受访者认同度最高的是“对别人要以礼相待”(礼)和“孝顺父母是做人的基本要求”(孝)。

③ 11 种中国文化的核心价值观包括传统文化中的“仁”“恕”“孝”“礼”“义”“和而不同”“天人合一”及五四运动以来的“共同富裕”“和谐世界”“以人为本”“集体主义”。参见关世杰:《中国文化国际影响力调查研究》,第 278 页。

证明了关世杰先生提出的“共享价值观”这一概念的科学性。

表7-2-5 受访者对中国传统价值观的评价

		N	均值	标准差
孝	要尊敬孝顺父母	171	1.13	.419
俭	过日子能省则省	172	1.56	.860
礼	对别人要礼貌相待	172	1.16	.492
勤	辛勤的劳动是取得成功的前提	169	1.40	.693
敬	工作中要服从上级尊敬前辈	172	1.53	.721
谦	遇到别人的夸奖要表现得谦虚	170	1.45	.680
仁	人与人之间相互友爱,同情互助	172	1.23	.576
恕	己所不欲,勿施于人	172	1.35	.690
谨	做人做事要谨言慎行	172	1.30	.584
讲面子	在公开场合不要批评他人	171	1.32	.674
和而不同	要尊重彼此的差异,和睦相处	172	1.30	.630
天人合一	尊崇自然,人与自然和谐相处	172	1.31	.617
国与国友好相处	国与国之间和平相处,彼此尊重,共同发展	172	1.23	.488
集体主义	个人利益与集体利益冲突时,个人应服从集体	172	1.59	.801
爱国	热爱国家,把自己和国家的命运相联系,心系国家发展	172	1.33	.561
创新	要勇于打破常规,推陈出新	172	1.49	.713

(三) 不同汉语水平的受访者对中国文化的态度

汉语水平对文化态度是否有影响呢?为回答这一问题,我们对不同汉语水平的学习者进行了考察。对于“你喜欢中国吗”这个问题,初级和中级汉语水平的受访者约有50%选择“喜欢”,而高级汉语水平受访者则有80%选择了

“喜欢”,也就是说随着汉语水平的提高,受访者对中国的喜爱度也提高了。总体来说,受访者在中国生活时间越长,对中国的印象就越好,对中国的喜爱度也越高。

那么,不同汉语水平的受访者对中国价值观的认同度是否有差异呢?为回答这一问题,我们对不同汉语水平的受访者对中国价值观的认同度进行了对比,结果如下:

表7-2-6 不同汉语水平受访者对中国价值观的评价

	初级	中级	高级	各项均值
要尊敬孝顺父母	1.26	1.08	1.05	1.13
过日子能省则省	1.4	1.58	2	1.66
对别人要礼貌相待	1.17	1.11	1.33	1.20
辛勤的劳动是取得成功的前提	1.36	1.40	1	1.25
工作中要服从上级尊敬前辈	1.44	1.57	1.67	1.56
遇到别人的夸奖要表现得谦虚	1.47	1.41	1.62	1.5
人与人之间相互友爱,同情互助	1.24	1.15	1.52	1.30
己所不欲,勿施于人	1.31	1.33	1.57	1.40
做人做事要谨言慎行	1.3	1.27	1.43	1.33
在公开场合不要批评他人	1.3	1.32	1.52	1.38
要尊重彼此的差异,和睦相处	1.34	1.22	1.43	1.33
尊崇自然,人与自然和谐相处	1.29	1.28	1.52	1.36
国与国之间和平相处,彼此尊重,共同发展	1.19	1.22	1.43	1.28
个人利益与集体利益冲突时个人应服从集体	1.69	1.62	1.57	1.63
热爱国家,把自已和国家的命运相联系,心系国家发展	1.21	1.37	1.33	1.30
要勇于打破常规,推陈出新	1.37	1.59	1.48	1.48
各级别均值	1.33	1.35	1.47	1.38

数据表明,不同汉语水平的受访者对中国价值观的评价并没有显著差异,也就是说,受访者在中国留学时间的长短并没有影响他们对价值观的评价。我们认为,这一方面是因为价值观的形成需要一个长期的过程,另一方面是因为受访者年龄基本在 18—22 岁,价值观基本已经形成了,因此汉语水平对这些问题的选项影响不大。

(四) 小结

已有研究表明,第二语言学习者对目的语文化的态度直接影响了第二语言的学习态度和学习效果,而且对其能否适应目的语文化环境起到关键作用。汉语学习者对中国文化的态度客观反映了当前中国文化对外传播的效果,对这一问题进行研究,一方面有助于我们了解汉语学习者所代表的文化群体对中国文化的态度倾向,另一方面也有助于我们思考当前第二语言教学和文化传播中存在的问题,为改进文化教学和跨文化传播策略提供参考。

本文通过问卷调查与访谈对非华裔马来西亚留学生对中国文化的态度进行了考察。经研究发现,第一,受访者对中国文化整体评价较高,大多认为中国文化是和谐的、包容的、具有吸引力的,虽然他们对中国的喜爱度没有达到我们的预期(有 35%的受访者选择“不喜欢”),但主要是两个国家的气候差异、不同的生活方式及某些中国人的不良行为导致的,而并非是对中国文化的排斥;第二,数据表明,大部分受访者来中国后对中国的印象变好了,而且受访者在中国生活时间越长,汉语水平越高,对中国的喜爱度也越高;第三,关于不同层面的中国文化,受访者对物质文化的认同度高于行为文化,对精神文化中的价值观认同度较高,不过汉语水平对价值观评价影响并不显著。

综上,汉语学习者对中国文化的认知与态度,是衡量文化传播效果的重要因素,也是反映当前汉语文化教学质量的标志。本文在梳理前期研究成果的基础上,针对马来西亚非华裔留学生群体进行考察,通过调查和访谈全面了解这一群体对中国文化的认知与态度,为改进文化传播效果提出建议。希望我们的讨论可以丰富文化认知和态度课题的国别化研究,并对第二语言学习者的跨文化传播有所启示。

汉语国际教育视域下的跨文化传播是一个崭新的研究领域,要把握文化传播的整体情况必须有全球化视野,只有通过宏观上比较,才能把握相互间的异同和差距。由于研究内容的复杂性及个人水平和精力所限,目前研究存在一定的不足。在今后的研究中,可以首先从以下两个方面加以改进:

第一,文化传播渠道研究方面,本书主要关注了目的语环境中的语言实践活动,对非目的语环境中的语言实践活动开展情况有待补充;

第二,文化传播对象和传播效果方面,本书主要针对非华裔马来西亚留学生和意大利孔子课堂汉语学习者进行了相关研究,尚未关注其他国家的汉语学习者。在未来的研究中,我们应进一步扩大受众群体,丰富国别化,弥补本研究中的不足。

本书是对汉语国际教育视域下文化传播研究的一个初步探索,通过不断努力,未来我们将更加明确文化传播过程各要素的特点,为汉语国际教育视域下的跨文化传播研究提供更加有力的支持。

参考文献

(一) 著作类

[英] 爱德华·泰勒,连树声:原始文化,广西师范大学出版社,2005 年

[美] 海伦娜·柯顿(Helena Curtain):语言与儿童,外语教学与研究出版社,2011 年

[英] 特伦斯·霍克斯:结构主义和符号学,上海译文出版社,1987 年

[美] 克特·W. 巴克:社会心理学,南开大学出版社,1984 年

白左良、马西尼:意大利与中国,商务印书馆,2002 年

毕继万:跨文化非语言交际,外语教学与研究出版社,1999 年

毕继万:跨文化交际与第二语言教学,北京语言大学出版社,2009 年

毕继万:跨文化交际理论研究与应用,北京语言大学出版社,2014 年

曹贤文:国际汉语有效教学研究,世界图书出版公司,2014 年

常敬宇:汉语词汇与文化,北京大学出版社,1995 年

陈莹:国际汉语文化与文化教学,高等教育出版社,2013 年

陈申:语言文化教学策略研究,语言文化大学出版社,2001 年

程棠:对外汉语教学目的原则方法,华语教学教学出版社,2000 年

程裕祯:中国文化要略,外语教学与研究出版社,2011 年

崔永华:词汇文字研究与对外汉语教学,北京语言文化大学出版社,1997 年

董璐:传播学核心理论与概念,北京大学出版社,2008 年

丁安琪:汉语作为第二语言学习者研究,世界图书出版公司,2010 年

关世杰:中华文化国际影响力调查研究,北京大学出版社,2016 年

李明:对外汉语词汇教学与习得研究,中国大百科全书出版社,2011 年

李晓琪:对外汉语文化教学研究,商务印书馆,2006 年

李正良：传播学原理，中国传媒大学出版社，2007年
刘建明：宣传舆论学大辞典，经济日报出版社，1993年
刘珣：对外汉语教育学引论，北京语言文化大学出版社，2000年
鲁宝元：汉语与中国文化，华语教学出版社，2000年
仇鑫奕：目的语环境优势与对外汉语教学的新思路，世界图书出版公司，2010年
孙宜学：中外文化国际传播经典案例，同济大学出版社，2016年
孙英春：跨文化传播学，北京大学出版社，2015年
单波、肖珺：文化冲突与跨文化传播，社会科学文献出版社，2015年
王学松：面向第二语言教学的中华文化与跨文化传播，北京师范大学出版社，2014年
吴信训：文化传播新论，上海人民出版社，2008年
吴瑛：文化对外传播：理论与战略，上海交通大学出版社，2009年
吴瑛：孔子学院与中国文化的国际传播，浙江大学出版社，2013年
吴应辉：汉语国际传播研究理论与方法，中央民族大学出版社，2013年
王国安、王小曼：汉语词语的文化透视，汉语大词典出版社，2003年
杨德峰：汉语与文化交际，北京大学出版社，1999年
赵长征、刘立新：中华文化与传播，外语教学与研究出版社，2015年
张岱年、方克立：中国文化概论，北京师范大学出版社，2004年
张德鑫：中外语言文化漫议，华语教育出版社，1996年
张德鑫：回眸与思考：专家笔谈对外汉语教学，外语教学与研究出版社，2000年
张普：E-Learning与对外汉语教学，清华大学出版社，2002年
张普，等：数字化对外汉语教学理论与方法研究，清华大学出版社，2004年
张普，等：数字化汉语教学的研究与应用，语文出版社，2006年
祖晓梅：跨文化交际，外语教学与研究出版社，2015年

(二) 教材类

黄立、钱旭菁：博雅汉语：准中级加速篇(Ⅰ)，北京大学出版社，2004年
李晓琪、罗青松、刘晓雨、王淑红、宣雅：快乐汉语(英文版)，人民教育出版社，

2009 年
刘立新：初级汉语阅读与写作教程(Ⅰ),北京大学出版社,2018 年
刘珣：新实用汉语课本,北京语言大学出版社,2009 年
汤雁方、陈青海：高级汉语——意图,技巧与表达,耶鲁大学出版社,2005 年
张园：中级汉语阅读与写作教程(Ⅰ),北京大学出版社,2006 年
张英、金舒年：中国语言文化讲座,北京大学出版社,2008 年

(三) 论文类

陈光磊：语言教学中的文化导入,语言教学与研究,1992(3)
陈萍：印尼学生对中国文化态度的调查与分析,《八桂侨刊》,2004(6)
陈晓桦：目的语环境中有效课外汉语学习研究,云南师范大学学报(对外汉语教学与研究版),2007(1)
陈映戎：文化认知：价值冲突与认知模式——以“愚公移山”为例,浙江社会科学,2011(4)
崔希亮：对外汉语教学与汉语国际教育的发展与展望,语言文字应用,2010(2)
崔希亮：汉语国际教育“三教”问题的核心与基础,世界汉语教学,2010(1)
董玲：英语课外活动,学习者的主动建构,外国中小学教育,2010(5)
邓恩明：编写对外汉语教材的心理学思考,语言文字应用,1998(2)
丁存越：基于实践社区的汉语第二课堂语用习得教学模型,语言教学与研究,2015(6)
甘瑞瑗、刘继红：非目的语环境下的影视汉语教学实践与思考：以韩国为例,中国学研究,第 36 辑,2006 年
甘瑞瑗、刘继红：汉语教师的跨文化意识与文化传播,中国语文学论集,2017 年第 102 号
郭力：汉语文化教材出版现状与开发策略,国际汉语,2011(1)
郭修敏:来华留学生语言实践课研究,汉语学习,2012(6)
高金萍,王纪澎：来华留学生：中国文化对外传播的重要力量——基于北京地区来华留学生对中国文化认知的调查,对外传播,2017(9)

高永晨：跨文化交际中文化移情能力的价值与培养，外语与外语教学，2005(12)
关世杰：对外传播中的共享性中华核心价值观，人民论坛·学术前沿，2012(11)
关世杰：中国文化软实力：在美国的现状与思考，国外社会科学，2012(5)
关世杰、尚会鹏：建构中国海外文化软实力的核心价值观，群言，2014(7)
洪丽芬：马来西亚博特拉大学非华裔生汉语学习情况调查与分析，海外华文教育 2008(1)
胡明扬：对外汉语教学中的文化因素，语言教学与研究，1993(4)
胡炯梅：跨文化交际中折射出的文化差异研究——基于中亚留学生的跨文化交际案例分析，云南师范大学学报(对外汉语教学与研究版)，2016(3)
贾磊磊：跨文化交流中的理解误差，学术探索，2010(1)
贾磊磊：中国文化软实力提升的策略与路径，东岳论丛，2012(1)
贾磊磊：和谐，中国文化的核心价值观，人民论坛，2013(6)
纪宝成：关于国际文化战略问题的几点认识，学术界，2009(3)
黎敏：海外汉语教学文化输入内容与方法的探索与实践，人文丛刊(第七辑)，学苑出版社，2012 年
李泉：文化内容呈现方式与呈现心态，世界汉语教学，2011(3)
李泉：文化教学定位与教学内容取向，国际汉语，2011(1)
李泉、金香兰：论国际汉语教学隐性资源及其开发，语言教学与研究，2014(2)
李同路：语言实践：课堂学习与独立交际之间的接口，语言教学与研究，2012(3)
李晓琪：汉语教材建设与学科建设的关系，国际汉语教育(中英文)，2017(1)
李玉军：留学生课外语言实践过程中的几个问题，暨南大学华文学院学报，2006(4)
刘继红：谈汉语第二语言教学中的文化教学，云南师范大学学报(对外汉语教学与研究版)，2004(4)
刘继红：关于《博雅汉语》的使用调查——兼谈创造性使用教材的问题，国际汉语教育动态研究，2011(2)
刘继红：关注教材的使用：对外汉语教材建设工作中的重要环节，人文丛刊(第六辑)，学苑出版社，2011 年

刘继红：丰富教材文化内容，提高对外汉语教材的趣味性—— 对《快乐汉语》(英文版)系列教材文化因素教学的考察，人文丛刊(第七辑)，学苑出版社，2012 年

刘继红：汉语国际推广背景下的中国文化传播，人文丛刊(第八辑)，学苑出版社，2013 年

刘继红：关于马来西亚汉语师资培训项目课程设置问题的思考，国际汉语教育(中英文)，2014(2)

刘继红：试谈马来汉语师资班教学的改进策略，北京外国语大学 2014 年教学研究论文集，外语教学与研究出版社，2015 年

刘继红：关于马来西亚师资培训项目的思考与建议，纪念中马建交 40 周年北京国际研讨会论文集，2016 年

刘继红：面向日本大学生的汉语学习情况调查，国际汉语教育(中英文)，2017(1)

刘继红：有效的文化教学资源：选择与利用——兼谈教师的文化传播意识，海外华文教育，2017(8)

刘继红：文化核心价值观的国际传播：可行性与实施原则，人文丛刊(第十一辑)，学苑出版社，2017 年

刘继红：隐性文化教学资源的存在形式与利用方法——再谈 CSL 课堂教学非预设性事件的价值，海外华文教育，2018(3)

刘继红：基于学习者需求调查的第二语言文化教学模式探索——以马来西亚汉语师资培训项目留学生为对象，海外华文教育，2019(4)

刘继红、孙晓梅：非华裔马来西亚留学生对中国文化的态度调查与思考，国际汉语教育(中英文)，2019(4)

刘继红、孙晓梅：非华裔马来西亚留学生对中国文化的认知情况调查，人文丛刊(第十二辑)，学苑出版社，2019 年

刘继红：来华留学生课外语言实践活动个案研究——兼谈目的语环境的有效利用问题，北京外国语大学 2018 年教学研究论文集，外语教学与研究出版社，2020 年

刘立新、邓方：读图时代的视听说教学——以《汉语视听说教程——家有儿女》的

教学实践为例,国际汉语教学研究,2017(2)

刘士勤:关于中高级对外汉语教学的社会语言实践问题,汉语学习,1993(2)

刘学惠:跨文化交际能力及其培养:一种建构主义的观点,外语与外语教学,2003(1)

刘珣:语言学习理论的研究与对外汉语教学,语言文字应用,1993(2)

刘月华:关于中文教材课文的一些思考,第七届国际汉语教学讨论会论文选,北京大学出版社,2004 年

柳岳梅、刘继红:汉语推广背景下的文学欣赏课讲授策略,数字化汉语教学的研究与应用,语文出版社,2006 年

鲁健骥:对外汉语教学基础阶段处理文化因素的原则和做法,语言教学与研究,1990(1)

牛月明:作为“技术”的电影叙事结构解析——以《不见不散》为例,电影文学,2007(10)

亓华:中国对外汉语教学界文化研究 20 年述评,北京师范大学学报(社会科学版),2003(6)

亓华:汉语国际推广与文化观念的转型,北京师范大学学报(社会科学版),2007(4)

秦惠兰:对外汉语教材中的“中国印象”与修辞策略——从《钱包被小偷偷走了》谈起,云南师范大学学报(对外汉语教学与研究版),2012(2)

孙琳:论二语习得中的文化认知模式,科技创新导报,2010(3)

孙瑞珍、吴叔平:积极开展多种形式的语言实践活动——把语言实践活动纳入教学轨道,语言教学与研究,1983(2)

沙宗元:课外语言环境对留学生汉语习得的作用和影响,合肥师范学院学报,2009(4)

施光亨:对外汉语教学整体设计再思考及其他,汉语研究与应用,中国社会科学出版社,2003 年

田艳:关于语言实践活动的总体构想,北京地区第三届对外汉语教学学术研讨会论文选,北京大学出版社,2004 年

王国安:论汉语文化词和文化意义,中国对外汉语教学学会第五次学术讨论会论

文选,北京语言学院出版社,1996 年
王添淼:文化定势与文化传播——国际汉语教师的认知困境,中国文化研究,2011 年秋之卷
王赛时:中国饮食文化的精髓——和,扬州大学烹饪学报,2010 年(1)
吴友福:对外文化传播与中国国家形象塑造,国际观察,2009(1)
吴瑛:中国文化对外传播效果研究——对 5 国 16 所孔子学院的调查,浙江社会科学,2012(4)
吴应辉:国际汉语教学学科建设及汉语国际传播研究探讨,语言文字应用,2010(3)
吴应辉:汉语国际教育学科建设亟待解决的主要问题,国际汉语教学研,2014(1)
吴勇毅:教材改革创精品有突破——读《多文体,精泛结合——高级汉语教程》,世界汉语教学,2004(4)
吴勇毅、石旭登:CSL 课堂教学中的非预设事件及其教学资源价值探讨,世界汉语教学,2011(2)
辛平:充分利用文化大环境开设文化实践课——文化课教学模式新探索,第六届国际汉语教学讨论会论文选,北京大学出版社,2000 年
肖路:对外汉语影视课中教师的主体作用,暨南大学华文学院学报,2003(3)
肖路:从学习者的视角谈高级精读教材的编写,语言教学与研究,2005(1)
许嘉璐:继往开来,迎接汉语国际教育的新阶段,北京师范大学学报(社会科学版),2012(5)
虞莉、刘懿萱:文化在哪里:文化教学与外语教材,国际汉语教育动态与研究,2011(1)(2)
于淼:针对留学生的北京文化浸润式传播实践教学,继续教育,2015(11)
杨庆华:新一代对外汉语教材的初步设想,语言教学与研究,1995(4)
杨越明、藤依舒:十国民众对中国文化符号的认知与偏好研究——《外国人对中国文化认知与意愿》年度大型跨国调查系列报告之一,对外传播,2017(4)
印京华:近五年美国汉语教学状况与发展趋势,国际汉语教学动态与研究,2005(1)

余求真：中韩汉语言专业课程设置之比较，国外汉语教学动态，2003(3)

邹为诚：语言输入的机会和条件，外语界，2000(1)

赵金铭：对外汉语教材创新略论，世界汉语教学，1997(2)

赵金铭：论对外汉语教材评估，语言教学与研究，1998(3)

赵明：汉语国际传播语境下的文化冲突问题，对外汉语教学与研究，2012(1)

赵明：对外汉语文化教学的误区和目标，云南师范大学学报(对外汉语教学与研究版)，2013(3)

翟宜疆，华霄颖：马来西亚本土华文师资合作培养模式初探，国际汉语教育，2012(2)

张淑贤：文化意识与对外汉语教学，北京大学学报(哲学社会科学版)，1999(4)

张英：对外汉语文化教材研究——兼论对外汉语文化教学等级大纲建设，汉语学习，2004(1)

张英：对外汉语文化教学及研究综述，汉语研究与应用，2007(5)

张英：对外汉语文化教学的基点与视角，第十届国际汉语教学研讨会论文选，2010 年

张英：中文教师的文化意识及教学目标，国际汉语教育人才培养论丛(四)，北京大学出版社，2014 年

张英：二语教学目标与中文教师的文化意识，云南师范大学学报(对外汉语教学与研究版)，2016(2)

张占一：试议知识文化与交际文化，语言教学与研究，1990(3)

周健：字、词、节律中的隐性文化初探，第十届国际汉语教学研讨会会议论文，2010 年

周小兵、罗宇、张丽：基于中外对比的汉语文化教材系统考察，语言教学与研究，2010(5)

郑艳群：多媒体汉语课堂教学的理论与实践，对外汉语研究，2005 年

朱瑞平：汉语国际推广中的文化问题，语言文字应用，2006(6)

朱勇，孙岩：意大利汉语教育的现状、问题与对策，云南师范大学学报(对外汉语教学与研究版)，2014(4)

庄晓东：文化传播研究在当代中国的意义，天津社会科学，2004(2)

祖晓梅：提问——汉语课堂文化教学的基本方法，国际汉语教学研究，2014(1)

祖晓梅：汉语文化教材练习活动的编写，语言教学与研究，2018(1)

学位论文

胡蓉洁：以影视作品为媒介的对外汉语文化教学实践探索，北京外国语大学硕士学位论文，2011年

李嫣楠：意大利卡利亚里大学孔子课堂与中国文化传播研究，北京外国语大学硕士学位论文，2018年

刘慧：基于项目教学的对外汉语第二课堂活动研究，山东大学硕士学位论文，2014年

刘毅：影视作品在对外汉语文化教学中的应用——以《喜宴》为例，北京外国语大学硕士学位论文，2013年

林绿萍：来华留学生汉语使用情况及语言态度调查研究——以华侨大学华文学院华文教育系为样本，华侨大学硕士学位论文，2016年

孙晓梅：马来西亚留学生对中国文化的认知与态度调查——兼谈对马来西亚留学生的文化传播策略，北京外国语大学硕士学位论文，2018年

唐智芳：文化视域下的对外汉语教学研究，湖南师范大学博士学位论文，2012年

王默：以影视作品为内容的对外汉语教材分析及教学设计——以电影《和你在一起》为例，北京外国语大学硕士学位论文，2014年

殷鹏：从跨文化角度分析对外汉语文化类教材，山东大学硕士学位论文，2011年

朱梦萩：中国文化对外传播效果研究——以巴塞罗那孔子学院为例，北京外国语大学硕士学位论文，2017年

网络资源

孔子学院总部/国家汉办官网：http://www.hanban.org

附 录

一、近二十年大陆出版的文化类教材列举

名　　称	编写者	出版社	出版时间
《中国文化面面观》	梅立崇、魏怀鸾、杨俊萱	华语教学出版社	1993年
《中国文化读本》	宋柏年、施宝义	商务印书馆	1999年
《汉语文化双向教程》	杨瑞、李泉	北京语言文化大学出版社	1999年
《中国文化》	韩鉴堂	北京语言大学出版社	1999年
《中国社会概览》	沈治钧、高典	北京语言大学出版社	1999年
《中国国情》	肖立、周思源	北京语言大学出版社	2001年
《中国民俗》	舒燕	北京语言大学出版社	2002年
《文化中国：中国文化阅读教程Ⅰ》	王海龙	北京大学出版社	2002年
《解读中国：中国文化阅读教程Ⅱ》	王海龙	北京大学出版社	2002年
《中国传统文化与现代生活Ⅰ》	张英、金舒年	北京大学出版社	2003年
《中国传统文化与现代生活Ⅱ》	张英、金舒年	北京大学出版社	2004年
《中国概况》	王顺洪	北京大学出版社	2004年
《双双中文教材》丛书	王双双	北京大学出版社	2005年
《体验汉语——文化篇》	曾晓渝	高等教育出版社	2006年

（续表）

名　称	编写者	出版社	出版时间
《中国文化读本》	中国教育部课程教材研究所对外汉语课程教材研究开发	人民教育出版社	2007年
※《中国文化百题》	《中国文化百题》编写组	北京语言大学出版社	2007年
《中国文化》	顾伟列、王幼敏	华东师范大学出版社	2007年
《中国文化常识》	国务院侨务办公室组织编写	外语教学与研究出版社	2007年
《中国历史常识》	国务院侨务办公室组织编写	外语教学与研究出版社	2007年
《中国地理常识》	国务院侨务办公室组织编写	外语教学与研究出版社	2007年
《留学生本科汉语教材·文化教程系列—中国古代文学史教程》	欧阳祯人等	北京大学出版社	2007年
《留学生本科汉语教材·文化教程系列—中国现当代文学史教程》	欧阳祯人等	北京大学出版社	2007年
《听歌学汉语》	刘德联、杨金余、李文利	世界图书出版公司	2007年
《说汉语谈文化》	吴晓露、程朝晖	北京语言大学出版社	2008年
《中国语言文化讲座Ⅰ》	张英、金舒年	北京大学出版社	2008年
《东方韵味——中国文化泛读教程》(上、下)	廉德瑰	北京大学出版社	2008年
※《学习中国书法》	童若春、谢国骥	北京大学出版社	2008年
※《学做中国菜》	于鹏、焦毓梅	北京大学出版社	2009年
※《学唱中国歌》	于鹏、焦毓梅	北京大学出版社	2009年
※《学打太极拳》	白淑萍	北京大学出版社	2009年
※《晓康歌谣学汉语》	周晓康	北京大学出版社	2009年
《留学生本科汉语教材·文化教程系列——中国概况教程》	肖立	北京大学出版社	2009年

（续表）

名　称	编 写 者	出 版 社	出版时间
《文化全景》(上)(下)	史迹	高等教育出版社	2009 年
※《中国人的故事——中级汉语精视精读课本》(上)	余宁	北京语言大学出版社	2009 年
※《中国人的故事——中级汉语精视精读课本》(下)	余宁、张斌、陈晓燕	北京语言大学出版社	2010 年
《留学生本科汉语教材・文化教程系列——汉语古文读本》	王硕	北京大学出版社	2010 年
《中西文化聚焦》	陶黎铭、厉琳	北京大学出版社	2010 年
《中国旅游与文化》(上、中、下)	王秀琳等	旅游教育出版社	2010 年
《中国语言文化讲座Ⅱ》	张英	北京大学出版社	2011 年
《中国文化》	郑铁生、王德春	上海外语教育出版社	2011 年
《中国概况》	郭鹏、程龙、姜西良	高等教育出版社	2011 年
《中国民俗文化》	王衍军	暨南大学出版社	2011 年

注：带※为配有 DVD 或 CD 光盘的教材。

二、《快乐汉语》教师用书中的文化项目

表 1 《快乐汉语》(第一册)教师用书中的文化项目

第一单元　我和你	
第一课　《你好》	
第二课　《你叫什么》	简化字和繁体字(p6)；中国人的姓名(p6)
第三课　《你家在哪儿》	汉字简介(p10)；北京、上海和香港(p10—11)
第二单元　我的家	
第四课　《爸爸、妈妈》	中国的家庭(p19)
第五课　《我有一只小猫》	
第六课　《我家不大》	独体字与合体字(p30)

（续表）

第三单元　饮食	
第七课　《喝牛奶,不喝咖啡》	
第八课　《我要苹果,你呢》	茶(p41)
第九课　《我喜欢海鲜》	汉字的书写(p45);鱼(p45)
第四单元　学校生活	
第十课　《中文课》	中国学校的课表(p52—53)
第十一课　《我们班》	
第十二课　《我去图书馆》	汉字的造字法(p61)
第五单元　时间和天气	
第十三课　《现在几点》	日晷(p70)
第十四课　《我的生日》	汉语日期的表达(p73);中国人庆祝生日(p73);干支和生肖(p74)
第十五课　《今天不冷》	象形字(p77);中国的气候(p78)
第六单元　工作	
第十六课　《他是医生》	
第十七课　《他在医院工作》	
第十八课　《我想做演员》	指事字(p95)
第七单元　爱好	
第十九课　《你的爱好是什么》	中国的网络产业(p103)
第二十课　《你会打网球吗》	
第二十一课　《我天天看电视》	会意字(p111)
第八单元　交通和旅游	
第二十二课　《这是火车站》	语音练习《春晓》(P119);北京的飞机场和火车站(p119)
第二十三课　《我坐飞机去》	中国主要的公共交通工具(p124)
第二十四课　《汽车站在前边》	形声字(p129);中国的交通规则(p129)

表2 《快乐汉语》(第二册)教师用书中的文化项目

第一单元　他是谁	
第一课　《我和朋友》	
第二课　《她比我高》	“汉语”和“中文”(p8)
第三课　《我的一天》	汉字的基本笔画(p12—13)
第二单元　我的家	
第四课　《我的房间》	“福”到了(p19)
第五课　《客厅在南边》	中国北方民居(p24)
第六课　《你家的花园真漂亮》	汉字的基本笔顺(p28)；年画(p29)
第三单元　购物	
第七课　《你买什么》	
第八课　《苹果多少钱一斤》	中国的货币是人民币(p41)
第九课　《这件衣服比那件贵一点儿》	偏旁部首(p46)；中国被称为“自行车王国”(p46)
第四单元　学校生活	
第十课　《你今天上了什么课》	
第十一课　《汉语难不难》	
第十二课　《来打乒乓球吧》	汉字的结构方式(p65—66)；中国中学的课外活动(p66)
第五单元　环境与健康	
第十三课　《明天有小雨》	“发音练习”中的诗词《咏柳》(p73)；北京的天气(p73)
第十四课　《在公园里》	早晨的活动(p77)
第十五课　《我感冒了》	左右结构的汉字(p80)；中医和中药(p80—81)
第六单元　时尚与娱乐	
第十六课　《我喜欢你衣服的颜色》	旗袍(p88—89)
第十七课　《我跟爸爸一样喜欢京剧》	京剧的脸谱艺术(p94)
第十八课　《音乐会快要开始了》	上下结构的汉字(p99)；中国民乐(p99)；小提琴协奏曲《梁山伯与祝英台》(p99)

（续表）

第七单元　媒体	
第十九课　《我跟你一起看》	电视节目表(p107—108)
第二十课　《他的表演好极了》	左中右、上中下结构的汉字(p113);电影明星(p113)
第二十一课　《你看广告没有》	
第八单元　旅游与风俗	
第二十二课　《我去过故宫》	长城(p128);故宫(p128—129)
第二十三课　《广州比北京热得多》	中国的面积、人口和气候(p135)
第二十四课　《吃月饼,看月亮》	包围结构的汉字(p140);中秋节(p140);端午节(p140—141)

表3　《快乐汉语》(第三册)教师用书中的文化项目

第一单元　介绍和推荐	
第一课　《我从北京来》	语音练习中的诗(唐朝无名氏)(p4)
第二课　《我想来兼职》	汉字的演变(p9)
第三课　《我们给他打电话吧》	汉语中有一些奇妙的字"小汉字"(p14—15)
第二单元　城市与环境	
第四课　《北京有一个很大的广场》	天安门广场(p25—26);风筝(p26)
第五课　《郊区没有污染》	香山红叶(p31—32)
第六课　《我是本地人》	北京概况(p37—38)
第三单元　家居与购物	
第七课　《我的新家》	北京的老字号(p47)
第八课　《我想送她一个礼物》	文房四宝(p52—53)
第九课　《他买到了纪念品》	中国画(p59)
第四单元　学校生活	
第十课　《你说汉语说得真好》	中国古代大教育家孔子(p70—71)
第十一课　《比赛四点才开始》	太极拳(p76—77)
第十二课　《看看我的电子邮件》	中国网校(p82—83)

(续表)

第五单元　健康	
第十三课　《他从来没吃过中药》	语音练习中的诗词《寻隐者不遇》(p92)
第十四课　《我的身体越来越好》	中国武术(p97)
第十五课　《我们都爱吃她做的点心》	中国菜(p101—102)
第六单元　娱乐与休闲	
第十六课　《熊猫可爱极了》	熊猫(p112—113)
第十七课　《我们都在图书馆看书》	中国国家图书馆(p118)
第十八课　《我们都跑上山去》	重阳节(p123—124)
第七单元　新闻与传媒	
第十九课　《有什么新闻》	中国的少数民族(p134—135)
第二十课　《他正在采访》	《西游记》(p140—141)
第二十一课　《中文歌表演比赛》	歌曲《茉莉花》(p146)
第八单元　旅行与习俗	
第二十二课　《我们一到假期就去旅行》	中国中学的假期(p157—158)
第二十三课　《我要从美国到中国去》	中国的世界遗产名录(p164—165)
第二十四课　《在中国过年》	中国的春节(p171—172)

三、《高级汉语：意图，技巧与表达》的内容

单元	课　文	语言知识与技巧
叙述	第一课　寂静的山林	看结构，学汉字 汉语中的“短句” 意思相同，说法不同 连接句子，让意思更清楚(一)

（续表）

单元	课　文	语言知识与技巧
叙述	第二课　高处何所有	学用正式语体(一) 四字词语：高水平的语言 生动的象声词
	第三课　混浊	学用正式语体(二) 打个比方说得更生动 怎么学双音节词
描写	第四课　“柿把”老师	学用口语语体(一) 微妙的语气 学用正式语体(三) 该夸张就夸张
	第五课　丑石	语气词：虚词不“虚” 学用口语语体(二) 连接句子，让意思更清楚(二) 简略语是怎么回事
议论	第六课　光与影之恋	生动的叠词 排比：一种强调的方法(一) 不同情况的四字词语 学好标点符号(一)
	第七课　妇人之见	无主句和亲切感 对偶：汉语的特色 重复：一种强调的方法(二) 数字的力量
	第八课　眼睛的位置	一比就清楚，说得更有力 连接句子，让意思更清楚(三) 意思准确，条理清楚 长句的特点
	第九课　黄粱梦里	典故的简洁和生动 反问句的效果 词语的搭配
	第十课　轻与重	四字词语的意象和比喻 用双重否定来强调 小结：说得有力些
	第十一课　读书人是幸福人	古汉语的简洁和典雅 怎么做到简明 小结：说得紧凑些、准确些

（续表）

单元	课　　文	语言知识与技巧
说明	第十二课　《茶经》与“茶神”	小结：说得正式些、高雅些 谦卑：得体的谈吐（一） 学好标点符号（二）
	第十三课　幽默感从何处来？	话中有话 小结：说得生动些 客气：得体的谈吐（二）
抒情	第十四课　长城	小结：说得简练些 意图与技巧：全书总结
补充阅读材料	略	

四、马来西亚汉语师资项目五年语言实践活动安排

<table>
<tr><th colspan="2">时间</th><th>校内语言实践</th><th>市内实习及参观访问</th><th>中华文化艺术体验</th><th>中华文明纵览</th><th>备注</th></tr>
<tr><td rowspan="6">第一学年 预科阶段</td><td rowspan="4">第一学期</td><td>熟悉校园或周边环境</td><td>逛牛街</td><td>游览长城</td><td>湖南（张家界、凤凰）</td><td rowspan="4">湘西文化</td></tr>
<tr><td>与马来老生助教交流</td><td>参观 798 艺术区</td><td>参观故宫</td><td></td></tr>
<tr><td rowspan="2">中外学生新年晚会</td><td rowspan="2"></td><td>前门、大栅栏漫步</td><td rowspan="2"></td></tr>
<tr><td>延庆龙庆峡冰灯展</td></tr>
<tr><td rowspan="2">第二学期</td><td rowspan="2">与中国学生助教见面</td><td>游览植物园</td><td>看功夫表演</td><td rowspan="2">东北（沈阳故宫、哈尔滨冰灯雪雕艺术馆）</td><td rowspan="2">历史古迹
老工业基地</td></tr>
<tr><td>公司参观考察</td><td>游览颐和园</td></tr>
<tr><td rowspan="3">本科阶段 第二学年</td><td rowspan="3">第三学期</td><td>与马来语专业中国本科生及国际汉教研究生交流座谈</td><td rowspan="3">访问老舍茶馆观看中华传统艺术表演</td><td rowspan="3">虹桥剧院观看中国武术及功夫表演</td><td rowspan="3">四川（都江堰、青城山、峨眉山等地）</td><td rowspan="3">巴蜀文化
道教文化
佛教文化</td></tr>
<tr><td>中文学院教育实习</td></tr>
<tr><td>中文学院新年联欢会</td></tr>
</table>

（续表）

时间		校内语言实践	市内实习及参观访问	中华文化艺术体验	中华文明纵览	备注
本科阶段 第二学年	第四学期	马来学生作文大赛	体验京郊现代化新农村生活	参观恭王府什刹海周边胡同	山东（泰山、曲阜）	孔子故里儒家文化
第三学年	第五学期	马来学生中华才艺大赛	走进中国家庭	游览香山参加红叶节健走活动	上海、苏杭	经济中心江南园林
第三学年	第六学期	东南亚文化节（马来项目主办）	参观海淀安全馆	游览玉渊潭公园	甘肃敦煌、宁夏银川	敦煌文明伊斯兰文化
第四学年	第七学期	马来学生演讲大赛	北外附校（小学部）及相关小学教育见习	参观北京动物园（野生动物园）	河南（洛阳、开封）	中原文明历史古都
	第八学期	“汉语角”系列活动	北外附校（中学部）及相关中学教育见习	参观北京奥林匹克公园及鸟巢、水立方等	云南（大理、丽江）	少数民族文化
第五学年	第九学期	马来学生汉语辩论比赛	参观高科技企业联想集团总部及联想工业园区	参观北京传统手工艺展示区“百宫坊”	河北（承德）	皇家园林寺庙
	第十学期	马来学生板报大赛	参观北京代表性建筑集中区陶然亭公园	参观走访传统文化集中展示区“琉璃厂”	西安（兵马俑、大雁塔）	历史古都世界奇迹

（来源：中文学院对外汉语系）

五、校内"酷卖汇"活动调查

亲爱的同学们：

你们好！

为了让同学们有更多交流的机会，本学期我们组织了"酷卖汇"活动。我们设计这份调查，是想了解大家对这次活动的看法和建议，以帮助我们今后更好地组织课外实践活动。请根据自己的实际情况填写。谢谢合作！

Hello, everyone!

Our department is organizing an "International Food Festival" to provide you an opportunity to practice your Chinese. The aim of this questionnaire is to know your opinion and suggestions for this activity, in order for us to improve it next year.

Please choose the answer according to your opinion.

Thank you for your cooperation.

第一部分

Part I

基本信息

Basic Information

性别：　男　女　　国别：________　　年龄：________

Gender　Male　Female　　Nationality　　Age

第二部分

Part II

1. 你去"酷卖汇"了吗？　是　否

   Did you go to the "International Food Festival"?　Yes　No

   （注意：填"否"的同学只做问题 2，填"是"的同学直接做第二部分）

(Attention: If your answer is "No", end at Question 2. If your answer is "yes", skip Question 2 and directly do Part II.)

2. 我没去"酷卖汇",是因为(   )(请选择1个 One choice only)

The reason why I didn't go to the "International Food Festival" is because (   )

A. 我对这个活动不感兴趣

I'm not interested in this activity

B. 我最近很忙(有工作、考试等)

I'm busy with work/ exam/ etc.

C. 我对这个活动不太清楚

I don't know what this activity is about

D. 其他(   )

Others

第三部分

Part III

你同意下面的观点吗?请根据实际情况判断给分,在合适选项(5 4 3 2 1)上画圈O,注意:只选一个。

Do you agree with the opinions below? Please choose the most suitable answer and draw a circle on it (5 4 3 2 1)Attention: One choice only.

5:完全同意 4:比较同意 3:一般 2:不太同意 1:完全不同意

5: Totally agree 4: Agree 3: Neutral 2: Disagree 1: Totally disagree

3. 我喜欢和同学一起做"酷卖汇"的宣传板报。 5 4 3 2 1

I like to make posters of "International Food Festival" with my classmates.

4. 我喜欢和同学一起准备"酷卖汇"的特色食品。 5 4 3 2 1

I like to prepare the food for "International Food Festival" with my classmates.

5. 我喜欢在"酷卖汇"上和同学一起卖我们的食品。 5 4 3 2 1

I like to sell the food on “International Food Festival” with my classmates.

6. 我希望在“酷卖汇”上展示自己国家的饮食文化。 5 4 3 2 1

I want to present the cultural food of my country in “International Food Festival”.

7. 我喜欢品尝其他国家的食品。 5 4 3 2 1

I like to taste the food from other countries.

8. “酷卖汇”让同学们有合作的机会,我们的关系更好了。 5 4 3 2 1

“International Food Festival” is an oppotunity for me to have good teamwork with my classmates, our relationship become better because of this activity.

9. “酷卖汇”对我了解其他国家的饮食文化有帮助。 5 4 3 2 1

“International Food Festival” helps me know more about other countries' food and culture.

10. “酷卖汇”给我提供了更多说汉语的机会。 5 4 3 2 1

“International Food Festival” can provide me an oppotunity to speak more Chinese.

11. 我对学院组织的“酷卖汇”的评价是: 5 4 3 2 1

My final rate for the “International Food Festival” is

5: 非常满意 4: 很满意 3: 满意

2: 不太满意 1: 很不满意

5: Extremely satisfied 4: Very satisfied 3: Satisfied

2: Unsatisfied 1: Very unsatisfied

关于课外实践的活动,你有什么希望和建议吗?

Do you have any suggestions about the activities?

____

____

调查结束了,谢谢你的合作!

Thanks for your cooperation!

六、京外语言实践活动调查

亲爱的同学们：

你们好！

为了帮助同学们提高汉语水平，更好地了解中国社会和文化，开学以来，学院陆续组织了一些课外语言文化活动。为了了解大家对这些课外活动的想法、需求和建议，我们设计了这份调查。请根据自己的实际情况填写。谢谢合作！

Dear Students,

To improve your Chinese and help you understand China's society and culture, School of Chinese Language and Literature has organized some language practice activities since the new semester. This survey is designed to get your feedback and suggestions towards those activities. Thank you!

第一部分

Part I

基本情况

Basic Information

中文名字：________　　民族：马来族　华族　印度族

Chinese Name:　　Ethnic: Malay Chinese Indian

性别：男　女　　年龄：________

Gender: M　F　　Age:

学习汉语时间：(　　)个月 班级：　　A(　　)

How long have you learned Chinese: (　　) months　Class: (　　)

第二部分

Part II

下面是我们参加过的语言实践活动。请根据实际情况给分，在合适选项

(5 4 3 2 1 X)上画圈 O,注意：只选一个。

The activities below are those in which we participated. Please rate them according to actual situation and draw a circle on the most suitable one (5 4 3 2 1 X).

Attention：One choice only.

5：非常喜欢	4：比较喜欢	3：一般
2：不太喜欢	1：很不喜欢	X：没有参加过
5：Like it very much	4：Like it a little bit	3：Neutral
2：Dislike it a little bit	1：Dislike it very much	X：I have not participated in this activity before.

承德语言实践活动项目

Activities in Chengde

(1) 金山岭长城 5 4 3 2 1 X

Jinshanling Great Wall

(2) 滦平职教中心的文化体验 5 4 3 2 1 X

Cultural Practice in Luanping Vocational Education Center

(3) 避暑山庄 5 4 3 2 1 X

Mountain Resort

(4) 小布达拉宫 5 4 3 2 1 X

Small Potala Palace

(5) 承德医学院交流 5 4 3 2 1 X

Cultural Practice in Chengde Medical College

(6) 磬锤峰 5 4 3 2 1 X

The Sledge hammer Peak

(7) 普宁寺 5 4 3 2 1 X

Puning Temple

(8) 双塔山 5 4 3 2 1 X

The Twin Pagoda Hill

(9) 上面的承德语言实践活动中,您最喜欢的是________(最多两个)。

Among the activities in Chengde, I like ________ most. (choose one or two)

(10) 理由是:________(可以多选)

I like it because ________ (multiple choices)

1. 提高了汉语水平　　2. 活动内容丰富,形式有趣

1. Improved my Chinese language skills.　　2. The activities are plenty and fun.

3. 了解中国社会和文化

3. Understand China's society and culture.

4. 增进师生、同学感情

4. Enhance friendship with my teachers and students

5. 放松身心　　6. 交到中国朋友

5. I can relax my myself in the activity.　　6. I can make Chinese friends.

7. 其他____________________

7. Others ____________________

(11) 作为大学生,参加课外实践活动时,你对什么最感兴趣?(只选1个)

As a college student, the thing that you are most interested in during the culture practice is (one choice only).

1. 名胜古迹　　2. 自然风景

3. 跟当地人交流　　4. 当地人的生活和习俗

1. Historical places　　2. Natural scenery

3. Communicate with local people　　4. Local life and customs

5. 城市发展　　6. 其他____________________

5. City development　　6. Others ____________________

第三部分

Part III

你同意下面的观点吗?请根据实际情况判断给分,在合适选项(5　4　3

2 1)上画圈O,注意:只选一个。

Do you agree with the opinions below? Please choose the most suitable answer and draw a circle on it (5 4 3 2 1)Attention: One choice only.

5:完全同意 4:比较同意 3:一般

5: Totally agree 4: Agree 3: Neutral

2:不太同意 1:完全不同意

2: Not agree 1: Totally not agree

(1) 参加活动之前,希望老师先介绍那里的文化和特点。 5 4 3 2 1

Before attending activities, teachers should introduce the culture background and characteristics.

(2) 参加活动之前,老师应给学生提前布置在活动中的任务。 5 4 3 2 1

Before attending activities, teachers should arrange some tasks.

(3) 我们应该带着一定的学习任务去参加活动。 5 4 3 2 1

We should take certain learning tasks to participate in activities.

(4) 我对当地的住宿条件满意。 5 4 3 2 1

I am satisfied with the local accommodation.

(5) 我对当地提供的饮食满意。 5 4 3 2 1

I am satisfied with the local food and beverage.

(6) 我对当地导游的服务满意,他们的讲解很清楚。 5 4 3 2 1

I am satisfied with the service of the local tour guides. Their explanation is very clear.

(7) 我希望带队老师在活动中也能帮助我们介绍一下当地的文化。5 4 3 2 1

I hope teachers will also introduce the local culture.

(8) 我希望能有机会跟当地人交流,练习口语,了解当地情况。 5 4 3 2 1

I hope to have the opportunity to communicate with the local people, practice Chinese and know the local situation.

(9) 跟当地人用汉语交流,我觉得很紧张。 5 4 3 2 1

I am nervous when I communicate with the local people in Chinese.

(10) 参加活动以后，因为能完成学习任务，我感到有成就感。 5 4 3 2 1

After attending the activity, I feel a sense of accomplishment because I am able to complete my learning tasks.

(11) 学习任务（如描写一个地方、介绍朋友等）对我有帮助。 5 4 3 2 1

Learning tasks (describing a place, introducing a friend, etc.) help mea lot.

(12) 老师布置的任务量不多不少，正合适。 5 4 3 2 1

The amount of tasks is proper.

(13) 参加实践活动对我了解中国的历史与文化很有帮助。 5 4 3 2 1

Participating in language practice activities help me understand China's history and culture.

(14) 参加实践活动对提高我的汉语水平有帮助。 5 4 3 2 1

Participating in language practice activities help me improve my Chinese language skills.

第四部分

Part IV

总体来说，我对承德语言实践活动评分为：5 4 3 2 1（只选一个）

In general, I want to rate Chengde language practice as 5 4 3 2 1 (one choice only)

5：非常喜欢 4：比较喜欢 3：一般 2：不太喜欢 1：很不喜欢

5: Like them very much 4: Like them a little bit

3: Neutral 2: Dislike them a little bit

1: Dislike them very much

总体来说，参加实践活动后的收获是（ ）可以多选

In general, what I gain from the language practice are ( )(Multiple choices)

A 增加对中国的了解 Understanding more about China.

B 更喜欢中国的生活 Like my life in China more than before.

C 提高了汉语水平　Has improved my Chinese

D 与老师同学关系更好　Enhance friendship with my teachers and classmates

E 其他 Others ______________

关于课外语言实践的活动，你有什么希望和建议吗？

Do you have any suggestions about the language practice?

____

调查结束了，谢谢你的合作！

Thanks for your cooperation！

七、马来西亚留学生汉语学习情况及文化学习需求调查

亲爱的同学：

你好！本调查一是为了解同学们的汉语学习情况，二是为了解大家对中国文化的学习需求，以此改进文化课教学。因此，你的答案无对错之分，答案的完整性和真实性对我们非常重要。问卷中涉及的个人信息仅为方便我们的联系和访谈，请放心！

年级 ________　班级 ________　姓名 ________

你的性别：A. 男　B. 女

你的年龄(周岁)________ 岁

你的电话或 e-mail 地址 ________

第一部分

1. 你来中国之前的学历是什么？(单选)

A. 初中及以下　　B. 高中

C. 大学　　D. 其他________(请填写)

2. 你学习汉语多长时间？(单选)

A. 一年以内　　B. 一至两年　　C. 两至三年　　D. 三至四年

E. 四年以上

3. 你学习汉语的最初想法来自哪里?(单选)

A. 自己想学　　B. 老师、同学、家人、朋友的推荐

C. 学校要求　　D. 媒体影响(如书籍、报纸电视、广播等)

E. 其他________(请填写)

4. 你学习汉语的最主要的目的是什么?(单选)

A. 找工作或工作需要　　B. 出于兴趣

C. 了解中国文化　　D. 去中国旅游

E. 修学分　　F. 增长知识

G. 其他________(请填写)

5. 你觉得汉语难学吗?(单选)

A. 难　　B. 比较难　　C. 不太难　　D. 不难

E. 说不清

6. 你觉得课堂教学老师用什么语言好?(单选)

A. 全汉语　　B. 我的母语和汉语

C. 英语和汉语　　D. 其他________(请填写)

F. 说不清

7. 你最喜欢的教学方式是什么?(单选)

A. 老师讲课　　B. 对话、辩论　　C. 游戏　　D. 中国民俗活动

E. 其他________(请填写)

8. 你喜欢什么样的汉语老师?(最多选 3 项)

A. 语言水平高　　B. 文化知识渊博　　C. 严肃认真　　D. 热情开朗

E. 会和我交朋友　　F. 其他________(请填写)

9. 你在课堂之外使用汉语吗?(单选)

A. 每天使用　　B. 经常使用　　C. 偶尔使用　　D. 不用

10. 你爸爸妈妈是华人吗?(单选)

A. 都是　　B. 爸爸是,妈妈不是

C. 妈妈是,爸爸不是　　D. 都不是

11. 你来中国之前通过哪些途径了解中国文化? ________(请列出前三位)

A. 上汉语课　　　　B. 家人或朋友介绍
C. 大众媒体(报纸、书籍、广播、电视等)
D. 上文化课　　　　F. 参加文化活动
G. 纪念品、礼物等　　　　H. 其他________(请填写)

12. 你来中国之后通过哪些途径了解中国文化? ________(请列出前三位)
A. 上汉语课　　　　B. 家人或朋友介绍
C. 大众媒体(报纸、书籍、广播、电视等)
D. 上文化课　　　　F. 参加文化活动
G. 纪念品、礼物等　　　　H. 其他________(请填写)

13. 你认为自己对中国文化有多少了解?(单选)
A. 20%以下　B. 20%—40%　C. 40%—60%　D. 60%—80%
E. 80%以上

14. 你最常使用哪几种中文媒体?(最多选 3 项)
A. 中文书籍　B. 中文电影　C. 中文电视　D. 中文报纸
E. 中文广告　F. 中文歌曲　G. 中文网站　H. 中文杂志
I. 其他________(请填写)

15. 你喜欢看中国哪方面的书籍?(最多选 3 项)
A. 中国政治　B. 中国经济　C. 中国文化　D. 中国历史
E. 中国社会　F. 中国地理　G. 中国旅游
H. 中国的体育和娱乐　　　　I. 其他________(请填写)

16. 你有宗教信仰吗? 有哪种信仰?
A. 没有信仰　B. 伊斯兰教　C. 基督教　D. 天主教
E. 佛教　F. 东正教　G. 其他________(请填写)

第二部分:对中国文化的学习需求

(在你感兴趣的选项上画"√",可以多选)

1. 关于中国概况,下列各项内容你最想了解哪些?
A. 历史发展　B. 地理概况　C. 宗教信仰　D. 风俗习惯

E. 少数民族文化 E. 中外文化交流 F. 政治 G. 经济
H. 教育 I. 外交 J. 法律 K. 科技
L. 娱乐和体育 M. 其他________

2. 关于古代思想,下列各项内容你最想学习哪些?
A. 孔子,儒家思想 B. 老子,道家
C. 墨子,墨家 D. 韩非子,法家
E. 其他________

3. 关于宗教信仰,下列各项内容你最想了解哪些?
A. 道教 B. 佛教 C. 伊斯兰教 D. 基督教
E. 多神信仰和崇拜 F. 其他________

4. 关于中国民俗和人际交往,下列各项内容你最想了解哪些?
A. 十二生肖 B. 传统节日 C. 饮食习俗 D. 婚姻习俗
E. 丧葬习俗 F. 服饰文化
G. 姓氏文化 H. 称谓语、问候语等
I. 人际交往的习惯 J. 信仰与禁忌
K. 其他________

5. 关于中国的风景名胜,下列各项内容你最想了解哪些?
A. 自然风景(如泰山、黄山等) B. 文化遗址(如长城、兵马俑等)
C. 中国城市的风情(如北京、上海、西安等) D. 其他________

6. 关于中国的建筑,下列各项内容你最想了解哪些?
A. 传统民居(如四合院、蒙古包等) B. 宫殿建筑(如故宫)
C. 宗教建筑(如布达拉宫等) D. 园林(如颐和园、苏州园林等)
E. 其他________

7. 关于中国的物产,下列各项内容你最想了解哪些?
A. 常用的中药及基本特性(如薄荷属凉性等)
B. 常见的名茶及产地(如杭州西湖龙井等)
C. 常见的名酒(如茅台、五粮液等)
D. 其他________

8. 关于中国的艺术,你最想学习或了解哪些?

A. 绘画　　B. 书法　　C. 戏曲　　D. 雕塑

E. 舞蹈　　F. 音乐　　G. 其他________

9. 关于中国的工艺,你最想了解或学习哪些?

A. 传统工艺(如陶瓷、景泰蓝、丝绸等)

B. 民间工艺(如泥塑、剪纸、风筝、中国结等)

10. 关于中国的文学,下列各项内容你最想了解哪些?

A. 小说　　B. 诗歌　　C. 戏曲　　D. 散文

第三部分:你希望老师用哪些方法介绍中国文化?

(在选项旁边画"√",可以多选)

方　法	喜欢吗? 喜欢的画"√"	做过吗? 做过的画"√"
1. 语言课上老师也要注意讲解教材中的文化词语和文化知识		
2. 文化课上老师通过 PPT、图片以及视频资料讲解文化知识		
3. 老师通过中国有代表性的影视作品介绍中国文化		
4. 老师就某一文化主题让学生分组查资料,然后由学生做 PPT 和课堂报告		
5. 老师课上提问学生关于中国文化方面的知识,让学生当场回答		
6. 老师通过学生所提出的中国文化方面的问题来讲解中国文化知识		
7. 老师采取马来西亚与中国文化对比的方式来进行讲解文化知识		
8. 老师让学生分组进行文化教学设计,然后模拟课堂教学,师生点评		
9. 老师通过带领学生参加社会实践活动(如参观)的方式了解中国文化		
10. 老师组织学生做某一文化主题的简报,张贴在教室中		

本次问卷到此结束。感谢您的参与!

八、意大利汉语学习者学习情况调查

亲爱的同学：

您好！我们正在做一项关于意大利汉语学习者学习情况的调查。您答案的完整性、真实性对本项研究非常重要。问卷答案无对错之分，您的回答会处于完全保密状态，仅供学术研究。谢谢您的参与和支持！

说明：(1) 请选择适合你的选项，在答案的序号上画“×”。

(2) 无特别说明的，都是单选题。

第一部分

1. 你的性别：(1) 男 (2) 女
2. 你的年龄：( )岁
3. 你目前的学历：

(1) 初中或高中　(2) 本科

(3) 硕士　(4) 博士

4. 你目前是什么职业？(单选)

(1) 学生　(2) 商人　(3) 公司职员

(4) 专业或技术人员(包括教师、律师、医生等)

(5) 公务员　(6) 管理人员　(7) 服务人员(导购、服务员等)

(8) 导游　(9) 自由职业者　(10)家庭主妇/退休人员

(11) 其他(请填写)________________

5. 你有没有宗教信仰，有哪种信仰？ (单选)

(1) 无信仰　(2) 基督教　(3) 伊斯兰教　(4) 佛教

(5) 天主教　(6) 东正教　(7) 其他________________

6. 你爸爸妈妈是华人吗？(单选)

(1) 都是　(2) 爸爸是，妈妈不是

(3) 妈妈是，爸爸不是　(4) 都不是

7. 你有没有去过中国?(单选)

(1) 去过 (2) 没去过

第二部分

8. 你学汉语多长时间了?(单选)

(1) 1～3 个月 (2) 4～6 个月 (3) 7～12 个月 (4) 1～3 年

(5) 3 年以上

9. 你学习汉语的地点:(可多选)

(1) 卡利亚里大学孔子学课堂 (2) 卡利亚里大学

(3) CONVITTO 高中 (4) 其他________

10. 你目前汉语处于什么水平?(单选)

(1) A1 (2) A2 (3) B1 (4) B2

(5) C1 (6) C2

11. 你目前通过了下列哪项考试?(可多选)

(1) HSK1 (2) HSK2 (3) HSK3 (4) HSK4

(5) HSK5 (6) HSK6 (7) HSKK 初级 (8) HSKK 中级

(9) HSKK 高级 (10) 没有参加过任何以上任何考试

12. 你学习汉语的最初想法来自哪里?(单选)

(1) 个人兴趣 (2) 老师、同学、家人、朋友推荐

(3) 学校要求 (4) 媒体影响(包括书籍、报纸、广播、电视等)

(5) 其他________

13. 你学习汉语最主要的目的是什么?(最多选 3 项)

(1) 去中国留学 (2) 找工作或目前工作需要

(3) 增长知识 (4) 出于兴趣

(5) 修学分 (6) 了解中国文化

(7) 去中国旅游 (8) 其他 ________

14. 你觉得汉语难学吗?(单选)

(1) 难 (2) 比较难 (3) 不太难 (4) 不难

(5) 说不清

15. 你在生活中使用汉语吗?(单选)

(1) 每天使用 (2) 经常使用 (3) 偶尔使用 (4) 从来不用

16. 你觉得课堂教学中,汉语老师用什么语言好?(单选)

(1) 全汉语 (2) 我的母语和汉语 (3) 英语和汉语

(4) 其他 ________

17. 你最喜欢的教学方式是什么?(单选)

(1) 老师讲课 (2) 对话、辩论 (3) 游戏

(4) 文化体验式教学 (5) 其他 ________

18. 你喜欢什么样的汉语教师?(最多选三项)

(1) 语言水平高 (2) 文化知识渊博 (3) 严肃认真

(4) 热情开朗 (5) 会和我交朋友 (6) 其他 ________

第三部分

19. 你主要通过什么渠道了解中国?(可多选)

(1) 孔子学院的汉语课

(2) 孔子学院的文化活动

(3) 家人、同学、朋友

(4) 传统媒体(包括书籍、报纸、广播、电视等)

(5) 意大利社交媒体及视频网站(包括 Facebook、Twitter、YouTube)

(6) 中国社交媒体及视频网站(包括微信、微博、腾讯视频等)

(7) 到中国的亲身经历

(8) 纪念品、礼物等礼品

(9) 当地政府或其他组织举办的关于中国文化的活动(比如余华老师的讲座、中国春节舞龙游行)

(10) 其他 ________

20. 你最常使用哪几种中文媒体来了解中国?(最多选 3 项)

(1) 中文书籍 (2) 中文电影 (3) 中文电视 (4) 中文报纸

(5) 中文广告　(6) 中文歌曲　(7) 中文网站　(8) 中文杂志

(9) 中文新媒体(微信公众号、微博等) (10) 其他＿＿＿＿＿＿

21. 你知道并阅览过《孔子学院》杂志吗?

(1) 知道,也阅读过　(2) 知道,但是没有看过

(3) 不知道,也没有看过　(4) 不记得了

22. 你知道并阅览过孔子学院微信公众号吗?

(1) 知道,也阅读过　(2) 知道,但是没有看过

(3) 不知道,也没有看过。　(4) 不记得了

23. 您会关注孔子学院在 Facebook 等社交媒体上的更新状态码?

(1) 每天看　(2) 经常看　(3) 偶尔看　(4) 没有关注

24. 你喜欢看有关中国哪方面的书籍?(最多选 3 项)

(1) 中国政治　(2) 中国经济　(3) 中国文化　(4) 中国历史

(5) 中国社会　(6) 中国地理　(7) 中国旅游

(8) 中国的体育和娱乐　(9) 其他＿＿＿＿＿＿

25. 你参加过下列哪项孔子课堂举办的活动?(可多选)

(1) 观看中国电影活动　(2) 汉语知识竞赛

(3) 圣诞节剪纸文化体验活动　(4) 中国数字文化讲座

(5) 十二生肖文化讲座　(6) 包饺子活动

(7) 中国狗年春节庆祝活动　(8) 制作旅游手册

(9) 中国武术、书法活动　(10) 汉字竞赛

(11) 品尝中国美食　(12) 都没参加过

26. 如果有时间参加这些活动,请选出您最感兴趣的项目(最多选 3 项)

(1) 观看中国电影活动　(2) 汉语知识竞赛

(3) 圣诞节剪纸文化体验活动　(4) 中国数字文化讲座

(5) 十二生肖文化讲座　(6) 包饺子活动

(7) 中国狗年春节庆祝活动　(8) 制作旅游手册

(9) 中国武术、书法活动　(10) 汉字竞赛

(11) 品尝中国美食

本次问卷到此结束。感谢您的参与!

九、马来西亚留学生对中国文化的认知与态度调查

亲爱的同学：

您好！我们正在做一项关于中国文化对在京马来西亚留学生传播情况的研究，您答案的完整性、真实性对本项研究非常重要。问卷答案无对错之分，您的回答会处于完全保密状态，仅供学术研究。谢谢您的参与和支持！

说明：(1) 请选择适合你的选项，在答案的序号上打钩。(2) 无特别说明的，都是单选题。

第一部分

1. 你的性别：(1) 男 (2) 女 A001
2. 你的年龄(周岁)：________岁 A002
3. 你现在是几年级： A003
   (1) 预科 (2) 一年级 (3) 二年级 (4) 三年级
   (5) 四年级
4. 你有没有宗教信仰，有哪种信仰？ A004
   (1) 无信仰 (2) 基督教 (3) 伊斯兰教 (4) 佛教
   (5) 天主教 (6) 东正教 (7) 其他________(请填写)
5. 你的家人中有中国人吗？ A005
   (1) 爸爸妈妈都是中国人 (2) 爸爸或妈妈一人是中国人
   (3) 爸爸妈妈不是中国人，但有爷爷奶奶是 (4) 没有
6. 你学汉语多长时间了？ A006
   (1) 1～6 个月 (2) 7～12 个月 (3) 1～2 年 (4) 2～3 年
   (5) 3～4 年 (6) 4 年以上
7. 你觉得汉语难学吗？ A007
   (1) 难 (2) 比较难 (3) 不太难 (4) 不难

(5) 说不清

8. 你在课堂之外使用汉语吗?(单选) A008

(1) 每天使用 (2) 经常使用 (3) 偶尔使用 (4) 不用

9. 你学习汉语的最初想法来自哪里?(单选) A009

(1) 自己想学 (2) 老师、同学、家人、朋友推荐

(3) 学校要求 (4) 媒体影响(包括书籍、报纸、广播、电视等)

(5) 其他____________________(请填写)

10. 你学习汉语的最主要目的是什么?(最多选3项) A010-A012

(1) 来中国留学 (2) 找工作或目前工作需要

(3) 增长知识 (4) 出于兴趣 (5) 了解中国文化 (6) 来中国旅游

(7) 家人建议 (8) 修学分 (9) 其他________(请填写)

第二部分

11. 你知道中国的哪几个节日?(多选,并在横线上填写对应的数字) A013-A017

(1) 春节 (2) 元宵节 (3) 端午节 (4) 中秋节

(5) 清明节 你过过其中的哪几个节日?请列出____________

12. 你知道以下哪几位中国人?(多选) A018-A026

(1) 孔子 (2) 姚明 (3) 成吉思汗 (4) 毛泽东

(5) 邓小平 (6) 成龙 (7) 章子怡 (8) 秦始皇

(9) 张艺谋 (10) 其他____________

13. 在你看来,中国人主要具有哪些特点?(最多选3项) A027-A029

(1) 谦虚 (2) 勤劳 (3) 忍耐 (4) 节俭

(5) 小心谨慎 (6) 清高 (7) 尊卑有序 (8) 要面子

(9) 中庸之道 (10) 有礼貌 (11) 不重竞争 (12) 爱国

(13) 恩威并施 (14) 其他____________(请填写)

14. 总体上说,你喜欢中国吗?(单选) A030

(1) 很喜欢 (2) 喜欢 (3) 不喜欢 (4) 很不喜欢

(5) 说不清

15. 你来中国之后,对中国满意吗(单选) A031

(1) 很满意 (2) 满意 (3) 不满意 (4) 很不满意

(5) 说不清

16. 你来中国以后对中国的看法跟没来之前比,有什么变化?(单选) A032

(1) 变好了 (2) 没变 (3) 变差了 (4) 说不清

上题若选(2)没变化,此题可跳过

17. 如果有变化,这种变化主要是在什么方面(单选) A033

(1) 对中国人的印象 (2) 对中国民间社会的印象

(3) 对中国政府的印象 (4) 其他____________(请填写)

第三部分

18. 对于以下内容,你是怎么看的?(请在表格中打钩)

内　容	知道吗			喜欢吗			有没有接触或参观过		
	1 知道	2 不知道		1 喜欢	2 不喜欢		1 有	2 没有	
中国茶叶			A034			A035			A036
长城			A037			A038			A039
兵马俑			A040			A041			A042
太极拳			A043			A044			A045
中医			A046			A047			A048
中国功夫			A049			A050			A051
饺子			A052			A053			A054
舞龙舞狮			A055			A056			A057
中国书法			A058			A059			A060
中国诗词			A061			A062			A063
剪纸			A064			A065			A066
京剧			A067			A068			A069
故宫			A070			A071			A072
胡同、四合院			A073			A074			A075

19. 你是否同意以下说法？（每行单选）

	非常同意	比较同意	说不清	不太同意	非常不同意	
要尊敬、孝顺父母						A076
过日子能省则省						A077
对别人要礼貌相待						A078
辛勤的劳动是取得成功的前提						A079
工作中要服从上级，尊敬前辈						A080
遇到别人的夸奖要表现得谦虚						A081
人与人之间相互友爱、同情、互助						A082
己所不欲，勿施于人						A083
做人做事要谨言慎行						A084
在公开场合不要批评他人						A085
尊重彼此的差异，和睦相处						A086
尊崇自然，人与自然和谐						A087
国与国之间和平相处，彼此尊重，共同发展						A088
在集体和个人关系中，当个人利益与集体利益发生冲突时，个人应该服从集体						A089
要热爱自己国家，把自己和祖国命运相联系，心系国家发展						A090
要勇于打破常规，推陈出新						A091

20. 总体上说,你如何评价中国文化?

	1 非常不同意	2 不太同意	3 中立	4 比较同意	5 非常同意
中国文化具有吸引力 A092					
中国文化具有活力 A093					
中国文化具有包容性 A094					
中国文化具有创新性 A095					
中国文化具有多元性 A096					
中国文化具有和谐性 A097					
中国文化是有价值的 A098					

第四部分

21. 来中国以前,你主要通过什么渠道了解中国文化?(限选 3 项) A099 - A101

(1) 到中国亲身经历

(2) 大众媒体(包括书籍、报纸、广播、电视、互联网等)

(3) 学校组织的文化活动 (4) 家人、同学、朋友介绍

(5) 纪念品、礼物等礼品 (6) 其他____________(请填写)

22. 现在,你主要通过什么渠道了解中国文化?(限选 3 项) A102 - A104

(1) 上汉语课 (2) 学校的文化讲座

(3) 大众媒体(包括书籍、报纸、广播、电视、互联网等)

(4) 学校组织的留学生文化活动 (5) 同学、朋友介绍

(6) 其他____________(请填写)

23. 你喜欢看有关中国哪方面的书籍?(最多选 3 项) A105 - A107

(1) 中国政治 (2) 中国经济 (3) 中国文化 (4) 中国历史

(5) 中国社会 (6) 中国地理 (7) 中国旅游

(8) 中国的体育和娱乐 (9) 其他____________

24. 你最常使用哪几种中文媒体?(限选 3 项) A108 - A110

(1) 中文书籍　(2) 中文电影　(3) 中文电视　(4) 中文报纸
(5) 中文广告　(6) 中文歌曲　(7) 中文网站　(8) 中文杂志
(9) 其他＿＿＿＿＿＿(请注明)

25. 你喜欢什么样的汉语教师？(最多选 3 项)　A110 - A112
(1) 语言水平高　(2) 文化知识渊博　(3) 严肃认真
(4) 热情开朗　(5) 会和我交朋友　(6) 其他＿＿＿＿＿＿(请填写)

26. 在北京,你自己去过哪些文化场所？(可多选)　A113 - A119
(1) 三里屯酒吧　(2) 798 艺术区　(3) 老舍茶馆　(4) 长安大戏院
(5) 首都博物馆　(6) 国家图书馆　(7) 都没去过

27. 在中文学院组织的各项活动中你对以下哪些活动主题感兴趣？如果你没有参加过,请选择“未参加过”,后面的选项不需要选择。

	未参加过	完全不感兴趣	不感兴趣	一般	感兴趣	非常感兴趣	
酷卖汇(分享各国美食)							A120
汉语角活动							A121
参观北京名胜古迹(故宫、长城等)							A122
去中国人家里做客							A123
去中小学参观							A124
西安语言实践(兵马俑等)							A125
山东语言实践(泰山、孔庙等)							A126
河北语言实践(承德等)							A127

如方便,请您留下您的姓名及联系方式(可选择一项填写),以便我们回访,谢谢!

姓名：＿＿＿＿＿＿　微 信 号：＿＿＿＿＿＿＿＿

电话：＿＿＿＿＿＿　电子邮件：＿＿＿＿＿＿＿＿

本次问卷到此结束,感谢您的帮助与支持!

案例索引

后记

本书是在我的博士学位论文基础上修改补充而成。行将付梓之际，谨向所有关心、支持和帮助我的师友和家人表达由衷的感谢与敬意。

感谢我的导师，日本关西大学内田庆市教授对我的悉心指导和温暖的鼓励。十年前我在日本名古屋外国语大学工作，在一次学术研讨会上有幸结识先生，当我心怀忐忑表达求学于先生门下的心愿之时，先生爽快应允，主动邀请我去大学听课。回国后忙于教学和家务，论文写作一度中止，心下惴惴。内田先生了解情况之后，没有一丝责备，再次宽容地接纳了我这个“迟到”许久的学生。在先生的信任和鼓励下，我完成了博士论文并顺利通过答辩，最终获得关西大学博士学位。内田教授治学严谨，学养深厚，而先生内心仁厚，提携后辈的胸襟尤其令我感动。

感谢在我学术成长过程中给予我关怀、鼓励的鲁宝元教授和张西平教授，我取得的一点点进步离不开老师们的指导和帮助。感谢黎敏教授，在我第一次接受学院研究生课程任务时，有幸聆听老师的课程，受益匪浅。

感谢我的挚友柳岳梅，我们在不同的大学为汉语国际教育专业硕士研究生开设“中华文化及传播”课，时有交流，彼此启发。感谢我可爱的学生们，在海外孔子学院工作期间不辞辛苦地调研，帮助我获得了宝贵的一手材料，我们将共同为汉语及中国文化传播略尽绵力。

深情地感谢我的父母和家人，在我成长过程中，付出了无尽的关怀、帮助和爱。感谢我的先生匡向东对我的理解和支持，一路默默付出，令我倍感温暖。感谢我年少的女儿小雪给我的鼓励和安慰，你阳光般的笑脸是我前行的动力。深切感激父母的养育之恩，书稿完成之时，母亲已因病离去，唯愿天上人间，墨香所至能让母亲展露欢颜。

感谢中西书局姚骄桐女士，她从编辑视角提出的合理建议，使本书增色不少。本书在写作过程中参考了国内外许多专家学者的著作和研究成果，在此特致深切的谢意。

刘继红

2019 年 12 月 24 日　北京